現場から創る社会学理論

—— 思考と方法 ——

鳥越皓之/金子 勇
[編著]

SOCIOLOGICAL WAY OF LOGICAL THINKING

ミネルヴァ書房

はしがき——フィールドからどんな理論が生まれるのか

現在、社会学の分野では、とてもおもしろい多様な視点が生まれつづけている。だが、それが必ずしも多くの人々の共有財産になってはいない。とくに、現場を歩きながら考えている社会学者のアイデアや理論が、それぞれの専門分野を超えて理解される機会が非常に少なくなっている。いわば蛸壺化の現象を呈している。なんとか、現場から生まれた理論なり論理を社会学全体で共有したいものだ。このような願望を二人の編者で話し合った。

そこで、社会学がフィールドと呼んでいる現場で〝格闘をして〟魅力的な成果を出されている研究者に執筆をお願いして、一書を編む計画をたてた。〝格闘をして〟と表現したのは、現場というものは、しばしば社会学の常識を裏切るものであるからだ。既存知識での研究者の解釈ではうまく説明できないことが、しょっちゅう起こるのである。現場は社会学者がイメージしていた「社会」と微妙に異なり、さらに現場は、社会学者がイメージしている「人間」とも微妙に異なるものなのである。

微妙な差異だから見過ごしてよいと判断する人と、この微妙な差異を見て、その奥に差異の震源となる大きな秘密が隠されていると判断する人とに分かれる。社会学の学問的な発展に寄与する人たちは、多くの場合、後者の人たちだと私は思っている。

フィールドがおもしろいというとき、それはいままで自分が保持していた知識の体系が否定されるときである。新しい疑問が自分の既存の知識の体系にインパクトを与え、論理の立て直しを迫るわけだ。読んでおもしろい論文とは、それが含まれているものであると言えよう。

しかし、学術的論文にはある表現のパターンがあり、いわば取り澄ました顔つきでキチンと座っているという印象を受ける。そこで、実際は現場で何に惑わされ、その結果、どういう着地点を見つけたのか、その経験を、そのノウハウを、聞かせてほしいと思ったわけである。

本書の執筆者の方々の原稿を通読してみて、その人の論文の背景にこんな困惑と、そして懸命の解釈があったのだなと、しみじみと感じることがあった。そしてどのような形で方法論を選択しておられるのかということがよく分かった。論考によっては、いまは困惑のまま止めておくという姿勢のものもあった。この困惑の鉱山を切り開いていくのは後続の研究者だ、ということである。また別の論考では、困惑のところはあまり述べないで、既存の社会学の論理体系にどういう形で修正を迫っているのかということを、とても分かりやすく説明してくれているものもあった。

私たちフィールド・ワーカーは「現場が教えてくれる」という言い方をよくする。ところが、私の経験では、一週間調査をしても、一カ月調査をしても、なにも「現場が教えてくれない」ことがしばしばあった。今にして思うのだが、それは私の感性が鈍っていたからだ。これは書物をひもといて思想史や社会学理論の本を読んでも、ナルホドとは思うものの、それ以上なにも感じないことがあるのと同じである。

けれども、フィールド現場の田んぼの土手に寝転んで、空の雲の動きなどを眺めているときに、突然、頭の中に「差異の震源」が姿を現すことがある。髪の毛に枯草をつけたまま、そのうれしさと共に起き上がり、ソウナンダ、ソウナンダと思うときがあった。

本書の論考にはこのようなソウナンダがあちこちに散りばめられている。現場から考える社会学の魅力を感じていただければ幸いである。そこには読者の皆さんが論考を書くときのヒントもきっと含まれていると信じる。

二〇一六年一〇月一日

鳥越皓之

現場から創る社会学理論——思考と方法　目次

第Ⅰ部　時代・社会を読み解く理論

第1章　どんな魅力ある理論を形成できるか

鳥越皓之

日本で発達したモノグラフ手法

現場の事実をふまえて、社会学はどんな魅力のある理論を形成できるのだろうか。

「事実からの理論形成」という言い方をすると、アメリカの社会学者、ロバート・マートン（Robert Merton）が主唱した「中範囲の理論」を思い出す人がいるかもしれない[(1)]。それは、調査を通じて得られた経験的事実から個別の理論仮説を導き出し、その理論仮説を別の調査で得られた事実で検証したり、複数の事実の共通項から抽象度を上げていくという考えかたである。事実を基にして理論化していくという意味で、それは帰納的と言える。当時、タルコット・パーソンズ（Talcott Parsons）が、必ずしも経験的事実に基づかない演繹的な社会システムについての一般理論（グランド・セオリー）を形成しつつあり、社会学者の間に強い影響力を与えていた。中範囲の理論という言い方は、この抽象度の高い一般理論と対比された表現とも言える。

日本の実証的社会学者にも、このマートンの中範囲の理論に基づいて、すぐれた業績を上げている人たちが少なくない。たとえば、研究分野が同じであって、話し合う機会が多かった舩橋晴俊氏は、自分の研究の手法は中範囲の理論に基づいていると明言していた。そしてそれによって、新幹線公害（舩橋晴俊他、一九八五、『新幹線公害――高速文明の社会問題』）などについてのすぐれた業績を上げられた。

ただ私は、アメリカから輸入された中範囲の理論にはさほど魅力を感じなくて、日本の実証的社会学が年月をかけて磨き上げてきた、いわば「モノグラフ法」とでも呼ぶべき手法の方に惹かれるものがあった。日本の社会学史に残る重厚な実証研究はこのモノグラフ法に基づいていたからである。私は、私よりも一世代上の研究者に多かった軍艦のように厚い書物としてまとめられた研究に、心地よく圧倒されていたのである。(2)

このモノグラフ法とはどのような方法なのかを、手短に説明しておこう。最近このモノグラフ法を使ってまとめられ、やはり重厚な研究書となった細谷昂『家と村の社会学――東北稲作地方の事例研究』（御茶の水書房、二〇一二年）に依拠して、これを説明してみる。(3)

典型的なモノグラフ法では、アンケートの手法でとるような、できるだけ多くの回答を集めて複数要因の関連性を求めたりすることはしないし、また複数の事例を相互比較して類型化をしていくというような方法をあまりとらない。自分の調査した事例に代表性があるかどうかには無関心なのではないかと思わせるほどに、限られた対象を選んで、そこに深くくさびを打ち込むという手法をとる。

細谷の本では、こうした限られた対象として、地理的には東北地方の庄内地域を選び、分析の対象としては農村とそれを構成する家を選んでいる。モノグラフ手法は、細谷の解説によると「納得できるような説明」に至るまで、それこそ、どこまでも説明できる要因を探し、またその見つけた要因を他者にも理解できる形になるように、できるだけ客観的に位置づける作業を行う。

たとえば、村（集落のこと）を理解しようとするときに、村民の間には自分たちの村内の土地を村外に流出（売却）させない申し合わせがあることが多いという事実を提示している。それは通俗的には「部落意識に基づく排他性」と説明されがちである。けれども、ある研究者（細谷もそうだが）がその説明では「納得できない」と思うと、自分が納得できないのはどのような要因があるからだろうかと想定し、「水利用」という要因を見つけ出す。そしてその水利用システムは、実は当該の田んぼを私的所有している人だけではなく、村人全員の責任において維持されているものだから、その責任を担わない村外の者に土地が帰属すると、いろいろなトラブルに直面することになるのである。したがって、これは部落意識的な排他性ではないと結論づける。このような手法である。

このような手法に基づいて、細谷はいくつかの興味深い事実を発見する。たとえば、現代の家が、社会学の常識として信じられている「直系家族」ではなくて、実質的には「夫婦家族連合」となっていることの指摘。性別役割分業に対する批判的意見が女性の側からあまり聞かれず、むしろ肯定的にとらえるような意見さえ聞かれる理由（もちろん農村女性の意識が低いからではない）。こういった発見をしていくのである。そしてこの種の発見は、社会学の理論に修正を迫ったり、様々な具体的な政策に結びついていくほどの社会的実践性をもっていることが容易に想像できよう。

またこの手法には、アンケート型の調査とは大きく異なる点がもう一つある。アンケートは、研究者が質問紙を作成する時点の問題意識に基づいて問いを立てる。つまり、ある一時点での問いを立てる。ところが、このモノグラフ手法は、現場でおかしいと思うと、新たな問いを立てていくので、問いが問いを呼び、時間軸をもった問いになる。言い換えると、現場で問いを深めていくことができるのである。ふつう重厚なモノグラフ研究は、一カ所で一〇年間ほどの調査期間を設けているようである。

自然と人間との関係

このモノグラフ法を用いながら、私の最近の調査から一つの事例を挙げてみよう。環境社会学の基本的な課題である「自然と人間との関係」に関わるものである。

場所は福島県川内村。二〇一一年三月一一日の大地震と津波によって崩壊した福島第一原子力発電所から二〇〜

最も影響を受けた研究者　有賀喜左衛門

白髪のおじいさんが突然現れて，「丸木舟を研究しているんだってネ，それは面白いネ」と言ってくださった。大学の社会学教室での有賀喜左衛門先生（1897-1979）との突然の対面である。私の指導教官の中野卓先生が，院生で丸木舟の研究をしているのがいると事前に話されていたのである。私は当時，有賀先生のとても難しいいわゆる有賀理論と格闘をしていたため，その言葉をありがたく思うとともに，気が抜けてしまった。というのも，私は大学院になってから社会学の勉強を始めたので，丸木舟研究は中断して社会学の“リクツ”をなんとかマスターしようと懸命な努力を繰り返していたからである。

後年になって分かったのだが，有賀理論は，当時の文化哲学を下敷きにした社会理論であった。そしてその文化哲学に先生自身の白樺派的ロマン主義がひっそりと仕掛けられていた。そのロマン主義的感性と丸木舟研究とがどこかで呼応したのであろう。

それから少しの歳月が経って，有賀先生がお住まいの逗子で，乳母車に奥さんを乗せて散歩をさせている白髪の老人がいるとうわさ話になっていると聞いた。その後，やがて奥さんが亡くなり，有賀先生が亡くなった時点で，伝統ある有賀家は子供がいないために消滅した。養子をとらないことが家研究の有賀喜左衛門先生の家観なのだと，中野先生はおっしゃっておられた。

（鳥越皓之）

三〇キロ圏というきわめて近接したところに位置する村である。

ある大きな非日常の事件が起こると、通常では観察できないある種の事実が鮮明に現れることがある。深刻な災害に対してこのような比喩を使うのは非礼かもしれないが、それは川の中の大石を除くと、下からいままで見えなかった大きなサンショウウオの全体像が姿を現すのと似ている。ここでは川内村での調査を通じて「自然と人間との関係」というとても大きな課題にチャレンジしてみよう。

最初に、環境社会学が「自然と人間との関係」をどのようなものと把握しているかについて述べておく。生態学においては、原理的にいえば人間も生態系の一部とみなすが、実際には人間を生態系から外して研究をしてきた。たとえば、ある川岸の湿地帯において三〇メートル幅の正方形に縄で囲んで生態を調べていたときに、釣り人がこの正方形を横切ると、それは攪乱要因が入ったということで実験をし直す。人間は攪乱要因なのである。

アメリカの環境社会学者のキャットンとダンロップ（Catton & Dunlap）は、そのような生態学的な考え方を環境社会学がそのまま導入している事実を一九七八年に批判する。それを「人間を特殊例外とみなすパラダイム」（Human Exemptionalism）と呼び、人間も生態系の一部だとして、新たに「新エコロジカル・パラダイム」（New Ecological Paradigm）を提案して注目された。

しかし、日本の環境社会学からすると、それは自然に人間を加えるかどうかという生態学レベルの議論にしかすぎないように思えた。ともかく、これを第1型と呼んでおこう。

それに対して、田園美を求めるイギリスのナショナルトラスト運動が典型であるように、ヨーロッパや日本の環境社会学者は、自然環境というとき、そこに大きく文化が重なっていることに注目した。アメリカのような広大なナショナルパーク（そこでは人間は車か建物の中にしかいることができない。〝自然〟の中に入ることは許されていない）をつくる空間に恵まれていない、これら人口の稠密な国では、自然と人間が相互に密接に交流していることに注目したのである。具体的には、観光として自然を利用したり、また、湖の水が減るようになると上流にダムをつくって湖を守ったり、山に桜の花を植えたりしてきたことである。これは「文化化された自然」と呼べるかもしれない。これを第2型と呼んでおこう。

さて、川内村の調査から、私たちは何を学びつつあるのであろうか。そこから第3型とでも呼ぶべき新しい考え方を学んだのである。

川内村での原発対応

三月一二日の一号機建屋の爆発のあと、日をおいていくつかの建屋が水素爆発していく。この川内村では一五日以降、外部からの援助が一時途絶えることになった。トラックの運転手などが放射能被害を恐れて川内村に向かわなくなったのである。一五日、電話が不通になった川内村は、衛星携帯電話を使って、政府の「原子力保安院」に確認をする。その回答は、たとえ原子炉格納容器が壊れたとしても、原子力発電所から二〇キロ離れていれば安心だというものであった。それでも夕方になり、川内村村長は防災無線を通じて、村民に「現金と貴重品をもって避難できる人は避難してください」と呼びかける。そして明くる一六日には、川内村および村に避難してきていた富岡町との「合同対策本部」が、川内村民と富岡町民全員の避難を決定する。その数は一万人前後であったと推察される。しかし結果的には、四十六人の村民が村に残った。それは高齢や病気のために動くことができない人たちとその家族、および家畜の世話をしなければならないので避難をしないと判断した人とその家族である。

このように川内村民のほとんどは急遽避難し、その地はしばらく無人に近い状態となった。その後、数次の放射線量の測定結果と『東京電力福島第一原子力発電所・事故の収束に向けた道筋、ステップ2完了報告書』の二つに基づき、二〇一一年一二月に政府機関である「原子力災害本部」は、原発についてこれ以上の悪化はないと宣言した。

そこで、村役場自体が郡山市に移転していた川内村は、翌二〇一二年三月に元の川内村に戻る「帰村宣言」を出す。紆余曲折はあったが、実際、この三月の末に役場が戻り、四月一日には小中学校を再開した。また二日からは路線バスが川内村への運行を再開した。この時点では村民の帰村はそれほど多くなかったが、その後、順次、帰村する人が増えてきた。以上が、避難から帰村までの経緯である。

自分たちは土地をまかされている

さて、その一年ほどの期間、農地は見捨てられ、山や川にも人の手が入っていない状態が続いていたのである。

地元では、人の手が入らないこと、すなわちエコロジー的には攪乱要因である人間の関与がないために、山が一層〝自然〟に戻ることを、「山が荒れた」と表現する。この表現は川内村に限らず、日本の農村でひろく一般にみられるものであるが、地元では山が荒れたことを非常に悔やんだ。

また、農地では除染作業といって、表土の五センチを剝ぎ取り、農地のセシウム量を少なくする作業が行われて、その後、農作業が可能になった。農作業が可能なのと、そこで採れた作物が商品として売れるかどうかについては別の基準があるが、ともかく農業が可能になった。

この川内村は、都会では当たり前の上水道システムではなく、井戸とか山水を利用している（上水道システムをつくる能力がないからではなくて、意図的にそうしてきた）。そのうちの一つの「山の神水道組合」を例にとると、帰村後も変わりなくこの山水を利用している。放射線量を測定したところ、安全と判断されたからである。けれども、ときたま子供たちと帰省する娘は、この川水を使ったお風呂は「危ない」と言って、自分の小さな子供たちを入れさせないとある母親は言っていた。とはいえ、なぜ、この災害を契機に上水道システムや簡易水道システムに移行することを要望しないで、この山水利用の組合の維持の方を選んだのであろうか。研究グループ員の野田岳仁[4]によると、それは彼らにとって、たんに山の水（それはうまい）を利用するという実益だけではなくて、同じように大切な「日々の人間関係を維持する組織」でもあったからである。これを使う限り、その維持のために管理や清掃などの共同作業が伴い、相互に顔を合わせ話し合う機会があるので、それを壊すデメリットに配慮したからだという。

では農地はどうなのであろうか。やはり研究グループの一員である藤田祐二によると、次のようである。農民の話では、農地から作物がとれるかどうかということよりも、土地を荒らしてはいけないという気持ちがある。なぜかというと、土地を荒らすと、「苦労して開拓してきた先祖や親に申し訳ない」という気持ちが湧くからである。

原発事故の前の通常時でのことであるが、屋敷の周辺や農地をきれいにしていると、まわりからも真面目に生活していると評価され、逆にそれが草だらけになると、批判的な目でみられたという。このような農地や屋敷地の手入れを基準としての人の評価は、これも日本の農村に広くみられる現象である。

川内村の彼らの話によると、先祖が家族を養うために苦労して開拓をし、農地を維持してきた。自分たちは「その土地をまかされている」という気持ちだという。現在、田で米を作っても、それが放射能検査で不合格になる可能性もある。けれども、田を休ませるわけにはいかない。なぜなら、田には害虫駆除の作業があるが、害虫駆除はできるだけ多くの人が作付けをすることによってのみ効果があるので、自分の田だけ草ぼうぼうで放置しておくわけにはいかない。そのため、帰村が始まった翌年の二〇一三年から作付けをすることを決めた農家があれば、その周辺に田をもつ農家は、たとえ自分たちが作付けをしなくても、田の草刈りをした。迷惑をかけないためである。田の草刈りとは田全体を耕すことであり、そうすれば雑草が生えにくい。田全体を耕すので、米を作るのと同じぐらいの労力が必要なのだが、それをするという。

自分たちにとっての自然とは

人々は言う。農業は、収入のためだけではなくて、村（集落）全体の気持ちのよい景観（雰囲気のニュアンスも含まれている）をつくるためなのだと言う。気持ちのよい景観を取り戻すために、避難前と同じように農作業をし、住民が顔を合わせると、「いつかは帰って農業をするのだから、手入れをしておかなければならない」と言い合っている。そして「お前が作るなら、俺も作る」となり、土地への働きかけが、人への働きかけとなり、それが連鎖反応となり、村（コミュニティ）の復活となっていると言う。

「先祖が開発した土地だから、荒らすわけにいかない」という表現は、かなりの数の人たちが異口同音に言っていた。また、チェルノブイリ原発跡地を視察した村長は、川内村とチェルノブイリの人たちとは根本的に異なっていると指摘する。チェルノブイリでは、よい仕事が保障されれば、簡単に他所に移ることに同意する発想であって、土地の除染作業までして元の場所に戻る発想はなかったという。

「村の一番よいところは自然なのであり、自然が汚染されたということは、この村の一番よいところがなくなった」ということだという言い方をする人もいた。村のリーダーの一人が、原発被害によって「自然という一番の魅力を削ぎ落されたというのが正直な感覚です」と言っていた。そして彼は次のように言葉を継いだ。「次の世代、もしくは次の次の世代に、今以上にきれいになるかどうか分かりませんけれども、しっかり楽しめるような自然を手渡していく。これは（村民として）当たり前のことだと、僕は思うんですよ」。

限られたデータしか示せなかったが、これらのデータからでも、自然と人間との関係について、第1型、第2型とは異なる何かが言えそうである。先祖が開発した田畑を維持するための手入れ、山はきれいな水を保障するため、また子供や老人も含めて山から山菜を採り、材木を入手する場でもあるので、丁寧な手入れをしなければならない。川水は生活用水、農業用水としてきれいな水を維持するための掃除などの手入れをし続ける。丘の草からは牧畜の肥料が入手できる。

そうすると、どうも川内村でいう自然というものは、先祖が自然を開発した田畑から始まり、それに山や川がある。田畑も入っていることが特徴である。田畑の方が山や川よりも手入れの程度が高いというだけの違いである。そうした自然のメインテナンスやそこからの利益の獲得、また「きれいな自然」の維持のために、人々は協力して自然に手を加えてきたし、これからも手を加えていかなければ、自然は〝荒れる〟という理解である。そして、そのためには共同作業が不可欠であり、日常的に相互協力組織維持への配慮が不可欠だという理解である。

こうした自然に手を入れることの積極的評価は、古くは柳田國男が指摘したことであったし、環境社会学の分野で私どもが「生活環境主義」というモデルを形成したときも、暮らしと自然とが深く関わっている事実に依拠したのであった。だが、川内村の事例をみると、自然とは「もともとの荒れ地を先祖から代々、開発をし、手入れをしてきた結果、きれいになった空間」を意味している。

このような「自然と人間との関係」をどう表現したらよいのだろうか。第1型の自然と人間を対比するエコロジーの考え方とは明らかに異なるし、第2型の文化として自然をとらえるのとも異なっている。第2型にも「美しい風景」という発想があるが、この第3型の「きれいな自然」とはやはり異なる。便宜的に第3型を「手入れされる自然」とでも呼んでおこうか。

以上、一つの地域事例をもとに論理を立てていき、新しい考え方を抽出するという「モノグラフ手法」を紹介した。いま少し調査を重ねる必要があるが、調査を深めて新しい第3型を的確に抽出すれば、これが環境政策にもたいへん有効であることを分かってもらえよう。

注

（1）マートンの中範囲の理論については、宇都宮京子編『よくわかる社会学』（第二版、ミネルヴァ書房、二〇〇九年）など社会学の入門書に説明がある。

（2）この重厚な研究の古典的な例としては、農村社会学では鈴木栄太郎や有賀喜左衛門に始まり、多くの研究がある。また、都市社会学では中野卓『商家同族団の研究』（未來社、一九六四年）、岩井弘融『病理集団の構造』（誠信書房、一九六三年）、宗教社会学では森岡清美『真宗教団と家制度』（創文社、一九六二年）、産業社会学では松島静雄『友子の社会学的考察——鉱山労働者の営む共同生活体分析』（御茶の水書房、一九七八年）、間宏『日本労務管理史研究』（ダイヤモンド社、一九六四年）などがある。

（3）この細谷の著書を通じての説明は、鳥越による書評（『社会学評論』六四（三）、二〇一三）で述べた内容を使用している。

（4）早稲田大学鳥越研究室で、院生などを中心にこの川内村を共同調査した。

第2章　高齢社会の健康長寿研究

金子　勇

沖縄県の健康文化の個性

四〇代の初めから、日本高齢者の健康長寿の要因を探るため、当時男性日本一の長野県と女性日本一の沖縄県に通い始めた。公表された関連資料を読み、宜野湾市で若干の現地調査を行うなかで、沖縄県がもつ個性豊かな健康長寿の生活文化を日本全国へ普遍化させることの難しさを痛感した。なぜなら、沖縄県には祖先崇拝をはじめとする血縁の時間軸と、「模合《もあい》」と「結《ゆい》」に代表される地縁の軸が健在だったからである。それらは高齢者の健康長寿のインプット要因として、かなり昔から現在まで顕在的正機能を発揮してきた。

しかし、日本本土ではそれらはすでに喪失したとみなされることが一般的であり、いわば今後再建したい課題の範疇に属している。沖縄高齢者の健康長寿の秘訣を「アタイ・ユンタク・モアイ」と聞き込んだ白井こころ（二〇一三）の最近の文献からは、それらが日本本土では到底得られるものではないことを改めて教えられた。「アタイ」とは住宅敷地内の庭のことであり、ここで自家用に農作物を栽培する人も多い。栽培された作物は、自家消費とともに近隣との交流・交換に使われる。

また、「ユンタ」はおしゃべりのことである。共同売店や市場の裏で高齢者が話し込んでいる姿がそれである（民俗学研究所　一九五一）。

沖縄の「モアイ」は金銭的相互扶助システムであり、白井の調査によれば、県民のモアイ参加率は四〇％、六〇代では六〇％を超えていたという意味で、それらは依然として社会的な機能を果たしている集まりである。原型的な定義を『民俗学辞典』（民俗学研究所 一九五一）に求めると、「共同ならびに共同生産を意味する」（民俗学研究所同右：六二七）。日本の共同慣行には、そのほかに「ユイマール」ないしは「ユイ」（交換共同制）と「テツダイ」（無約共同制）があり、これら三種の中ではこの「モヤイ」が最も共同性が濃厚であると、この辞典では記されている。日本本土でもかつては「モヤイ風呂」、「モヤイ水車」、「共同倉庫」、「モヤイ道具」とよばれたものがあったが、今日ではほぼ消滅した。

一方、「ユイ」は「組内各戸間の労力交換」である（同右：六四七）。個人の労力の強弱には拘泥しない労力交換システムの総称であり、個人や一家だけでは困難な仕事全般に認められる。代表的には田植え、稲刈り、屋根葺き、道普請、冠婚葬祭などの労力交換が該当する。生産面では「モヤイ」が漁業に強くみられるのに対して、「ユイ」は農業と山仕事で盛んである（同右：六四七）というのが一九五一年前後の日本社会の断面であった。

これらの生活文化が二一世紀まで沖縄県の日本一長寿を支えてきたことが解明できても、その結果を日本全国に発信して、沖縄方式による健康長寿づくりに寄与することは難しいと考え、それ以降は長野県調査に限定した。

長野県の健康文化の普遍性

日本では長い間、男性の日本一長寿県は長野県であったが、女性は沖縄県が不動の一位を維持してきた。それが二〇一〇年になって、長野県男性が八〇・八八歳、女性も八七・一八歳となって、長野県は名実ともにまさしく日本一の長寿県となったのである（表2-1）。もっとも沖縄県の女性も健闘して三位の八七・〇二歳を保っている。

両方の県における高齢者のインタビュー調査と、宜野湾市、佐久市、諏訪市における高齢者それぞれ五〇〇人への調査票を使った訪問面接に従事してきた私は、両県民にみる長寿の原因を五点にまとめてきた。まずは白いものに気を付ける食生活である。具体的には、塩と砂糖を極力控える食生活の実行が挙げられる。これには長野県の集団生活の特徴が絡んでいる。なぜなら、長野県では地域で食生活の改善を図る住民ボランティア「食生活改善推進員」（「食改さん」）と、各地区の住民から選ばれて五〇～八〇世帯くらいの家族員の健康を守る専業主婦を軸とする「保健補導員」の活動が非常に活発だからである。

とりわけ後者は長野県独自の存在であり、文字通りの草の根ネットワーク活動により、住民生活の保健面を指導してきたという実績があることに気が付いた。食事に関してはもちろん前者（「食改さん」）の功績が大きい。県庁が音頭をとり、市町村が主体的に動き、県民一体となって食生活の改善として塩分控えめの食生活を定着させたという事実は、健康長寿が医学の分野だけでは達成できないことを教えてくれた。

表2－1　都道府県平均寿命（2010年）（歳）

順位	都道府県	男	都道府県	女
1	長野県	80.88	長野県	87.18
2	滋賀県	80.58	島根県	87.07
3	福井県	80.47	沖縄県	87.02
4	熊本県	80.29	熊本県	86.98
5	神奈川県	80.25	新潟県	86.96
6	京都府	80.21	広島県	86.94
	⋮	⋮	⋮	⋮
42	高知県	78.91	埼玉県	85.88
43	長崎県	78.88	岩手県	85.86
44	福島県	78.84	茨城県	85.83
45	岩手県	78.53	和歌山県	85.69
46	秋田県	78.22	栃木県	85.66
47	青森県	77.28	青森県	85.34

（出典）厚生労働省「平成22年都道府県別生命表の概況」平成25年4月発表。

長野市、佐久市、諏訪市、中野市で行った高齢者インタビュー調査記録を見直すと、数十年前の食生活に触れて、塩漬けにした魚を食べ、塩分をふんだんに含む信州みそで作ったみそ汁はごちそうだったとある。そのため、県全体では脳卒中による死亡率が一九五五年ころから急上昇し、六五年には全国ワースト一位になった。平均寿命も男性が全国九位、女性は二六位まで落ち込み、県民に危機感が広がった。このようなインタビュー結果を公式の記録で裏付ける作業は、観察結果の信頼性を高める。

七〇年代初頭から減塩生活への全県的な取り組みが動き出し、

最も影響を受けた研究者　高田保馬

恩師鈴木広先生のゼミで都市社会学を学び始めた矢先に，直方市や人吉市のコミュニティ調査に加えていただいた。調査票を抱えて4日間にわたり訪問面接することで，社会調査の入口に立った。先生にはアーバニズム論を基盤としたコミュニティ調査票の作成，実査，結果の集計と分析を教えていただいたが，並行して高田保馬（1883-1972）の「結合定量の法則」や「基礎社会衰耗の法則」を独学した。両方の経験から，理論に裏付けられたデータの解析が実証のレベルを引き上げるという信念が得られた。

都市化，高齢化，少子化を追究する過程で高田理論社会学への関心が強くなり，最終的に「人口史観」に到達した。これは人口増加時代のマクロ理論であるが，もちろん人口減少時代にも応用可能であると確信して，「誠実の証」（森嶋通夫）としての階級論，社会関係論，勢力論，世界社会論などを熟読した。この延長線上に，生誕120周年を記念した『高田保馬リカバリー』と3冊の社会学書の復刻がある。特に「リカバリー」を準備する時にまだご存命だった高田先生の長女ご夫婦宅を訪問して，先生が布団の中で原稿を書きながら，インクを布団にこぼしたまま眠られていたというエピソードをお聞きしたことが忘れられない。また，先生の書き込みで真っ黒になった書籍にも感動した。これら4冊については，多くの専門家のご支援が得られて，今でも少しずつ読まれており，関係者の方々に心から感謝している。　（金子　勇）

「食生活改善運動」と「保健補導員」制度の導入が基幹的対応になった。その結果、この三〇年近くはみそ汁にも野菜がたっぷり入り、塩分も控えめになった。

「ぴんぴんころり」（PPK）運動

約三〇年前に長野県で生まれた「ぴんぴんころり」（PPK）という言葉がある。「ぴんぴんで元気に長生きし、病気をせずころりと死ぬ」という意味である。健康長寿にあやかって佐久市に建立された高さ一mほどの「ぴんころ地蔵」には、一年間に実に約一〇万人が参拝に訪れる。人々の「ぴんころ」への切望はこれほど強い。ちなみに『佐久商工会議所創立三〇周年記念誌』に、当時の三浦市長は「佐久市はPPKの里」と記している（一〇頁）。

この全国的に有名な「ピンピンコロリ」（PPK）運動が、高齢期のソーシャル・キャピタルが豊かな長野県で誕生したのも故なきことではない。ＰＰＫのライフスタイルとは、「げんき」がテーマであり、象徴的には「げ」(減塩)、「ん」(運動)、「き」(禁煙)を標榜する草の根の健康づくり活動である(金子 二〇一四)。ここまで判明すると、健康長寿には高齢者と家族のライフスタイルが強く関与することに気が付く。

そこで隣接の「生活習慣病予防」のデータを調べるうちに、日本生活習慣病予防協会ホームページに掲載されている「生活習慣病予防」の三項目を見つけた。そこでは、

1、一無【無煙・禁煙の勧め】
2、二少【少食・少酒の勧め】
3、三多【多動・多休・多接の勧め】

が「生活習慣病予防」に有効であるとされている。

社会学の側からすれば、高齢者の社会参加の効用が指摘される。日本生活習慣病予防協会ホームページにある「多動・多休・多接の勧め」のうちの「多動」や「多接」がこれに当てはまる。あわせて医学の側からも「自宅に閉じこもりがちで社会との交流が希薄な高齢者は認知症の発症率が高い……高齢者でも社会的つながりが多い場合には発症率が低かった」(白澤 二〇一三：一二一)があったので、社会学によるこのような研究成果が補強されたことになる。

「保健補導員」制度

この素地としては、佐久総合病院の若月俊一はじめ先覚的な農村医療・予防医学の献身的活動実績が強調されてよいであろう。また、佐久市浅間総合病院の吉澤国雄らによる脳卒中予防運動や制度化への取り組みが基礎になっている。これらの伝統のなかで長野県民もまた、先覚者の活動趣旨をよく理解して、二つの制度に協力して、活発

に動くようになった。この文脈からは、研究には対象地の歴史的事実への配慮が不可欠であることを学べる。

とりわけ「保健補導員」に関しては、当時もすでに四七都道府県に制度はあったものの、長野県が唯一の実績をもち、そこでの県民健康づくりにも独特の工夫が行われてきたことに留意しておきたい。なぜなら、長野県では試行錯誤のうえ一九六九年から平均で五〇～八〇世帯程度を受けもつように範囲を定め、その中で一人の専業主婦を二年の限度内で「保健補導員」（現在では「保健指導員」ともいう）に任命して、この活動を四〇年以上草の根の保健運動として定着させて、県民の健康知識の普及と健康診断への機会増加を行ってきたからである。

自立高齢者の健康生きがい支援に関しての長野市・長野県の特徴は、保健補導員制度の保健福祉活動にあることが特筆できる。いずれも行政と密接な関係をもつ草の根からの地道な活動である。このボランティア活動を調べて、私の造語である「義捐微助人」（ギエンビスケット）活動の意味と意義を主張したこともある。

この「保健補導員」は二年で交代するから、四〇年の間には二〇人が誕生しており、ＯＧ会として現在の保健運動への関与にもまた熱心である。いわば草の根の重なり合いが各地域で連綿として続いており、最近では今村晴彦・園田紫乃・金子郁容（二〇一〇）にも取り上げられている。

社会調査の力

食生活改善推進員と保健補導員の活動を契機とした県民の社会的連帯性の強さは、長野県高齢者の行事への参加や就業参加度が非常に高いところにも表れている。高齢者ネットワークの豊富さは、六〇歳からの新しい年賀状相手の数が多くなるという結果にもつながっている。定年後の男性やその連れ合いが、各種サークルやカルチャーセンターでの学習会参加に熱心なために、そこでの新しい出会いが得られるからである（金子 二〇〇六ｂ：一九八）。高齢期に人間関係が豊富になることは、ソーシャル・キャピタルによる「人は良薬」であることの必要条件となり、結果として医療介護看護保健などの情報交換の機会が多いという十分条件を満たすことになる。そのために、まさしく「生活習慣病予防」に言われる「三多」としての人間関係の「多接」が、塩分控えめの食生活の改善（少食）をもたらすという効果が認められる。

さらに量的質的社会調査の視点を応用して、長野県の健康長寿の要因と判断されるソーシャル・キャピタル面から高齢者像を描き出してみたい。まずライフスタイル面では、第一次産業県という特性が活かされて、長野県民の男女全体の就業率が高く、高齢者の就業率もまた高く、二〇一〇年国勢調査結果でも長野県の「高齢者の就業率」は二六・七％であり、全国第一位であった（総務省統計局 二〇一四）。その他、以下の各種データはいずれも二〇一〇年の国勢調査結果である。

高齢期における就業継続、学習意欲の高さからくる生涯学習講座や趣味娯楽の社会参加活動もまた、ともに県民の健康生きがいづくりに有効であり、長野県行政はそれらを積極的に支援してきた。これは講座や社会参加の場を行政が熱心に整備してきたという伝統に裏付けられる。たとえば「人口一〇万人当たり公民館数」は六三・二館に上り、全国都道府県で第一位となり、二〇一一年の文科省調査でも五七・七館で、全国二位であった。

また、自治体や独立行政法人が設置した体育館、プール、運動場などのスポーツ施設から構成される「人口一〇万人当たり社会体育施設数」も九九・四カ所で、全国第一位である。このように、行政が県民の社会的ネットワークとして関係の糸（ストリングス）を作る手伝いを継続してきたことで、県民間には強い連帯感（ストレングス）が生まれたと判断できる（金子 二〇〇六a）。このストリングスとストレングスという命名もまた、長野調査から得られたものである。「多接」とは社会参加を意味しており、行政がその参加の場の整備を優先してきたことで、長野県の長寿日本一を支える機能を発揮したと考えられる。

家族が健在

この数年は新潟県や岩手県などに抜かれたが、それでも二〇一三年で「後期高齢者一人当たり医療費」七九万九千円は、都道府県のうち四三位になっている。同じ時期の一位である福岡県では一一八万円、二位である高知県でも一一二万円であったことに比べると、「後期高齢者一人当たり医療費」の低さは歴然としている。

これには在宅で患者を支える「家族力」が深い関係をもっている。平均世帯人員二・六六人は都道府県中一三位であり、単独世帯の割合の二五・七％は三九位であり、二〇一四年の離婚率一・五五の三九位とあわせてみると、長野県では家族解体の様相はうかがえない。むしろ高齢者のいる世帯率は高く、四六・三％（九位）となっている。さらに農業労働を主体とした共働き世帯の割合は三二・九％であり、五位を維持している。食生活改善推進員や保健補導員は「報酬を目的としないで自分の労力、技術、時間を提供して、地域社会や個人・団体の福祉増進のために活動を行っている」者であり、完全なボランティア活動者に該当する。二〇一一年間のボランティア面での行動者率（一五歳以上）は三三・一％であり、全国で六位であった（総務省統計局、二〇一六）。

長野県高齢者の生活環境をみると、持ち家比率が高く、離婚率が低く、高齢者の一人暮らしが少ない。さらに「在宅死亡率」は全国三位であり、そのために「訪問看護件数」は全国一になっている。「ピンピンコロリ」の生き方を在宅で支えるために、訪問看護が増えるのである。

長野県では高齢者の就業率が高く、二〇〇五年の人口動態調査では、農業を中心に六五歳以上の三〇％がまだ現役で働いている。女性に限っては就業率五一・六％で全国二位である。兼業を含む農家の数は一二万七〇〇〇世帯となり、都道府県のなかでは一位である。農業のうち特にリンゴ、梨、葡萄などがたくさん収穫できれば、そういう農作業をする人が全体としても多くなる。農業では定年を自分で決定できるし、現役であり続けるかどうかも自己決定となる。長野県高齢者には、この農業を軸とした産業構造を活かした社会参加が目立っている。

以上に紹介した事実の総合的成果として、男女ともに平均寿命日本一を達成したとまとめておこう。

観察された事実から

日本一長寿の長野県高齢者の調査から社会理論を立ち上げる方向性について、特に思考と方法の経路をたどって説明してきた。高齢者の「生活の質」（ＱＯＬ）研究、ソーシャル・キャピタル研究、アクティブエイジング、プロダクティブエイジング研究などの文献を学習することがその第一歩である。同時に現地の関連データを収集することはもちろんである。この二本立てにより、対象地と対象者への積極的なアプローチが可能になる。あとは質的量的な調査をどこまで継続するか、そこで発掘された事実の理論化について、この一五年間の体験に基づき、理論形成のスタイルを示した。

いわゆる中範囲理論には間違いないが、長野県の高齢者調査により得た成果は、社会学を超えた医学面での情報と行政資料に助けられたところが大きい。これは学際的研究というよりは、対象を正確によりよく理解するために隣接分野の成果を貪欲に摂取したものと言えるであろう。

問題の解明が最優先だから、そのための学術的資源は多いほうがいい。収集したデータの組み合わせに基づく健康長寿への一般命題化、その表現のための新しい概念の提唱、従来の学説に新しく何を加えたかなどを、調査の過程でも絶えず念頭に置くことが、独自の成果を保証する。長野県での高齢者調査は、私にとってそのような経験として存在する。

参考文献

今村晴彦・園田紫乃・金子郁容、二〇一〇、『コミュニティのちから』慶應義塾大学出版会。

金子勇、二〇〇六a、『少子化する高齢社会』日本放送出版協会。

金子勇、二〇〇六b、『社会調査から見た少子高齢社会』ミネルヴァ書房。

金子勇、二〇一四、『日本のアクティブエイジング』北海道大学出版会。

白澤卓二、二〇一三、『長寿エリートの秘密』角川学芸出版。

白井こころ、二〇一三、「沖縄共同体社会における高齢者とソーシャル・キャピタル」イチロー・カワチ、等々力英美編『ソーシャル・キャピタルと地域の力』日本評論社：一五九〜一七九。

総務省統計局、二〇一四、『二〇一四　社会生活統計指標』同統計局。

総務省統計局、二〇一六、『二〇一六　統計でみる都道府県のすがた』同統計局。

民俗学研究所編、一九五一、『民俗学辞典』東京堂出版。

コラム1　音楽社会学が生涯学習のテーマ

幼い頃から歌謡曲が好きで、それを通して「時代認識」をしていた。端的には「世は歌につれ」であり、育った高度成長期に併存していた「ふるさと派歌謡曲」と「都会派歌謡曲」を聴き比べ、時代を音で表現することへの関心が強まった。同時に、地方に拘る「ふるさと」の音楽と、東京銀座に象徴される「都会」の音楽との差異にも感じるところがあった。

この原体験が、大学院博士課程時代にヴェーバーを集中的に学んだなかに含まれていた「音楽社会学」に結び付いた。宗教社会学でも官僚制でも都市論でも近代化に内在する合理性の貫徹をヴェーバーは周到に描き出していたが、西洋クラシック音楽の音階まで踏み込んだ近代化の合理性分析には本当に驚いた。せっかくだから、これを応用して、吉田都会派歌謡曲の分析を通して都市化が進む日本の高度成長期を活写しようと決意した。

しかし、音楽社会学を実質的に展開するには、(1)歌詞の分析はもちろんのこと、音楽を構成する主な要素である、(2)音階の分析、(3)リズムの分析、(4)音域の分析、を最小限含むことが望ましいと判断した。日本の歌謡曲や作曲家を論じた本は時々出されるのだが、それらのほとんどは歌詞のみで、歌を論じるという伝統から自由ではなかった。

もちろん、歌の分析は歌詞を論じるだけではすまない。なぜなら、いわゆるヒット曲は、その歌詞を国民の多くが朗読したから誕生したわけではないからである。むしろレコードやCDを購入して、あるいは放送局にリクエストして、聴いたり歌ったりしたことで流行したのである。

歌詞を超えて、音階、リズム、音域などの分析を本格的に行うには音楽の素養が求められる。最低限でも素材である楽譜を読み、そこでの音階、リズム、音域などが理解できて初めて、音楽社会学が展開可能になる。そのため、それらについての記号を学び、楽譜を読み解くための訓練期間がどうしても必要であった。吉田正の伝記をまとめる傍ら、音楽辞典を引き、吉田メロディ大全集を聴きながら、丹念に一枚ずつ楽譜を点検していくしかなく、半年かけてこの地道な作業を終えた後には、次のような発見が得られた。

「ふるさと派歌謡曲」は大御所古賀政男を筆頭に数名の作曲家が競作していたが、「都会派歌謡曲」は吉田正だけが作曲していた。吉田は都会風俗を求めて歩き回り、感性で受け止めた時代の先端を〝♯〟の独自な使い方により、和声短音階と旋律的短音階を通して見事に作品化していたのである。「都会派歌謡曲」のリズムはブルースを主として、歌手に合わせて低音域を使う歌を作り、青春歌謡では短調の和声短音階で感傷に浸れるようなメロディを創造した。ベンチャーズやビートルズにより開花したエレキギターの時代を感知すると、その激しいリズムを活かした作曲を行った。独自の歴史物と股旅物では、「ふるさと派歌謡曲」と同じく古賀メロディにも通底するヨナ抜き五音階により、三味線がオーケストラと共存する表現形式を創造した。

このように、国民が求める音楽を提供するために、そしてその時代を的確に表現するために、吉田はたえず素材を都会と時代に求め、表現形式に工夫する姿勢を堅持した。私はその多彩な作曲法に感銘を受けた。

貧しくはあったけれど、将来への夢と希望にあふれていた高度成長期の日本人に圧倒的に支持された吉田メロディからは、現代社会のイノベーションにもヒントが得られる。すなわち、吉田メロディは、

(1)伝統（古賀政男、万城目正、服部良一、古関裕而）への挑戦から始まった。
(2)イノベーション、創作、革新は都会の風俗から得られた。
(3)作曲のパートナーとライバルはともに重要性であり、前者には作詞家佐伯孝夫と宮川哲夫、後者には作曲家遠藤実がいたことで、良質の吉田作品がたくさん生み出された。

感性中心で創作する音楽と、理性作用に裏付けられた文字表現を軸とする社会学との差異は大きいが、創造した音楽の種類が六つのジャンルを含み、常に作曲上のイノベーションを心がけた吉田正の姿勢から学んだものは限りなく多い。

（金子　勇）

第3章　民族関係のリアリティを求めて

谷　富夫

リアルな社会関係

親子関係、兄弟姉妹関係、友人関係、師弟関係、隣人関係、職場関係……。私たちはこれらの関係をじっさいに結んでいる。だから、これらがどういう関係なのかを経験によってわかっている。経験によってわかっているとは、体の感覚器官と心を通してわかっているということである。目で見る、耳で聞く、鼻で嗅ぐ、舌で味わう、手や足で触れる、そして心で感じることを、ここでは「経験」とよぼう。たしかに、このような経験には限界がある。私が見ている世界が、世界のすべてではない。だが、みずからの経験に限界があることを悟るためにも、また、その限界を乗り越えるためにも、まずは自分に見えている世界を見つめることから始めるしかない。とりあえず、みずからの経験に準拠して歩み始めるしかない。

経験を通してわかっている社会関係のことを、ここではリアルな社会関係、あるいはリアリティのある社会関係と呼ぼう。ここで社会関係とは、冒頭に挙げた諸関係に見られる社会的行為の相互作用のことである。かつて、うちの子供たちは、毎朝起きたら、われわれに「おはよう」と声をかけ、母親が「ごはん食べや」と返していた。社会的行為とは、主観的意味と他者関係性、これら二つの要素を含む行為のことをいう。詳しくはマックス・ウェーバーの名著『社会学の根本概念』（岩波文庫、一九七二年）で学んでいただきたい。この本でウェーバーは、曲がり角で車と車が出会い頭にぶつかっても、それは社会的行為とは言えないという。たしかに他者関係的ではあっても、ぶつかりたくてぶつかったわけではないから、そこに主観的意味は含まれていないというのが、その理由である。もう一つこんな例も挙げている。人込みの繁華街で急に雨が降りだしたら、通行人はみんないっせいに傘をさすが、これも社会的行為ではない。なぜならば、この行為には雨に濡れたくないという主観的意味は含まれていても、傘は他者にではなく、天に向けてさされるからである。むろん相合い傘は別である。さっきの車の話も、ぶつかった後にケンカが始まれば、それはもう立派な（?）「社会的行為」である。

冗談はさておき、私たちにとって民族関係、人種関係はリアルな社会関係と言えるだろうか。ここで民族関係とは、日本人と韓国人など、異なる民族間の社会関係のことである。人種関係とは、黄色人種と黒人と白人など、異なる人種間の社会関係のことである。「あなたは外国人の友だちをもっていますか?」こう聞かれて「はい」と答える日本人はどのくらいいるだろうか。

社会関係にリアリティがないと、いざというときにいろいろやっかいなことが起こりかねない。一九二三年の関東大震災ではたくさんの在日朝鮮人（定義は後述）が日本人の手で虐殺されたという。在日朝鮮人が井戸に毒を入れたとか、武器をもって暴動を起こしているといった流言がきっかけであったという。大震災のパニック状況で、日本人は自らの恐怖心を在日朝鮮人に投射したのではないか。もしも以前から在日朝鮮人とリアルな社会関係をもっていれば——相手を見る、相手の声を聞く、相手に手で触れる、そういう経験がすでにあって心を働かせていたならば、さほど悲惨な事態には至らなかったかもしれない……。そういう仮説が成立しうる。仏教では「眼耳鼻舌身」を「五感」という。その流れで「心」を「第六感」という。英語のシックスセンスである。五感に基づかない第六感は、ときに恐ろしい作用をする。イメージは自由に、無限に肥大するからである。もしかしたら、ここが人間と他の動物の違いなのかもしれない。同じことは、昨今の「ヘイトスピーチ」の輩にも言えるのではないか。

彼らは在日朝鮮人とのリアルな社会関係をどれだけもっているのだろうか。インターネットなどのバーチャル・リアリティの影響はどうなのだろうか。真相をご存じの方は、ぜひご教示いただきたい。

道徳社会学としての民族関係論

日本は民族関係の経験が乏しい国である。とはいえ、最近では徐々に外国人との接触機会も増えてきているし、将来その傾向はいっそう強まるだろう。若い読者には意外に思われるかもしれないが、日本の場合、民族関係が社会関係のリアルなカテゴリーであるとする考え方が生まれたのは、戦前はともかくとして（後述）、ごく最近のことである。きっかけは一九八五年の「プラザ合意」であった。

「プラザ合意」とは、日米英独仏五カ国財相、Ｇ５がニューヨークのプラザホテルで交わした円高合意のことである。円のレートを切り上げて米国の膨大な対日貿易赤字を減らすことが狙いであった。たしかにその後、円は当時一ドル二四〇円から五年後には一〇〇円を突破した。有り体に言えば、日本人は、それまで一箱二四〇円だった米国製チョコレートを一〇〇円以下で買えるようになったことになる。こうして輸入品の消費も海外旅行もうんと増えて合意事項はある程度達成されたが、当初予想だにしなかった事態がいくつか出現した。

その一つが外国人労働者の急増である。他に、バブル景気や企業活動のグローバル化など、相互に密接に関連する事態がいろいろ生じたが、それらについてはここでは触れないことにする。ともかく、高い円を求めて海外から大勢の人が働きにやってきた。彼らを「ニューカマー」という。こうして外国籍人口が、一九八五年の八五万人から二〇一五年には二一七万人に増加した。三〇年で二・五倍増加したわけだが、これでもわが国総人口の一・七％にすぎない。ちなみに、一九八五年はたったの〇・七％しかいなかった。要するに、戦後日本の民族関係はたかだか三〇年の歴史にすぎず、そのリアリティは、いまだ生成途上にある。欧米先進各国の在留外国人比率は二桁がざ

最も影響を受けた研究者　鈴木　広

鈴木広先生（九州大学名誉教授）は，私の学生時代の指導教員である。本書に登場する金子勇さん，徳野貞雄さんをはじめ，数十人の研究者を育て上げた。「鈴木社会学」の豊かさが，たくさんの個性的な研究者の輩出を可能にしたと言える。私などが鈴木先生から吸収できたものはそのうちのほんの一部にすぎないが，この章で言及するコントの道徳社会学，マートンの中範囲の理論化，そしてミルズの社会学的想像力は，先生の研究を通して学んだことである。先生が釜石市の実態調査から，産業型都市に関する中範囲理論を生み出したこと。1950年代の創価学会の膨張過程を，戦後日本の社会変動と信者の入信行動との連動関係において解明したこと（社会学的想像力)。そして都市コミュニティ研究で、規範的なコミュニティ概念を重視したこと（道徳社会学)。これらの関連文献との悪戦苦闘が，私の学生時代であった。鈴木先生がコントやマートンやミルズたちの社会学思想を実証研究で実践している姿を間近に見ながら，私たちは社会学を学んでいた。

代表作は，『都市的世界』（誠信書房，1970年)，『都市化の研究』（恒星社厚生閣，1986年)。2014年11月13日没，享年84であった。　（谷　富夫）

らである。

ここで考慮に入れなければならないマクロな社会変動がある。日本は今、深刻な人口減少社会に向かっている。二〇一〇年から二〇六〇年までの五〇年間に、四一〇〇万人も減少すると予測されている。とりわけ生産年齢人口の減少幅が大きい。したがって、さらに外国人が増える可能性が大である。こうした将来動向を見すえて、今から民族関係の準備をしておくのもムダではあるまい。

そう考えた私は、一九八七年——プラザ合意の二年後——から「民族関係の研究」に着手した。マクロな社会変動とミクロな社会関係・社会的行為の連動関係をとらえる能力のことを、ミルズが「社会学的想像力」と呼んだ。[1] 人口減少社会に突入した今、民族関係の研究でもこの能力を働かせる必要があるだろう。

私が考えた「民族関係の研究」とは、次の三つの問いへのアプローチである。異なる民族同士が、(1)現状においていかなる関係を結んでいるのか、いないのか、(2)将来においていかなる関係を結ぶことができるのか、できないのか、そして、(3)いかなる関係を結ぶことが望ましいのか、望ましくないのか。

民族関係に関する現状分析と将来予測と望ましさの探求である。社会学の祖であるコントは、「予見するために見る」という研究指針を社会学に付与した。右の(1)と(2)はこれに照応する。現状分析に基づく理論の構築をもって、将来を予見しよう。また、彼は市民革命で荒廃した一九世紀初頭のフランスを望ましい社会に再組織するために社会学を創始した。(2) 望ましい社会の探求は、社会学に課せられた重要な役割の一つなのである。その意味で、社会学は「道徳社会学」という性格を帯びている。このことを社会学を学ぶ者はけっして忘れてはならない。右の(3)は、そうした問題意識に照応している。

中範囲の理論化

研究は問題がないと始まらない。「はじめに問題ありき」である。研究とは問題解明のプロセスのことである。そして、研究のアウトプットとして理論の構築が期待されている。たとえばベネディクトは、「日本文化の型は何か」という問いを立てて、「それは恥の文化である」という解答を出した。(3) これは理論である。また「なぜXという現象が起こるのか」という問いに対して、「現象Xの成立要因はA・B・C・Dである」という解答を得たとすれば、この文章が理論である。万有引力の法則のように宇宙のどこにでも適用できる理論がある一方で、人間の意識や価値観や歴史が絡む社会現象のように、同じ現象Xでも、ある社会ではA・B・C・Dが成立要件だが、他の社会ではA・B・E・Fかもしれない。調べてみないと分からない。そういう理論もある。ベネディクトも、アメリカ文化の型を、「恥の文化」に対して「罪の文化」とした。このように社会学は、まったくの個別事例の記述でもなく、反対に超歴史的な一般理論でもない、その中間の経験的調査に基づく理論作りに励もうと提唱したのが、マートンの「中範囲の理論化」であった。(4)

こうした社会学の先人たちを見習って、日本社会の現状分析を目指す場合、先の(1)~(3)の問いはもっと次元を落として定式化される必要がある。たとえばこうである。日本人と在日朝鮮人は、(1)現状においていかなる関係を結んでいるのか、いないのか、(2)将来においていかなる関係を結ぶことができるのか、できないのか、そして、(3)いかなる関係を結ぶことが望ましいのか、望ましくないのか。

ここで「在日朝鮮人」とは、戦前の日本の植民地支配と終戦直後の政治的混乱のなかで朝鮮半島・済州島から日本へ来た者と、その子孫のうち韓国・朝鮮籍をもっているか、もしくはたとえ日本国籍を取得した後も、自民族への一体感や帰属意識をいかほどか抱きつつ日本に定住している人々のことである。ビジネスマンや留学生など、ニューカマーの韓国人は含めない。オールドタイマーの呼称である。

では、なぜ「在日朝鮮人と日本人の民族関係」なのか。さきほど一九八五年の外国籍人口は八五万人だったと述べたが、読者はその内訳をどのように想像されるだろうか。なんと八〇%が韓国・朝鮮籍だったのである。戦後一〇年間は九〇%を占めていた。私が民族関係の研究を始めたころまでは、日本で外国人といえば、端的に在日朝鮮人のことだったのである。さらに終戦前に遡れば、約二〇〇万人の朝鮮人が日本にはいた。これは現在の外国人人口にほぼ匹敵する規模である。先に戦後の「民族関係の誕生」について述べたが、それは正確にはニューカマーとの民族関係の誕生であった。戦前、日本には在日朝鮮人との数十年にわたる民族関係の歴史があった。しかし、大部分の朝鮮人が終戦直後帰国したこともあって、その痕跡はほとんど残っていない。それが残っている稀有な都市が大阪である。こうして私は、大阪を民族関係の研究の最適フィールドとみなし、研究に着手することにした。将来のニューカマーとの民族関係にも役立つ理論の構築を目指して――。

民族関係の「剝奪仮説」

大阪は、戦前からの在日朝鮮人と日本人のリアルな民族関係が今に続いている典型的な都市である。とりわけ生野区は、一三万人の区民の二〇％、五人に一人が韓国・朝鮮籍者である。町丁目によっては過半数の住民が在日朝鮮人である地域も少なくない。そういう校区の公立小学校では在籍児童の七割が在日朝鮮人だったりする。与えられた紙幅の都合により、生野区の戦前の在日朝鮮人の歴史については、金賛汀『異邦人は君ヶ代丸に乗って——朝鮮人街猪飼野の形成史』（岩波新書、一九八五年）を、近年の生野区の状況については、拙著『民族関係の都市社会学——大阪猪飼野のフィールドワーク』（ミネルヴァ書房、二〇一五年）を、それぞれ参照されたい。

以下では、私が生野区で行った社会調査と、そこから索出した仮説について、順次説明していくことにしたい。結論を先取りすれば、結合的な民族関係に関して「剝奪仮説」と「バイパス仮説」を索出した。両者は、後者が前者を包含する論理関係にある。ここで「結合的な民族関係」とは、異なる民族同士が共に行動する、力を合わせて活動する関係を意味している。対極は「分離的な民族関係」である。

さて、一九八七年一〇月から翌年三月にかけて集中的に実施したフィールドワークの目的は、生野区内の社会集団を対象とする結合的な民族関係の探索であった。そのため、当時の勤務先の広島女子大学（現・県立広島大学）から半年間の国内研修を許され、生野区内のアパートを借りてフィールドワークを行った。回った集団を思い出すまま列挙すれば、町内会（大阪市では振興町会という）、地区社協、民族団体、運動団体、同郷団体、各種同業団体、労働組合、公立学校、朝鮮学校、学童保育、福祉作業所、キリスト教会、寺院、神社、ボランティア団体等々である。回った結果、ほとんどの集団で関係が分離的であった。たとえば、区内のすべての小中学校でＰＴＡ会長は日本人であった。町内会長も、在日朝鮮人は皆無であった（これはあくまで当時の状況である。今では在日朝鮮人のＰＴＡ会長は珍しくない）。

そうした状況でも、結合的な民族関係が三つの社会集団で存在していた。一つは大阪市立M小学校PTAである。M校は在籍児童の七割が在日朝鮮人であるにもかかわらず、それまでPTA執行部から在日朝鮮人を徹底的に排除してきた。それが、在日朝鮮人の親にPTA活動に参加しない口実を与えることにもなり、組織そのものが機能不全に陥ってしまった。バザーを開きたくても人手が足りない、などである。こうした事態に立ち至って初めて、在日朝鮮人の保護者を執行部に迎え入れることにした。二つ目は、朝鮮市場。今でこそ「生野コリアタウン」に名称を変えて大繁盛しているが、当時は全国の商店街と同様、斜陽化の一途を辿っていた。そこで町おこしをしようと、商店街の在日朝鮮人と日本人が手を結び、いろいろな活動を始めたのである。その努力が韓流ブームと相まって、昨今の盛況に結びついている。三つ目は、福祉施設。生野区にはたくさんの障害児施設や障害者共同作業所があるが、そこでは職員と通所者の双方において在日朝鮮人と日本人の協働参加が見られた。

これら三ケースの共通点は何だろう。それは、剥奪状況において結合的な民族関係が形成されていることだと思う。本来、当事者たちに備わっているべき価値――PTAならば「組織」、商店街ならば「利益」、障害者施設ならば当事者たちの「肉体的精神的活動」、これらの諸価値を剥奪された状況に立ち至って初めて、他民族との協働関係が志向されている。協働しないことには共倒れになるからである。これを私は、民族関係の「剥奪仮説」と呼ぶことにした。このときの調査では三ケースしか、結合的な民族関係を発見することができなかった。では、こうした階層的・地域的な剥奪状況が唯一の結合条件なのか、それとも他の要因を未だ発見できていないだけなのか、さらなる探求が続く。

世代間生活史調査と「バイパス仮説」

次に行った調査は「世代間生活史調査」である。これは、個人の生活史を、縦に祖父母・親・子・孫と、おじ・

おば＝甥・姪関係、横に夫婦・きょうだい・いとこ関係――これら血縁・姻縁関係のなかに位置づけることによって、長いタイムスパンで民族関係や文化継承の変動過程を追求する方法である。これは私が考案した。この方法により、一方で、世代間の比較を通して、家族・親族、職業、地域、学校、友人などとの接触パターンの持続・変容過程がつきとめられる。他方、肉親と婚姻の絆を通して、親から子へ、子から孫へ、おじ・おばから甥・姪へ、祖父母から孫への生活様式・生活理念・価値意識の継承・獲得・持続・変動過程が追求できる。この調査を一九九〇年代に、京阪神圏に住む四家族四世代、五七人を対象に実施した。もちろん共同調査である。一人でできる分量ではない(5)。

この五七人の生活史から分かったことは、在日朝鮮人と日本人が同じ職場、地域、学校、教会、趣味集団などで活動を共にすることによって、言い換えれば、様々な地位－役割関係をバイパス（迂回）して、互いの民族性の理解、尊重に到達しているということである。これを私は民族関係の「バイパス仮説」と呼ぶことにした。あの剥奪要因に基づく結合関係も、考えてみれば、福祉集団、学校ＰＴＡ、および商店街組合といった、ある意味で民族を超えた社会集団のなかの地位－役割結合であったから、「バイパス結合」という、より高次の結合原理が背後で作用していたわけである。

これらの仮説がアメリカの人種関係研究から出ている理論とも論理整合的であることが分かっている。残念ながらここではこれ以上言及できないので、興味がおありの方は、さしあたり拙稿「民族関係論の射程」（『ソシオロジ』一八五号、二〇一六年、一三九～一四一頁）を一読いただければ幸いである。

注

(1)　ミルズ（一九五九）を参照されたい。

（2）コントの社会学は、清水（二〇一四）で学ぶことができる。
（3）ベネディクト（二〇〇八）を参照のこと。
（4）「中範囲の理論化」に関しては、マートン（一九六一）の「序論」（一～一四頁）を参照されたい。
（5）その成果が、谷編（二〇〇二）である。すでに品切なので、大学図書館などで手に取ってみていただきたい。

参考文献

清水幾太郎、二〇一四、『オーギュスト・コント』ちくま学芸文庫。

谷富夫編著、二〇〇二、『民族関係における結合と分離』ミネルヴァ書房。

ルース・ベネディクト、二〇〇八、角田安正訳『菊と刀』光文社古典新訳文庫。

ロバート・K・マートン、一九六一、森東吾・森好夫・金沢実・中島竜太郎訳『社会理論と社会構造』みすず書房。

C・W・ミルズ、一九九五、鈴木広訳『社会学的想像力』紀伊國屋書店。

第4章　カルト問題と宗教社会学

櫻井義秀

カルト問題とは何か

カルトとは、信者や一般市民の人権を侵害し、社会規範を無視した活動によって社会問題化する団体を指す呼称であり、私は「カルト問題」と記載し、解決すべき社会問題を明示している。

カルト問題を研究していると自己紹介すると、社会学者の間でも何か特殊なことを特異な方法でやっているのだろうと思われる。宗教学者によるカルト研究は、アメリカやヨーロッパのカルト論の紹介か教団刊行物や資料の分析・考察であって（井門 一九九七／島薗 一九九七／中野 二〇〇二／井上他編 二〇一一）、日本でカルト視されてきた団体、たとえば、オウム真理教（現・アレフ、ひかりの輪）や統一教会（世界基督教統一神霊協会から世界平和統一家庭連合に名称変更）、摂理、聖神中央教会、神世界などの教団や、霊感霊視商法や精神世界（ニューエイジやスピリチュアリティ・ブーム）の実地調査を行う研究者はほとんどいない。

マスメディアが注目する社会現象・宗教現象でありながら、研究されてこなかったのにはそれなりのわけがある。日本社会学会倫理綱領に基づく研究指針の「一、研究と調査における基本的配慮事項」の「（五）研究・調査対象者の保護」や、「（六）結果の公表」において想定されていない相手がカルト団体である。つまり、調査がしにくく、対象者が了解する方向で知見をまとめれば、後日マスメディアから研究の甘さを指弾され、社会問題性をストレートに書けば訴訟を起こされかねない。

カルトは、社会通念や法律を無視した行為をなす一方で、自分たちの利害のためには訴訟を乱発する。勝ち負けはともかく、長期の消耗戦で批判者の金と時間を費消させ、気力を萎えさせるのがカルト側の目的であり、豊富な資金で生身の研究者にプレッシャーをかけてくる。こうした団体と対処するためには、弁護士や警察との連携が不可欠であり、自分で自分の身を守る術を備えない限り、調査のリスクが高すぎる。

こうした調査上の留意点を話すと、なおさら特殊な世界と思われるかもしれない。しかしながら、カルト問題の研究が社会学の新しい研究動向と接続していることを本章で示したいと思う。研究の視点は、公共性の構築とカルト問題の調査研究が関わっていることに置き、次いで調査方法論としてトライアンギュレーションの説明をし、教団研究の方法論的革新について述べることにする。

カルト問題研究事始め

私が初めてカルト論や統一教会関連の調査をしたのは一九九〇年前後だが、それらは教団類型論のおさらい、消費者センターや弁護士会で集積した資料の二次分析に留まり、本格的な調査には至らなかった。

一九九五年三月二〇日、オウム真理教の信者が東京都内の五つの路線でサリンを散布し、一三名を殺害、六〇〇〇名を超す一般市民を負傷させた。この日本社会を震撼させた地下鉄サリン事件によって宗教性善説が根底から覆され、日本人の宗教に対する信頼性は著しく低下した。そして、この事件は宗教研究の信頼性も損ねた。山折哲雄や中沢新一、島田裕巳といった宗教学者ですら、麻原彰晃（本名・松本智津夫）に手玉に取られていたことが明らかになった。彼らは対談や雑誌記事において仏教系新宗教としてのオウムを高く評価していた。くわえて、この教団についての研究蓄積がないために、メディアからこの事件の背景や信者の心理・行動様式について問われても、宗教研究者は総じて説得力のある議論を提供できなかった。

オウム事件をジャーナリストや弁護士、マインド・コントロール論を展開する精神医学や心理学の専門家が論評する光景を眺めながら、私は通俗的マインド・コントロール論だけではオウム信者の入信・回心や殺人の動機は説明できないと論じた。そして、統一教会による霊感商法の応援団である霊石愛好会が帯広在地の新宗教「天運教」を乗っ取り、天地正教として高齢者勧誘の隠れ蓑になったケースの論文を書いた。

ここで前者の論文が、統一教会によって信者は自発的に入信したという議論の素材に勝手に使用された。統一教会元信者が、教団からマインド・コントロールされて入信させられたと訴えていたのである。私自身は、欧米で展開されていたカルト論争、マインド・コントロール論争を紹介したまでだが、それが日本の法廷において使用されたことに論文の著者責任を感じないわけにはいかなかった。また、後者の論文においても、資料の解釈に関して必ずしもカルト批判団体の見解と重ならない部分があったことから、全国霊感商法対策弁護士連絡会が北海道で研究集会を開いた際に研究者としてよばれ、膝詰めで徹底した議論を行った。これがきっかけで、私は欧米のカルト論争の応用では説明しきれない日本独特の統一教会の問題に関心を持ち、弁護士やカウンセラーから被害者の紹介を受けて、教団脱会者の聞き取り調査を始めたのである。また、日本脱カルト研究会（後に日本脱カルト協会）の人たちとも交流を始め、金銭的被害・精神的被害・性的被害など多様な側面から構成されるカルト被害を認識した。

統一教会の調査

二〇〇〇年代の前半は、統一教会の被害者だけでも六〇名を超える人から情報の提供を受けた。最初に聞き取りした若者には数回に分けて毎回二、三時間も話を聞き、統一教会への入信・回心・脱会の過程、違法な勧誘や霊感商法の手口などについて学習させてもらった。主婦や高齢者の被害者からは、姓名判断・家系図診断で家族のほん

最も影響を受けた研究者　ロバート・N・ベラー

ロバート・N・ベラー（Robert N. Bellah, 1927-2013）は，アメリカの高名な宗教社会学者であり，社会科学のみならずアメリカの言論界においても影響力を持っていた。私は卒業論文で市民宗教論（Robert N. Bellah & Phillip E. Hammond, *Varieties of Civil Religion,* Harper & Row, 1980）に取り組み，修士課程から30代にかけてベラーの著作を読み，いつかは比較宗教論，比較社会学的な研究をしたいと考えていた。ベラーは師のタルコット・パーソンズから近代化論・システム論を学び，東アジア研究で日本の近代化論に取り組んだ（池田昭訳『徳川時代の宗教』岩波書店，1996年）。そしてアメリカの政治思想史から市民宗教論を構築し，世界各地の市民宗教の比較，アメリカの宗教文化の変遷や行方についても工夫を凝らした調査を実践した（島薗進・中村圭志訳『心の習慣』みすず書房，1991年）。本書で述べたカルト問題研究以外に，タイ研究や東アジアの宗教文化研究を同時並行で進めてきたのも，若いときに読んだベラーの影響ではないかと思っている。　（櫻井義秀）

のちょっとした問題を巧妙につつかれ、その解決のために始めた教会活動にのめり込んでしまったために献金で散財し、家族の信用を失ってしまった経緯や、合同結婚式で渡韓した後、統一教会への幻想が崩れ脱会して戻った人からは、理想の結婚とされる信者同士の結婚生活の実態について聞いた。霊能者役で市民に数珠・高麗大理石壺・多宝塔などを数百万円単位で買わせたり、献金させたりした人たちからは、恐怖で泣き叫ぶ被害者をさらに脅して金を引き出すトーク術について聞き取り、地上天国実現という目的のためには手段を選ばず、何も考えず何も感じない状況に自分を追い込んでいた当時の心理状態を回顧してもらった。

脱会者の自助グループにも顔を出し、被害者の裁判を傍聴し、弁護士から公判記録や裁判資料の提供も受けた。次第に問題の核心と聞き取りの勘所、根拠となるメモや資料の扱いなど調査の要領も会得し、教団の外堀を埋める調査を進めていった。分かってきたことは、信者の語りにも脱会者の語りにも教団や支援者のフレーミングが組み込まれているが、何を行ったかという事実レベルでの争いは少ない。全容がほとんど知られていない事柄については、研究者には自身の解釈をカッコに入れ、まずは事実関係の記述に徹することが求められる。

こうして私が脱会者研究を進めている途中で、韓国農村の高齢者調査でたまたま在韓日本人女性信者と接触する機会を得た中西尋子氏と研究会で知り合うことになり、中西氏には韓国の現役信者、私は日本の脱会信者について、両面作戦で統一教会調査を構想することにし、約一〇年かけて二〇一〇年に『統一教会――日本宣教の戦略と韓日祝福』を刊行した（櫻井・中西 二〇一〇）。書籍では、統一教会関係の裁判資料を駆使して統一教会の教説・組織構造・宣教戦略を解明し、元信者と現役信者のライフヒストリーから信者の信仰生活の実態を明らかにした。

統一教会の教義によれば、教祖文鮮明は再臨のキリストであり、教祖と選民である朝鮮民族を植民地化して虐げた日本は、韓国に従い貢献しない限り国家的原罪を許されない。したがって、統一教会が霊感商法によって資金調達し（一九八七年から二〇一五年まで全国の消費者センター・弁護士会への届け出分だけで約一一七億円の被害）、それを文鮮明一家と韓国の統一教会幹部が使い、合同結婚によって日本人女性約七〇〇〇人が韓国人男性（過半は未信者だが、韓国人男性は霊的に高いとされる）に嫁ぐのは当然だとされる。農村や都市で配偶者に恵まれない息子の母親が統一教会に入会し、紹介されるのを待つケースが多い。

それに対して日本の中高年の婦人たちは正体を隠した布教（姓名判断等）によって信者となり、日本から大量に韓国の清平修錬苑（京畿道加平郡雪岳面）に出向く。そこでは先祖解怨（供養）を一二〇代前まで遡ってしなければいけないと言われ、一代につき一〇万円の献金を要請される。病気を苦に入信したある婦人は従軍慰安婦の霊が憑いていると言われ、除霊のために全身をアザができるまで叩かれたという。

国内で組織的に行われた活動であれば、法の華三法行同様、教祖以下幹部は刑事告訴され、教団が蓄積した金は被害者の損害賠償に使われるのだが、統一教会は資金・人材の流れをグローバル化することで捕捉しづらくし、日韓の微妙な政治的関係や宗教団体であることを利用して警察が介入しづらくしている。また、日本による朝鮮半島の植民地支配の歴史に配慮して、リベラルなメディアや研究者は韓国の宗教団体に対して日本人が批判的視線を向けることを避けている。その結果、日韓関係を含む近代の歴史教育をほとんど受けていないまじめな若者が、統一教会から植民地主義の罪責感をかきたてられ、自己犠牲による贖罪を強いられる。統一教会問題の根深さがここにあり、信教の自由を盾に公権力の介入を拒むカルト団体と、信教の自由を理由に踏み込むことに躊躇する行政と司法、マスメディアとアカデミズムの問題がある。

この点はいずれ詳しく論じることにして、本章の課題である調査方法論に話を進めたい。

トライアンギュレーションによる調査法の革新

「トライアンギュレーション（三角測量）」とは、⑴複数の視点・理論を用いて複眼的思考を行い、⑵複数の調査方法によってデータの幅と厚みを拡張するやり方である。統一教会の調査に関して言えば、最初からこのような方法論をもとに始めたわけではなかった。櫻井は二〇年近く、中西も一〇年近く試行錯誤するうちに、統一教会を中心に様々なカルト団体の調査機会を得ることができ、データの入手が可能になったということである。

研究の視点について述べよう。筆者は、カルト、マインド・コントロール論争を考える上で、心理学者や法律家とずいぶん議論したことで、それぞれの学問領域や研究方法によって人間のモデル、因果論が異なることを実感した。簡単に言えば、語彙と文法が違う別の言語体系で議論しても、共通の地平は出現しないのである。宗教団体と一般社会の関係もこれに似ており、信仰実践を規定するカルチャーと語用論こそが、マインド・コントロールと評される行為を解く鍵であり、心理的圧力の有無や強さだけで人の信念行動は理解できない。

また、実践論・儀礼論など文化人類学の議論を参照することで、統一教会の教えは、信者が獲得した実践信仰から解釈し直すべきことが分かった。すなわち、霊感商法の被害者は、霊能者の演出による献金儀礼に繰り返し参加させられることで、献金の意味や霊的存在（先祖や悪霊など）の認知、そういう場面における感情表出の型を自ら学習・獲得していき、そして最終段階で教えによる実践の正当化を図る。教義が実践を生み出すのではない。

教団や宗教運動の分析枠組みに関して述べると、組織論や経営戦略論、社会運動論など、社会学に近い領域で応用可能な理論を得ることができ、事業多角化とポートフォリオ戦略が統一教会の事業展開には見られること、日本における統一教会の発展には政治的機会構造と資源動員論の分析が有効であることを示した。

次に、複数の調査方法だが、従来の宗教研究ではほぼ例がない、現役信者と脱会信者の比較を行うことができた。従来の教団調査や信者の調査では、教団刊行物で概要を把握し、教団の教師や職員に詳細を尋ね、紹介を受けた信者に模範的な信仰生活について語ってもらった。この無難なやり方は、調査の対象団体・対象者を信用してのことである。しかし、社会問題化する教団の場合、教導を強く受けた模範的信者と教団を離れた批判的な信者との語りには、落差がある。教団の表の顔（公刊資料）と裏の顔（統一教会では信者勧誘マニュアルや裏帳簿）を区分けするべく、両面作戦を一人で行うのは、事実上不可能である。どちら側からも信用されないだろう。

中西は、日本の統一教会からの統制が直接及ばない韓国の日本人信者に対して、半構造化インタビューと教会・修練会への参与観察を行い、筆者は、統一教会の影響力が切れた脱会信者へのインタビューと、複数の裁判記録から元信者の陳述書を参照して、それぞれ現役信者と脱会信者のライフコースを比較することができた。その他、私・中西共に、複数名の統一教会幹部や渡韓した初期の日本人信者にもソウルでインタビューを行い、教団形成の分析に必要な証言を得た。統一教会に批判的な筆者がなぜ幹部や現役信者と面談できるかということだが、どういう組織にも体制に批判的な人間はいるものである。

トライアンギュレーションの発想で従来の宗教社会学的な実証研究を振り返ってみると、包括的な教団研究は、おしなべて教団側の資料や信者の語りに依拠したものであり、創価学会をはじめ批判ジャーナリズムが成立している一部の教団においてのみ、脱会者や批判者の視点で教団が語られていた。現在は社会調査においてデータやテキストの精緻な分析が進んでいるが、調査対象の選択（サンプリング）の詰めが甘い。また、宗教史研究や比較宗教学において「宗教」概念の批判的考察が盛んであるが、現実の教団が用いる実践的な宗教概念についての検討は不十分なままである。宗教多元主義、多文化主義的脈絡において、信教の自由、宗教的マイノリティを名のることで批判を封殺しようというカルト団体が少なくない。そこにリベラルを自認する研究者やマスメディアが乗せられるのである。

統一教会からのリアクション

『統一教会』はＡ５判六五八頁、五〇〇〇円余の大部の書籍（日本学術振興会から成果公開助成あり）ながら、現在三刷を数え、電子書籍版も出している。それだけ本書を手に取った被害者や関係者が多いということでもある。本書は新聞・雑誌・学術誌などで評価も受けた。北海道大学出版会としては、教団からの訴訟、価格設定と二重の意味で冒険をしたのだが、事なきを得て、理事長職を務める筆者としても安堵した。

しかし、週刊ポスト（二〇一〇年六月四日号）による本書紹介と「〈衝撃レポート〉北海道大学教授らなどの徹底調査で判明した戦慄の真実　韓国農民にあてがわれた統一教会・合同結婚式日本人妻の「ＳＥＸ地獄」」という記事に対して、表現の不適切性と中西調査分の現役信者証言の信憑性に問題があると、小学館と中西に配達証明の抗議文が届き、最終的に、統一教会は小学館に対して名誉毀損にかかる損害賠償請求訴訟を起こした。中西が韓国農村部でインタビューした信者は、ほぼ全員が統一教会から捜し出され、彼女たちは、中西に語っていないことや本意ではない事柄を書かれたという趣旨の陳述書を裁判所に提出した。中西は調査ノートを含む記録を陳述書と共に提出し、データ・証言の記録に間違いがないことを主張した。私も東京地裁の証人尋問に召喚され、この本が学術的調査の正確性と根拠に基づいた論述であることを述べた。裁判資料の準備、証人尋問の準備などに二人とも相当の時間を割いたが、元信者たちの最長一四年に及ぶ訴訟に比べればまだまだかもしれない。

二〇一三年に東京地裁において、小学館に対し、見出しに係る名誉毀損の慰謝料として五五万円、訴訟費用の二〇分の一を支払うよう判決が出た。一一〇〇万円の損害賠償と謝罪広告を求めた統一教会による請求の大部分はしりぞけられているので、小学館にも報道内容の公共性と書籍にかかる内容事実の正確性についての主張は認められた形になった。

その後も私は個人宛、学部長宛に複数回統一教会から抗議を受けており、信教の自由を理解しない教員に国立大学法人で教えさせてよいのかと言われている。その都度、弁護士を通じて貴重な異見として受け取った旨を返書している。

カルト問題と公共性

統一教会以外にもカルト団体の調査研究をやることになったが、その契機は、(1)見ず知らずの人から手紙やメールで相談を持ちかけられたり、(2)弁護士からカルト問題の事件で意見書を求められたり、(3)学生相談の関係で扱う案件が多いことからである。調べてはまとめ、それを本にすることを繰り返すうちに（櫻井 二〇〇六／櫻井 二〇〇九a／櫻井編著 二〇〇九b）、自分の関心から特定団体へのアプローチを試みる暇もなく、事件やケースが持ち込まれてくる感じになっている。

(3)について述べれば、二〇〇九年に全国大学カルト対策ネットワークを大学教員・弁護士・カウンセラーらと立ち上げ（代表は川島堅二恵泉女学園大学学長）、学生相談学会の全国大会を北海道大学で主催した折にカルト問題のシンポジウムを開催し、その成果を書籍化した（櫻井・大畑編 二〇一二）。また、仲真紀子北海道大学教授代表の新学術領域研究「法と人間科学」において福祉領域を担当し、カルト団体脱会者のメンタルヘルスとリハビリテーションをどのように行うかという研究を臨床心理士の人たちと共に行い、学生相談一般にも敷衍可能なレジリアンス概念の導入も試みた（櫻井編 二〇一五）。

現在私は、カルト予防のオリエンテーション（三〇分）、カルト問題を理解してもらうための導入教育（九〇分）、宗教学や社会学を専攻する学生のための学科目として「カルト問題と公共性」（一五回）などの授業から行っている。

カルト問題がどのように公共性と関わるのか、多くの人が疑問に思うかもしれない。信教の自由や社会秩序の維持は、どちらも公共的価値である。では、手段を選ばず教勢拡大や資金調達を図り、暴力・訴訟で批判者に圧力をかけるような団体が信教の自由を主張した場合、宗教的価値を超える公共性をどのように提示し、説得し、実効性のあるものにできるだろうか。元統一教会の信者と弁護士たちが二〇年近くの時間をかけて判例として定着させた信教の自由とは、宗教を自律的に選択する自由であり、それは正体を隠した勧誘や本人の弱みを突いたり不安を煽ったりする威迫的手段から守られなければならない、というものである。憲法に保障された権利であっても、現実社会では自分たちの手で勝ち取らなければ実効性のあるものとはならない。

公共性を、法や制度、あるいはそれらを支える文化の脈絡で考察するのが法哲学や政治学かもしれないが、社会学では、当該社会にとって解決や改善が喫緊の課題となる社会問題に取り組むことで、公共性が社会的に構築されると考えてきた。私はいわば現場から立ち上げる公共社会学を目指しており、カルト問題の存在を社会に知らせ、問題解決のために多方面からの協力を引き出せるようなインターフェースの役割を、研究者として担うつもりだった。どこまでその役割を果たせてきたのか自信はないが、社会的需要に加えて学術的に還元できることも多いのではないかと考えている。

カルト問題の発生は、大きく見ると、グローバル化による宗教多様性の増大によって社会内の秩序維持の機能が低下してきたことに由来するものである。システム論でいうオートポイエーシスや自己組織性のようなことは、長期変動ではありえても短期的にはない。異文化の接触には葛藤が含まれ、文化多元主義を成立させる世俗的な法の支配や多元主義的価値観を受け入れないカルトやファンダメンタリズムは調停を拒絶する。折しもグローバル・ジハードを掲げる団体が破綻国家の領域で勢力を拡大したり、文化格差や経済格差に怒り、絶望する若者を惹き付けたりしている現状を見るにつけ、宗教と公共性を共存させるための文化的土壌や法・政治の仕組みが模索されねばならないという感を強くする。本章で示したカルト問題研究も、公共性の構築をなすために、ささやかながら資料提供という役割を果たしうるのではないかという期待を持っている。

参考文献

井門富二夫、一九九七、『カルトの諸相――キリスト教の場合』岩波書店。

井上順孝・宗教情報リサーチセンター編、二〇一一、『情報時代のオウム真理教』春秋社。

櫻井義秀、二〇〇六、『「カルト」を問い直す』中央公論新社。

櫻井義秀、二〇〇九a、『霊と金――スピリチュアル・ビジネスの構造』新潮社。

櫻井義秀編著、二〇〇九b、『カルトとスピリチュアリティ――現代日本における「救い」と「癒し」のゆくえ』ミネルヴァ書房。

櫻井義秀、二〇一四、『カルト問題と公共性――裁判・メディア・宗教研究はどう論じたか』北海道大学出版会。

櫻井義秀編、二〇一五、『カルトからの回復――こころのレジリアンス』北海道大学出版会。

櫻井義秀・大畑昇編、二〇一二、『大学のカルト対策』北海道大学出版会。

櫻井義秀・中西尋子、二〇一〇、『統一教会――日本宣教の戦略と韓日祝福』北海道大学出版会。

島薗進、一九九七、『現代宗教の可能性――オウム真理教と暴力』岩波書店。

中野毅、二〇〇二、『宗教の復権――グローバリゼーション・カルト論争・ナショナリズム』東京堂出版。

コラム2　フィールド調査の力——炭都夕張から高齢過疎地夕張へ

夕張市は最盛期の一九六〇年には人口約一二万人を抱える道内一の炭都であった。今や人口は一万人を切り、全国の市部では最も高い高齢化率（四七・五％）の高齢過疎地である。二〇〇六年には財政再建団体となり全国の注目を集めたが、厳しい財源抑制の下、自治体職員の人件費や自治体サービスは削減され、銀行、商店、医療機関、交通手段等の地域住民の生活基盤も衰退し、メイン通りはシャッター街となり、かつての面影はまったくない。人口流出は止まるところを知らない。はたして夕張は生き残れるのか。しかし、ここで暮らし続けたい、あるいは暮らさざるを得ない人々がいる限り、地域社会は生き続けるしかない。地域の存続・再生を図るための自治体と住民たちの苦悩と戦いが続いている。

私が夕張に初めて入ったのは一九七三年（昭和四八）、北海道大学教育学部の布施鉄二先生が代表の科研総合Aによる夕張地域総合調査の一回目であった。

当時、布施研究室は、戦後の日本の産業構造の変動が地域の住民の労働・生活に与えた影響を明らかにする目的で、北海道に限らず本州も含めた農村、漁村、工業地帯の大規模調査を実施していた。中でも国のエネルギー政策に翻弄された炭都夕張の調査は中核を占めていた。その調査は〝布施軍団〟と揶揄されたように、教授をトップに講座のスタッフ、院生、学生、卒業生、道内外の研究者、私のような外様（当時私は文学部の博士課程に属していたが、研究室の承諾無しに参加していた）の大所帯が同宿し、機関調査、地域の諸階層へのアンケート調査や面接調査を通じてありとあらゆる情報を収集するという、今では考えられない壮観なものであった。

地域住民の「労働・生産／生活過程」の実態を知らなければどんな政策もありえない、という信念の下、二大炭鉱（北炭および三菱）の鉱員・職員・組夫層、自営業者層、誘致企業労働者層、失業対策労働者、生活保護層、自治体労働者へのインタビュー調査が行われた。そこで明らかになったのは、夕張が北炭の城下町であり、その炭鉱労働者を中核とした住民諸階層の間の厳然としたヒエラルヒーであった。そこには同時に、合理化を強める炭鉱資本と労働者・家族の厳しい階級対立をはらんでいた（布施鉄二編著『地域産業変動と階級・階層——炭都・夕張／労働者の生産・労働——生活史・誌』御茶の水書房、一九八二年、参照）。

私がこの調査で学んだことは、いわゆる社会学の学問特性である調査と理論の統合であり、もう一つは「フィールド調査の力」である。

当時布施氏は『行為と社会変革の理論』を刊行した。夕張調査はその理論の実証研究でもあった。ゼミでは理論学習、調査票の検討と作成、本調査の段取りなどについて勉強し、調査地では全員が同じ宿に寝泊まりし、毎晩その日の成果の報告を行った。すると、日々学生の顔付きが変わっていき雄弁になっていったのである。それまではいやいや参加していた学生も、聞き取り調査で対象者の人生の一端に触れることにより、想定外の学びを体験するのである。一方で、面接調査は対象者をも変える力を持つ。学生たちに聞かれるままに自分の人生を語る中で、来し方を振り返り内省する機会を与えられるからである。

私たちが最後の調査に訪れた二カ月後の一九八一年九月、北炭新鉱のガス爆発が起きた。九三人が死亡する大惨事であった。インタビューの対象者であり、「ガスが漏れていて危ない」と会社側に何度も訴えていた採炭夫Mさんも犠牲となった。人命より利益優先の企業論理が招いた悲劇であった。この事故を境に炭都夕張は一気に崩壊していった。地域ぐるみの閉山反対闘争にもかかわらず、北炭に続き三菱大夕張も閉山し、失業者が街に溢れた。しかし、炭鉱を追い出された人々の間にも炭鉱社会の階層格差が厳然とあった。それは、今でも夕張に残った高齢者の生活をも規定している。働き盛りの年齢層の家族は市外へ流出し、その流れは現在も続いている。それは若者や子供たちの流出でもあった。

その後、私は教員養成大学に就職した。私は教員養成においてこそフィールドワークは重要であると考えた。なぜなら学生たちの多くは教員となり、現場で多様なバックグラウンドを持つ子供たちに関わるのである。その時、自分の狭い体験のみではなく、多様な人々の労働・生活の実態を間接的にであれ体験することにより、子供たちやその生活への理解が深まると考えたからである。

そこで「社会調査実習」という科目（隔年）を作った。スタッフも院生もいない中では、布施軍団モデルは通用しない。そこで、シングルイシューにテーマを絞ったり、特定の対象者に絞ったりと工夫を凝らした。調査の目的、対象設定、調査票の作成、実践、報告書の作成等、一連の作業を学生と共同で行った。最初に行ったのは、夕張の児童・生徒および父母の調査であった（一九八三、八四年）。閉山後の親の生活の不安定や友達との別れなどに直面した子供たちのことが気になっていたからであり、学生たちにもその実態を知ってほしかったからである。小中高の児童生徒およびその親にアンケートと面接調査を行った。この時は、夕張の教師たちに多大な協力を頂いた。危機にある地域社会における地域の教育力を目の当たりにした調査であった。

その後、学生たちの希望も取り入れながら道内の農村や漁村、国際理解教育課程に移動後は中国やフィンランドなどを対象に、定年までフィールド調査を続けた。卒業生たちは、これらの調査は貴重な体験であった、と口を揃えて言う。何よりも、調査に関わる共同作業や調査合宿は、いまどきの学生にとって相互理解を深める貴重なチャンスなのである。

この間、夕張市は、北炭依存から自分自身の足で歩かねばならなくなった。〝炭鉱から観光へ〟というスローガンの下、再生を図ったが、人口流出を食い止める手立てはなかった。ありとあらゆる国の助成金を引き出したが、ついには二〇〇六年に財政再建団体となった。莫大な借金を抱えながら一方で最も高い高齢化率の自治体運営は厳しさを増している。二〇〇六年は、同時に介護保険制度の「改悪」の年であった。高齢者はその生活と医療介護にダブルパンチを受けているのではないかとの思いが募り、この新たな地域社会の危機の下で、要介護者の生活とケアの実態を明らかにするため、二〇〇七年から約一五年ぶりに夕張に入り、高齢者のケア問題に関心の深い研究者六名による共同研究をスタートさせた。あくまでも要介護高齢者・その家族に寄り添い、彼らを支援するケアワーカー、介護保険施設、医療関係者、社会福祉協議会、自治体そして住民組織のネットワークのあり方を探っている。医療機関等の減少に伴い、泣く泣く夕張を離れざるをえない高齢者も増えている。しかし、住み続けたいという要望も根強い。それを支えるための官・公・協・私の残された資源の再構築や、地域住民の主体的活動が新たに組織されている。ドラスティックな地域社会の変容を潜り抜けてきた人々の強さから、私たちは超高齢社会における地域社会のあり方をいろいろと教えられている。まだ夕張というフィールドから目は離せない。

（笹谷春美）

第5章　被害の社会的認知論
――自然の共同性と公害被害の全体性――

関　礼子

被害の社会的認知論

新潟水俣病との出会いは、私が大学院修士課程に在学中だった一九九一年にさかのぼる。当時所属していた東京都立大学飯島伸子研究室が、法政大学舩橋晴俊研究室と共同で、新潟水俣病に関する初の本格的な社会学的調査を実施することになり、私も研究メンバーになった。

認定申請しても水俣病と認められない未認定患者が、新潟水俣病第二次訴訟を提訴したのが一九八二年。すでに九年が過ぎていた。熊本の水俣病訴訟では裁判所が相次いで和解勧告を出し、新潟水俣病でも早期解決を求める動きがみられるなか、未認定患者問題の調査研究に取り組むことになったのである。

ためらいがなかったわけではない。修士論文のテーマは、北海道えりも岬の緑化運動や愛媛県今治市の織田が浜埋め立て反対運動を通して、自治の根っこにある自然やアイデンティティとしての自然、いわば「自然の共同性」について考察するものだった。修士論文を書きながら、まったく異なるテーマで調査研究を進めることは、いささか荷が重かった。新潟水俣病という深刻な問題であれば、なおさらである。

だが、「自然の共同性」を論じる視点は、後に、新潟水俣病の「不可視の被害」を解き明かす鍵となることに気づいた。被害を、個人の身体からではなく地域の暮らしのあり方から捉え、地域を軸に問題の全体像を探る。そのことによって、新潟水俣病未認定患者が抱えてきた「不可視の被害」への社会学的アプローチが可能になる。地域を母数として新潟水俣病被害の全体性を捉える視点が生まれた。

ここでは、四半世紀にわたる新潟水俣病との関わりを振り返りつつ、「不可視の被害への社会的認知」論に辿りつくまでの経緯を述べてみたい。

個から出発する被害構造論

新潟水俣病の被害とは何か。どのようにして社会学的にアプローチするのか。新聞や雑誌記事、先行研究をレビューし、はじめに参照枠にした理論は、研究グループの代表の一人であった飯島伸子の「被害構造論」である。公害病の被害は健康上の被害にとどまらない。「自然環境の破壊は人間生活の破壊に直截に結びつく」からである（飯島 一九九三：八二）。被害構造論は、生命・健康被害が、連鎖的・派生的に生活全般に被害をもたらすことを示し、それまで省みられなかった被害実態を摑むことに寄与した。

被害構造論で捉えられる連鎖的・派生的被害は、次のように説明できる。まず、身体に障害が発生すると、日常生活機能が低下し、今までできていたことができなくなる。余暇を楽しむこともできなくなるし、労働能力も低下する。通院が必要になれば支出が増加する。症状が重くて働けなくなれば、家計が圧迫される。生活水準も低下する。子供の進学など将来設計も変更せざるを得なくなる。家族関係が悪化することもある。健康被害だけでも精神的に苦痛なうえ、周囲の無理解も加わって、人間関係がぎくしゃくし、社会的疎外感を抱くことにもなる。被害者が多発すると、結果として、地域社会もまたダメージを受けることになる。

このように、被害構造論は、個の明確な身体被害を出発点にして、生活全般に被害が及んでいく状況を明らかにする。だが、実際の調査対象者は、認定制度によって身体被害を否定された未認定患者である。身体の「不可視の被害」を説明することなしに、未認定患者が抱える被害構造を論じることはできない。被害構造論だけでなく、もっと別の見方が必要であった。

未認定患者と差別・偏見

私たち調査グループは、新潟水俣病第二次訴訟の原告ら未認定患者一〇〇人に面接法によるアンケート調査を実施した。また、個々にヒアリング調査を継続しながら、被害構造に対応する加害構造、未認定患者の被害実態、さらに被害が長期にわたり放置されてきた問題構造を析出した。その成果が『新潟水俣病問題――加害と被害の社会学』（飯島・舩橋編 一九九九）である。

水俣病の認定基準が厳格化され、認定申請が遅れた患者が大量に棄却されて生じたのが、未認定患者問題である。だが、そもそもなぜ認定申請が遅れたのか。新潟水俣病では、二度にわたる一斉検診が実施され、潜在患者の発見と救済がはかられてきた。にもかかわらず、なぜ多数の患者が救済ルートから抜け落ちてしまったのか。私は、『新潟水俣病問題』のなかで、その背景にあった水俣病の「悲惨」というイメージと、そこから生じた社会的なリスク＝差別・偏見の存在に着目した。

熊本の水俣病が広く社会的に認知されたのは、一九六五年六月一二日の新潟水俣病発生の公式発表後のことである(1)。発表の翌日、新聞各紙は新潟に第二の水俣病が発生したと報じた。報道で、熊本の水俣病は劇症型やハンター・ラッセル症候群といった重症患者者、小児性や胎児性の水俣病患者の症状で解説された。必然的に、新潟水俣病に関する報道も、可視的で「悲惨」な症状から出発することになった。

この「悲惨」なイメージは、水俣病になると子供が結婚できない、就職できないなどの「水俣病差別」を生んだ。そこから遠ざかろうという心理が、認定申請の遅れや水俣病の忌避につながっていた。少なからぬ人々が、一斉検

最も影響を受けた研究者　G・H・ミード

1990年，私は修士課程に進学した。その時の指導教授だった河村望先生がその頃取り組んでいたのが，アメリカのプラグマティスト，G・H・ミード（G. H. Mead, 1863-1931）の研究だった。私自身は，リオサミットを間近にしていたので，社会運動論を基礎に環境問題・環境運動を修士論文のテーマにしようと考えていた。だが，そもそも「環境」の捉え方からして河村先生と折り合わない。「環境」とは何かを考えるために，何度もミードの著作を読んだ。そうして摑んだのが、「社会を持続・創発させる環境」という観点である。

生命および社会，すなわち社会生活（community life）の維持・存続に関わるものとして環境がある。ある社会がその社会であるためには，経験，文化，歴史など生命活動の総体が不断に更新されなくてはならない。だが，それらは成熟した手から幼い手に直接受け渡すことができない。媒介として環境が必要になる。現存する環境を維持することで，その社会を未来へと引き渡すことができる。環境の重要性はそこにある。ミードを介して，私は河村先生と折り合い，環境を捉える視点を得た。

（関　礼子）

診を受診し、あるいは認定申請をすれば水俣病に「なる」が、受診を拒否して認定申請をしなければ水俣病に「ならない」と考えたのである。だが、こうして救済ルートから外れた人々が認定申請を決意したときには、すでに認定基準が厳格化されていた。「水俣病差別」を恐れて認定申請が遅れた人は、新たに「ニセ患者差別」の汚名をきせられることになった。

「ニセ患者差別」には、水俣病でないのに「金欲しさ」で水俣病のふりをして補償金を得ようとしているという、「反道徳的な」意味あいがある。しかも、水俣病の被害が認められない限り、正当な根拠をもって否定しえない構図を有している。第二次訴訟の原告にとって、裁判は、水俣病であることを認めさせることで「ニセ患者」の汚名をはらし、名誉回復するための途でもあった。

誰が差別するのか

「ニセ患者差別」は、啓発・啓蒙によって解消できるものだろうか。結論からいえば、否である。この問いと答えを意識化せざるを得ない出来事があった。ヒアリングのなかで、辛辣な「ニセ患者差別」が語られたのである。

新潟県では、二度の一斉検診の他に、住民の要望による集団検診が一回だけ行われていた。一九七三年の阿賀野川中流域・旧安田町で実施された「船頭検診」である。旧安田町ではその後も公的な集団検診実現を要望する動きがあったが聞き入れられず、独自に自主検診を実施していた。自主検診に参加した住民から、新潟水俣病第二次訴訟の原告が多数出た。私たちが実施した未認定患者一〇〇人へのアンケート調査は、原告の他に、自主検診を受けた人も対象としていた。そのなかの一人が、この地域の人は水俣病といっても「おらよか元気」、「水俣病だって言う人は金が欲しくてやっている」と、とうとうと語ったのである。かつては積極的に運動に参加していたはずの人だった。未認定患者だろう人が未認定患者を「ニセ患者」と呼ぶ。どうしてだろうか。改めて調査データを整理すると、「ニセ患者差別」が生じているのは、主に認定審査のための検診を行う医療機関と、日常生活の場である地域社会であった。

言説分析からは、自身の水俣病を否定する心理が「ニセ患者差別」を生んでいると結論できた。「ニセ患者差別」は、ある意味、「根拠のある差別」だった。汚染された川魚を多食して身体不調もあるが、自分は水俣病でない。川魚を人一倍多く食べていた自分が水俣病でないのだから、自分より川魚を食べなかった人が水俣病であるはずがない。だから「ニセ患者」に他ならない、という論理である。「ニセ患者差別」は、水俣病被害の否定・回避行動でもある。そこでは、裁判原告はじめ未認定患者運動に関わっている人々が、否定的準拠集団（negative reference group）になっていた。

同じ地域社会のなかで、同じように汚染された川魚を食べていた住民が、認定患者、未認定患者運動に加わる人、運動から外れる人に分断されていく構図に、差別の言説が埋め込まれていた。とすれば、個の身体被害からだけでは被害を語れない。水俣病の特徴として被害の家族集積性と地域集積性があると指摘されてきたが（新潟水俣病共

闘会議編 一九九〇)、これはむしろ転倒させて考えるべきではなかろうか。つまり、個の身体被害が家族と地域に集積したのではない。地域住民が被害の母数であり、信頼できる地域リーダーが被害者運動に参与し、あるいは地域のなかで水俣病だと名乗り出られる雰囲気が生まれたときに、被害は家族集積性、地域集積性として顕在化したのであると。

地域を母数として被害をみる

一九九五年、政府の「最終解決」を受諾し、翌年に新潟水俣病第二次訴訟は和解した。『新潟水俣病問題』の出版は、当初予定よりかなり遅れた。訴訟問題解決に資することを手探りしたものの、叶わなかった。「最終解決」後の新潟水俣病は、被害の「教訓化」に向けて動き始めていた。

訴訟は和解したが、新潟水俣病の「被害の総体」を改めて捉える必要があると思った。被害者にとって水俣病は日々の生活そのものなのだから、被害の総体もまた地域の日常生活と密接に関わる。新潟水俣病が発生した阿賀野川流域では、川とどのような関わりがあったのか。どのような生活のなかで被害を受けたのか。新潟水俣病が発生する前後の生活史をひも解き、食文化の均一性だけでなく、生業複合の暮らしや、曖昧で重層的な自然利用のルールに着目して調査を継続することにした(2)。

生活史を聞き取るのに、水俣病の運動をしているか否かは関係ない。調査対象者は、その地域で暮らしてきた一定年齢以上の地域住民であればよい。アプローチを変えると、それまで「貧しかったから川魚を食べた」と聞いてきた阿賀野川の心象風景が変化した。川魚の種類の豊富さ、美味しさ、自然と密接に関わってきた生き生きとした流域の暮らしがみえてきた。そうした視点から未認定患者にヒアリングをすると、これまでは聞けなかった声がどんどん聞こえてきた。「ほんに、阿賀野川はいい川だったねぇ」。川を貧しくしたのは新潟水俣病だった。川の生活を貧しいと語らせたのも新潟水俣病だった。水俣病を貧しさの隠喩に固定するのではなく、「豊かさ」や「地域づくり」の文脈に埋め込むことが重要だと考えた。

さらに私は、阿賀野川流域を鳥瞰したときに、水俣病認定患者数や第二次訴訟の原告数が地域的に偏在している、という点に着目した。患者多発地域といわれる集落で被害が顕在化したのは、地域のリーダー的存在が水俣病問題に取り組んだ時期であった。リーダーがいなくなると、被害の訴えは少なくなった。逆に、認定患者がほとんど出ていなかった地域に運動のリーダーが生まれると、次々と水俣病患者が顕在化した。被害の偏在は、水俣病に対する地域の反応形態に関連していた。阿賀野川沿いに近接する地域であっても、一方には被害者が多数いて、もう一方には被害者がいないという不自然な状況もあった。地域のなかで運動があるかないかで、被害の顕在化に明らかな違いがあった。

地域ぐるみで顕在化することができたのは、食文化の均一性が背景にあったからである。「おめぇさんも川魚をたくさん食ったし、体の具合が悪いって言っているけれど、水俣病の検査を受けてみないか」と誘い合ったからである。しびれや感覚障害など「不可視の被害」は「水俣病の疑い」と診断されたのに、認定申請は棄却された。その憤りが運動につながった。だが、運動をしないという選択をした人もいた。同じ地域のなかで被害を受けた住民が、制度によって、認定患者と未認定患者に分断される。未認定患者運動に関わるか否かで、異なる選択がされる。そこに差別・偏見が生じる。

だからこそ、個々の被害を緩和するには、地域を母数として被害を捉え、地域の被害構造を論じなくてはならない。水俣病の「教訓化」は、分断された地域の関係性回復の文脈に埋め込まれなくてはならない。タブーである水俣病を語れる地域が実現されなくてはならない。私が『新潟水俣病をめぐる制度・表象・地域』（関 二〇〇三ａ）で論じたのは、「不可視の被害の社会的認知」をいかに可能にしていくかだった。

半強制的な自然との「分断」から始まる地域の被害構造

流域に暮らす人々は、時に「暴れ川」になって災いをもたらす阿賀野川の、不安定で曖昧な自然空間からの恵みを最大に利用する生活戦略をとってきた。

ヒアリングでは、戦中・戦後から一九七〇年代後半くらいまでの、阿賀野川と密接に関わる暮らしについて聞き取った。阿賀野川は、人や荷物を「運ぶ」、護岸工事をして「川を治める」、玉石や砂利を「採る」など、「稼ぐ」場であった。川魚を「捕る」、河川敷や中州につくられた畑を「耕す」など、食を支える場だった。子供が「遊ぶ」、飲み水として「飲む」、大水で流れてきた焚き物を「拾う」、洗濯物を「洗う」、死に水を「汲む」、盆の供え物を流して「送る」。関わりの多様性は動詞で捉えることができた（関 二〇〇五：四二～四三）。

住民が排他的にではなく重層的に関わってきた阿賀野川は「自然の共同性」を体現する場であった。そこでの川は、「かかわりの自然空間（Nature Space of the Relation）」として、自然のなかに人間を、人間のなかに自然を映し出す。自然は人間に外在しつつ人間の営為や思惟を表出させる「人間《ヒト》化された自然」であるし、人間もまた「身体に埋め込まれた自然」として自然の態度を有してきた。そのような川と人との関係に距離が生まれた。第一のモメントは、生活様式の変化に伴う自然との「疎遠」であり、第二のモメントは新潟水俣病による半強制的な自然との「分断」であった（関 二〇〇三ｂ：五七～五九）。

新潟水俣病の発生後、阿賀野川は遊泳禁止になった。川魚を捕る人がいなくなり、食べる人がいなくなった。(3) 川と一体になった暮らしがみえなければ、地域を被害の母数として捉えることは難しい。だが、水俣病の被害を訴える視点からすると、川と一体になって暮らしてきた家族、隣人、親族、友人は、汚染された川魚を食べてきたのだから、被害者であってもおかしくない。地域の被害構造の出発点は、自然との半強制的な「分断」、すなわち「自然の共同性」が暴力的に否定されたところにあった。

どれだけ被害を潜在させずに救済のレールに乗せることができるのか。二〇〇五年、泉田裕彦新潟県知事は「ふるさとの環境づくり宣言――新潟水俣病四〇年にあたって」を発表し、「行政として果たすべき責任は、すべての新潟水俣病被害者の方々が地域社会の中で安心して暮らしていけるようにすること、多くの犠牲を生み出したこの悲劇を未来への教訓として活かしていくこと」だと述べた。

二〇〇七年、新潟水俣病問題を検証し、今後の地域融和の取り組みを検討するために、「新潟水俣病問題に係る懇談会」が発足し、私も委員に加わった。懇談会では、制度によって地域の分断が引き起こされた背景を省みながら、「不可視の被害」の社会的認知の必要性を考えた。被害を訴えることができる環境づくり、被害を吸い上げることができる体制づくりが重要だった。懇談会は、水俣病に認定されているか否かを問わず、阿賀野川のメチル水銀で汚染された川魚を食べて水俣病の症状を持つ人は、等しく新潟水俣病患者であるとし、新潟県独自の手当支給をすることを提言した(4)。長い新潟水俣病の調査研究のなかで、ようやく被害緩和に資する政策形成過程に関わることができた。

懇談会の提言に基づき、二〇〇八年に「新潟水俣病地域福祉推進条例」が制定された。条例は、「新潟水俣病患者が社会的に認知されること及びその福祉の増進を図るとともに、新潟水俣病によって人々の絆に深刻な影響を受けた地域社会の再生と融和を促進し、もって誰もが安心して暮らすことのできる地域社会の実現に寄与すること」を目的に掲げた。

注

(1)「東京においては、一九五九年一一月二日の漁民の工場乱入に至るまで、マス・メディアによる報道は、まったくと言ってよいほど欠如していた」（舩橋晴俊 二〇〇〇：二〇二）。水俣病は地方の問題にすぎず、一般には知られていない問題であった。実際、この発表に同席した新聞記者も、そのとき居合わせたほとんどが「水俣病の知識がなかった」と語った。自分自身も「新潟水俣病の第一報を書くときには、訳が分からないものだから、記者会見が終わるとすぐに社に帰って調査部に飛び込み、新聞記事のスクラップなどで『水俣病とは何ぞや』を調べて記事を書き始めた」のである（二〇〇八年二月のヒアリング）。

（2）国立歴史民俗博物館の共同研究「アジア地域における環境とその民族的プラクシス」、「環境利用システムの多様性と生活世界」の議論に刺激を受けて生まれた視点だった。

（3）阿賀野川の中・上流域ではじめて認定患者がでたのが一九七二年である。中・上流域で新潟水俣病が身近な問題になるのはそれ以降であるため、川魚の嚈食は一九六五年以後も続いていたという状況もある。

（4）新潟水俣病問題に係る懇談会（座長・本間義治）、二〇〇八、『新潟水俣病問題に係る懇談会最終提言書――患者とともに生きる支援と福祉のために』（新潟県ＨＰ：http://www.pref.niigata.lg.jp/HTML_Article/zentai1.pdf 二〇一五年八月三一日最終確認）。

参考文献

飯島伸子、一九九三、『改訂版　環境問題と被害者運動』学文社。

飯島伸子・舩橋晴俊編、一九九九、『新潟水俣病問題――加害と被害の社会学』東信堂。

関礼子、二〇〇三ａ、『新潟水俣病をめぐる制度・表象・地域』東信堂。

関礼子、二〇〇三ｂ、「生業活動と『かかわりの自然空間』――曖昧で不安定な河川空間をめぐって」『国立歴史民俗博物館研究報告』第一〇五集。

関礼子、二〇〇五、「暮らしの中の川――阿賀野川流域千唐仁の生活文化とその変容」『国立歴史民俗博物館研究報告』第一二三集。

新潟水俣病共闘会議編、一九九〇、『新潟水俣病ガイドブック――阿賀の流れに』新潟水俣病共闘会議。

舩橋晴俊、二〇〇〇、「熊本水俣病の発生拡大過程における行政組織の無責任性のメカニズム」相関社会科学有志編『ヴェーバー・デュルケム・日本社会――社会学の古典と現代』ハーベスト社。

第6章　若者研究の展開
――家族・仕事・社会的包摂への統合的アプローチへ――

宮本みち子

若者の特徴を表す用語はここ三〇年の間に大きく変化してきた。一九八〇年代の「独身貴族」、一九九〇年代の「パラサイト・シングル」、二〇〇〇年代の「社会的弱者」「ひきこもり」「非正規雇用労働者」、二〇一〇年代の「貧困化・下層化」などである。この章では、親子関係の変化に着目して若者研究に入った筆者が、若者の社会的包摂研究や若者移行政策へと至った過程を描いてみたい。

〈長期化する親への依存〉への着目

若者を、「自立の時期が遅くなっている」「いつまでも一人前にならない」と評する傾向は、先進工業国に共通してみられる。高学歴化が進んでいること、親の所得水準が上昇して子供の就労をあてにする必要がなくなったこと、子供の数が少なくなったことなどが相まっている。さらに労働市場が悪化して、親から独立して生計を立てることが容易でなくなっていることや、離婚や非婚の増加など家族形成上の変化が加わっている。

社会学において若者をテーマとする研究は低調な時期が続いた。教育問題や若者の心理や意識やユースカルチャーなど、青年期に関わる研究はあったものの、若者期（ここでは青年期から成人期への移行過程とその前後の時期とする）に関する研究はないに等しい状態だった。独身貴族という名前が登場した一九八〇年代以後からバブル崩壊まで、本人の稼ぎ以上の暮らしをしているような若者の姿があちこちでみられた。子育て期にあった筆者は、商業市場に絡め取られていく、わが子を含む青少年の姿に深い懸念を感じていた。その頃はまだ雇用問題はなく、ひきこもり問題も認識されてはいない時代だった。大人であれば逃れられない各種の責任や義務のない気楽な若者たちの姿が目立った。

筆者が若者研究に目覚めたのは、ライフコース論のなかに青年期から成人期への移行（transition）をテーマとするものがあり、移行の局面が時代・社会経済階層・ジェンダー、民族等によって異なることを明らかにする研究からインスピレーションを感じたことがきっかけだった。やがて一九九〇年前後に、日本国内で二〇代未婚者の親子関係をテーマとする一連の調査を、明星大学の岩上真珠さん（現・聖心女子大学）、東京学芸大学の山田昌弘さん（現・中央大学）と実施し、晩婚化が進むこの世代の特徴を、親との同居の長期化、および同居に関する親子双方の意識のなかに見出した。その結果をまとめた『未婚化社会の親子関係』（宮本・岩上・山田 一九九七）は、若者期に関する家族社会学の新たなチャレンジとして学会で評価を受け、マスメディアからも注目された。とはいえ、この研究がその段階に留まっていては大きな発展はなかっただろう。それから二〇年余りの期間に社会状況は大きく変化し、若者研究は意外な展開をすることになり、筆者自身も大きく変わった。

若者の親子関係をテーマとする一連の研究成果を独自のスタンスでまとめた山田昌弘の『パラサイト・シングルの時代』（一九九九）は、若者に対する世間の関心を高める大きな効果を発揮した。しかし、マスメディアや世間はパラサイト・シングルとフリーターを重ね合わせ、もっぱら若者の意識変化に注目した。筆者は、「豊かで平和な時代に育って親依存を許される若者たち」というパラサイト・シングル論のロジックが、国際比較の点でも、フリーターあるいは非正規雇用者が急増する日本国内に限っても、社会変動のなかで実態にそぐわないものになりつつあると感じ、『若者が社会的弱者に転落する』（宮本 二〇〇二）を著して警鐘を鳴らした。その後山田の研究は、少子化問題や非婚化問題へと発展し、非正規雇用が広がり格差が拡大する状況を踏まえて軌道修正されていく。

筆者はこの本（宮本 二〇〇二）のはしがきで次のように書いた。「ポスト青年期は先進国に共通して見られる現象であるが、いま日本では、成人期へと移行していくプロセスに、異変が起こっていることにようやく気づき始めたところである。若者たちが、これまでの世代がたどったような行程を踏まなくなったのである。成人期に至る新たな行程がみつかるのならばいい。だが、多くの若者がつまずいて、そのまま生活基盤をもてないリスキーな混沌とした世界をさまよっているようにみえる」（三頁）。「日本では社会経済環境の変化が遅かったために若者に対する社会の関心は一貫して薄かった。とくに若者が重大な困難に直面しているという認識はほとんどなかったといっても過言ではない」（四頁）。「ポスト青年期現象は、社会変動によってもたらされた結果であり、教育、雇用、家族、価値観の根本からの見直しが必要な社会構造的問題である。「彼ら」の問題ではなく、われわれの問題なのである」（五頁）。

この本は予想に反して広範な支持を得た。大学入試の小論文問題で幾度も取り上げられたのは意外だった。筆者が若者に関する行政施策に関与するようになるのは、この本がきっかけだった。また、若者支援活動をする全国の民間団体の人々と関係ができた。そのなかには、筆者が研究代表のプロジェクトのメンバーとして一〇年近く共同研究をしてきた人たちがいる。(1) その共同研究の成果をまとめたのが『すべての若者が生きられる未来を』（宮本 二〇一五c）である。若者研究は現場の試行錯誤を踏まえなければ進展はなかったと思っている。また、若者支援の体制づくりは、現場における試行錯誤がなければ発展はなかった。

さて、この本を書くに至った筆者の問題意識は、ジル・ジョーンズとクレア・ウォーレスという二人の英国の社会学者が著した *Youth, Family and Citizenship*（1992）との遭遇と、それが動機付けとなって在外研究先に選んだ英国での若者の研究から得たものだった。二人の著書は、成人期への移行の過程にある若者を、親の家から独立世

最も影響を受けた研究者　ステファニー・クーンツ

正直なところ私には通常使われる意味での「最も影響を受けた研究者」といえる存在がなかった。そのなかで，最近ますます魅力を感じるようになっているのが，アメリカの家族史，社会史，女性史研究者であるステファニー・クーンツ（Stephanie Coontz）である。数ある著書のなかでとくに私が強く引き付けられるのは1997年の著書 *America's Changing Families*（日本語版は『家族に何が起きているのか』2003年）である。現代アメリカの人々のくらしに生じている問題の本質を，分厚い家族史研究に裏打ちされた透徹した目で解き明かし，世間に流布する通俗的な解釈や偏見にもとづく誤った認識を打破し，説得力のある社会政策を提起する。理論と実態分析と社会政策とが一体化しているのである。「家族」という誰にとっても身近なものが大きな政治的課題となり，そのなかで翻弄される女性や子どもや貧しい人々の味方であるためには，深くしかも広い学識による理論武装が必要だ。彼女の研究はこのことをあらためて感じさせてくれるのである。（宮本みち子）

帯への移行、教育から労働市場への移行、社会保障制度による権利と義務の獲得への移行、消費市場・住宅市場への移行など複数の移行の束で成り立つものと把握し、全体論的アプローチを特徴としていた。そこには若者の社会的地位が、ポスト工業化時代にどのような変容を遂げようとしているのかに着目する観点と、そこで発生する問題をシティズンシップとして論じようという意図があった。「青年期から成人期への移行」の型は、社会諸制度と社会経済構造によって規定されている。工業化と福祉国家（西欧の場合）の枠組みのなかで構築された「成人期への移行」の型に大きな変化がみられることが、二人の研究の背景にあった（Jones & Wallace 1992）。当時もやもやとした研究意識のなかで足踏みしていた筆者は、この本から大きなヒントを得た。

その後筆者は、成人期への移行の時期をポスト青年期と名づけた（宮本 二〇〇四）。「ポスト青年期」とは、青年期と成人期の間の移行的ステージを表す用語で、青年期が長期化して成人期への移行に構造的変化が生まれている実態を反映している。青年期が学校教育制度と結合したモラトリアム期という性格を有しているのに対して、ポスト青年期は、労働市場へのコミットメントを強めながらも、教育・訓練、余暇、離転職、結婚や家族形成など、移行期の試行錯誤を展開する時期である。

とはいえ、二〇〇二年に刊行した際、提起した問題に応える研究もデータも当時の日本には少なく、正直なところその先どのように展開すればよいのか思案した。それからの数年間、筆者は、諸外国における成人期への移行過程の若者に対する行政施策を調査し、そこにみられる新しいコンセプトを把握しようとした。そこで学んだ第一点は、若者の移行を支える教育、雇用、家族、社会保障、保健医療等の全体論的アプローチと包括的な組み立てが必要だという観点であり、機能分化した行政組織の見直しというスタンスを含んでいた。第二点は、ポスト工業化時代に生じる社会格差が、若者の移行にどのように投影しているのかを明らかにするという視点であった。つまり、研究も施策も、若者のなかのターゲットを明確にする必要があるという視点であった。第三に、若者政策は社会的包摂政策とセットになって初めて意味のあるものになるという点であったが、これは二〇〇〇年代末以後、日本においてもリアルな認識へと高まってきたと言えるだろう。

就労困難な若者への支援開始と研究の展開

その後の経過を先取りして言うと、一九九〇年代末から二〇〇〇年代をへて、二〇一〇年代に進むなかで、日本の若者は欧米の若者と共通するようになった。二〇〇三年に四省庁大臣による若者自立挑戦戦略会議が開かれ、若者の雇用問題への取り組みが決まって以後、数多くの若者施策が実施された。筆者は、行政施策の立案および若者支援の実践に加わるなかで、若者のリアルな実態をしだいに理解するようになった。なかでも、二〇〇六年から始まった地域若者サポートステーション(2)とその前年に開始して三年間続いた若者自立塾(3)の二つの事業、および子ども・若者育成支援推進法にのっとった全国の取り組みから、筆者は多くのデータを入手し、より具体的に考えることができるようになった（宮本 二〇一五ａ）。これらの事業を開始するにあたって、当初、筆者がヒントを得たのは英国のブレア政権の目玉事業と言われたイングランドの「コネクション」という若者支援サービスだった（小杉・堀 二〇〇六／三七～五一／内閣府 二〇〇九）。一六歳から一九歳のＮＥＥＴの状態にある一〇代の若者に対する取り組みだったが、若者一人一人を対象とするパーソナルアドバイザーをイングランド全域のコネクションズのワンストップショップ、および学校を含むコネクションズ傘下の機関に配置するというモデルは、日本に何が必要かを考えるうえで大いに参考になった。各地のコネクションズに何度も聞き取り調査に行った。英国でこのような大規模な事業が開始されたのは、複合的な困難に直面する若者が社会問題として認識され、国の施策が始まっていたことが背景にあった（Office of the Deputy Prime Minister 2004a; 2004b）。それ以後、毎年欧州の若者施策の調査を実施し、各々の個性と共通性とが分かるようになった。

それと照らし合わせると、当時日本には、無業のまま放置せずに、相談支援や職業訓練プログラムを経て求職活動へと向かわせる施策は皆無であった。不登校対策は、学卒資格を与えることに重点が置かれるため、仕事に就いて自立できるための具体的な支援はないに等しい。困難を抱えてつまずいている若者の実態を把握するデータは皆無であった。どのような支援方法が有効なのかも分からない。これが二〇〇〇年代初頭の状態だった。

二つの事業の検討段階で、筆者を含む当時の関係者（厚生労働省の委員会）はこれを社会的実験と位置づけ、支援団体はデータをきちんと蓄積し、全国の関係機関が経験を共有し、課題を明らかにし、有効な支援方法を編み出していく取り組みとして位置づけるべきだと考えた。

社会的実験という意味で、二つの事業は大きな貢献を果たした。来所する若者の多様性が認識されるようになり、それぞれの特性に応じた支援方法や支援の効果を高めるための方策も進化していったからである。たとえば、来所年齢が三〇代に達するような若者が少なくなかったことから、早期発見・早期予防の必要性が認識されるようになり、一〇代から二〇代前半の若者へのアプローチが進んだ。また、高校中退者が多く、しかも中退後何年も経てようやく来所している実態から、学校と連携して中退を防止する取り組みや、中退直後に地域若者サポートステーションにつなぐ必要が認識され、二〇一三年度には学校連携に特別予算がつくまでになった。その他にも、困窮する家庭の若者、履歴書を書くなどの基礎学習支援が必要な若者、慢性疾患を抱える若者、精神科病院を退院した後の居場所を求める若者など、不利な状況のなかで、働けないだけでなく社会から孤立している若者の状況がみえてきたのは、この事業の功績であった。

貧困・社会的排除の若者を把握する方法論

一九八〇年代に入ると、欧米諸国では、成人期への移行は単純な単一モデルではもはや把握できないという認識が一般化し、成人期への移行の多様化・複雑化を視野に入れた研究が展開した（Jones & Wallace 1992 : Furlong & Cantmel 1997）。そのなかには前述の通り、成人期への移行を従来の規範的イベントに代わる新しい尺度で測定しようという提起もあった。ジョーンズとウォーレスは、選挙権の獲得、社会保障の諸権利の取得など、成人に達するに伴って獲得するシティズンシップの権利と義務をもつ自立した市民となるプロセスとして把握することを提起している（Jones & Wallace 1992）。

大きな変動下にある成人期への移行プロセスを把握するためには、静止的で分断的な研究アプローチを捨て、移行プロセスを、若者と家族との関係、労働市場、国家制度との相互関係から捉え、時間的な流れの中で、全体論的にアプローチ（holistic approach）すべきことが提唱されている（Jones & Wallace 1992）。その点でライフコースのアプローチは有効性を発揮するものとして期待できる。

二〇〇〇年代後半になると、無業者（ニート）を含む不安定就労者を、貧困や社会的排除という視点で捉える研究が現れた（宮本 二〇一五ｂ）。多様な形態で社会的排除の状態にある若者が見えてきたのは、様々な課題を孕みつつも国の若者支援策がスタートしたことが大きい。これらの若者の幼少期から現在までをライフコースの視点でみることの重要性もみえてきた。社会的排除の様相は、すでに幼少期または学校教育期に、様々な形態で見られるからである。社会格差の拡大する時代は、幼少期からの不利がその後も続き、若者期の不安定就労や結婚・家族形成の不利をもたらすこともわかってくる。非正規雇用労働者の増加は、結婚や家族形成のできない者を生みやすく、たとえ結婚したとしても破綻しやすいことも実態からわかってきた。

このことは全国データの分析でも裏づけられる。フリーターや無業の若者は、低学歴、低所得家庭出身者のなかに最も多い。学校でのつまずきなど様々に不利な条件をもった若者が、労働市場で不利な立場に置かれ、誰からも支援を受けられず、不安定な状態で彷徨っているのである。その後、生活困窮者支援や子供の貧困対策の取り組みが進むにしたがい、貧困や社会的孤立というキーワードが加わることによって、若者問題はより明確に、社会的排除／包摂という枠組みで理解することが現実に合致することが確認された（宮本 二〇〇八ｂ／宮本 二〇〇九／宮本 二〇一二／宮本編 二〇一五ｃ）。

若者移行政策を構想する

若者問題への取り組みが進みはしたものの、二〇〇〇年代に展開した若者施策は、機能分化した縦割り行政の弊害を解決できないままである。そこで筆者は、様々な困難な状況に立たされている若者の実態から、「若者の移行期政策」を構築することが必要だと考えるようになった。移行期政策とは、青年期から成人期への移行に関する包括的な政策体系を意味する（宮本 二〇〇八ａ／宮本 二〇一二／宮本 二〇一五ａ・ｂ／若者政策検討提言委員会・ビッグイシュー基金 二〇一五／宮本編 二〇一五）。

すでに述べたように、筆者の若者研究は親子関係から始まったこともあって、若者移行政策は家族をどのように位置づけるかによって異なったものになる。高等教育の必要性の増加と労働市場の不安定化のために、若者が不安定な状況に長期間置かれ、その期間の扶養責任が家庭（すなわち親）に求められているという現実があり、親に頼れない若者の問題が放置される傾向にある。

西欧福祉国家では若者に対する公的責任が制度化されていたが、福祉国家の変容のなかで個人・家族責任への転換が始まった。若者のくらしを誰が守り、将来への投資をするかをめぐって、国家と家族には重大な対立関係が生まれたのである。他方、日本では、学校・企業・家族の三者関係によって「青年期から成人期への移行」が枠づけられ、家族の責任は大きく、西欧福祉国家のように国家の公的支援はきわめて弱かった。そのことによるダメージを最もこうむるのは、親が子供の移行を支えることができない階層の若者である。

すでに述べたように成人期の移行は多様化している。このことをふまえて西洋諸国では、青年期から成人期への移行をシティズンシップの権利を獲得するプロセスと捉えようという考え方も登場している。成人期とは、選挙権、労働の諸権利、社会保障の諸権利等の、一定の年齢に達することで与えられるシティズンシップの権利を獲得するだけでなく、その権利を実際に行使することのできる地位を得た状態とみなす。仕事の有無、結婚の有無、子供の有無など、これまで一人前の条件とされたものは考慮されない。それだけ、成人期の形は多様であることが承認されているのである。

移行期政策の目的は、自立に向かう若者に特有のニーズを理解し、教育・訓練、雇用、福祉、住宅、保健・医療などの包括的な環境整備をし、若者の生活保障を目指すことにある。そのためには一人ひとりの状況に対する包括的な視点をもち、若者が社会の死角に落ちないように、自立に向けた支援を切れ目なく継続していく社会システムが必要である。一時の就職支援で終わるものであってはならない。異なる部門間が協力体制をもって改善に取り組む体制づくりが移行期政策の発展には必要である。このような意図で、筆者らは若者移行期政策を提言した（若者政策検討提言委員会・ビッグイシュー基金 二〇一五）。

諸問題への挑戦に終わりはない

今や社会科学にとって、「価値論なき政策論」も「政策論なき価値論」も役にはたたず、両者を架橋しながら社会問題を掘り起し、解決を図ることが求められている。若者問題はまさにそのテーマである。二〇一五年度に始まった「生活困窮者自立支援制度」「子どもの貧困対策」は、若者問題を貧困や社会的排除と結合する潮流ができたことを示すものであった。

筆者が一九九〇年頃開始したポスト青年期の若者と親との関係に着目した研究は、不安定就労、生活困窮、社会的排除の若者研究へと発展し、若者のシティズンシップと若者政策へと広がってきた。最近手を広げようとしているのは若い女性の貧困化問題である。なぜなら若者問題は労働問題からスタートしたが、非正規雇用化は男性より女性において顕著で、そこに非婚化が加わり、仕事からも家庭からも排除された女性の貧困が見過ごせない状態にあるからである。激しく変化する社会が生み出す諸問題への挑戦には終わりがない。

注

（1）筆者は、二〇〇七年から現在まで、学術振興会科学研究費補助金で三つのプロジェクトを順次主催してきた。「社会的経済セクターを通じた若者の社会的包摂に関する国際比較研究」（二〇〇七〜二〇〇九年）、「労働市場から排除された若者を支援する政策手法とその評価に関する国際比較研究」（二〇一〇〜二〇一三年）、「若者期の生活保障の構築に向けた国際比較研究」（二〇一四〜一七年）である。

（2）地域若者サポートステーション（通称サポステ）は、「ハローワークへ行けない（つまり求職活動を開始できない）若者の後押し」つまり、若年無業者の自立支援機関。各種団体を厚生労働省が認定、事業を委託し実施されている。二〇一五年現在、全国に一六〇カ所設置されている。

（3）　一年以上仕事や求職活動の実績がなく、学校や職業訓練に通っていない三五歳未満（後に四〇歳未満に引き上げ）の未婚の者を対象とする厚生労働省の若者支援施策。およそ三カ月間にわたる共同生活の中で、生活訓練と職業体験プログラムが実施され、コミュニケーションスキルや職業的スキルの獲得が企図された。卒塾半年後に七割が就労していることが目標とされた。二〇一〇年度で廃止となった。

参考文献

小杉礼子・宮本みち子編、二〇一五、『下層化する女性――労働と家庭からの排除と貧困』勁草書房。

小杉礼子・堀有喜衣編、二〇〇六、『キャリア教育と就業支援――フリーター・ニート対策の国際比較』勁草書房。

内閣府、二〇〇九、『英国の青少年育成施策の推進体制等に関する調査報告書』内閣府政策統括官（共生社会政策担当）

宮本みち子、二〇〇二、『若者が社会的弱者に転落する』洋泉社。

宮本みち子、二〇〇四、『ポスト青年期と親子戦略――大人になる意味と形の変容』勁草書房。

宮本みち子、二〇〇六a、「若年層の貧困化と社会的排除」『現代の社会病理』第二一号。

宮本みち子、二〇〇六b、「若者政策の展開――成人期への移行保障の枠組み」『思想』第九八三号。

宮本みち子、二〇一二、『若者が無縁化する――仕事・家族・コミュニティでつなぐ』筑摩書房。

宮本みち子、二〇一五a、「若年無業者と地域若者サポートステーション事業」『季刊社会保障研究』第五一巻。

宮本みち子、二〇一五b、「若者の移行期政策と社会学の可能性――「フリーター」「ニート」から「社会的排除」へ」『社会学評論』第六五巻第四号。

宮本みち子編、二〇一五、『すべての若者が生きられる未来を――家族・教育・仕事からの排除に抗して』岩波書店。

宮本みち子・岩上真珠・山田昌弘、一九九七、『未婚化社会の親子関係――お金と愛情にみる家族のゆくえ』有斐閣。

山田昌弘、一九九九、『パラサイト・シングルの時代』筑摩書房。

若者政策提案検討委員会・ビッグイシュー基金、二〇一五、『若者政策提案書』。(http://www.bigissue.or.jp/pdf/wakamonoteiansyo.pdf 二〇一五年八月三一日最終確認)

Jones, G., & Wallace, C., 1992, *Youth, Family and Citizenship*, Open University Press.（＝ジル・ジョーンズ、クレア・ウォーレス著、一九九六、宮本みち子監訳、鈴木宏訳『若者はなぜ大人になれないのか――家族・国家・シティズンシップ』新評

論）
Office of the Deputy Prime Minister, 2004a, The Impact of the Government Policy on Social Exclusion among Young People.
Office of the Deputy Prime Minister, 2004b, Transitions : Young Adults with Complex Needs : A Social Exclusion Unit Final Report.
Furlong, A., & Cartmel, F., 1997, *Young People and Social Change*, Second edition.（＝アンディ・ファーロング、フレッド・カートメル著、二〇〇九、乾彰夫・西村貴之・平塚眞樹・丸井好子訳『若者と社会変容』大月書店）

第7章　鳥獣害の社会学

牧野厚史

鳥獣害と社会学

都市に比べて農村は自然が豊かだと言われることが多い。「豊か」という表現には人に恵みをもたらす優しい自然というイメージが込められている。一面では確かにその通りだ。しかし、自然は自然であるかぎり、人に厳しい面も持っている。突如人を襲う災害などを考えれば理解されよう。

ここに取り上げる鳥獣の「害」もまた、自然の厳しさの一つである。ただ、気をつける必要があるのは、そこに暮らす人々にとっては、自然の厳しさと恵みの利用とは切り離すことができないということだ。たとえば、イノシシは田畑を荒らす害獣だが、狩猟の対象でもあるし、その肉を好んで食べる地域もある。

この点を強調しておく必要があるのは、鳥獣害という問題に政府が強力に関与し始めたことで、その政策には自然と人の関係を合理化、効率化していくという特徴が強く出てきていることだ。むろん、政府の関与には、鳥獣の「害」が大きすぎて、地元住民や自治体のみでは対処できなくなってきたという事情があるのだから、今の状況ではしかたのないことだろう。

では、鳥獣害の問題解決の方向とはどのようなものだろうか。この点を考えていくためには、山野の鳥獣による「害」とは何かという問いを出す必要がある。とりわけ社会学には、人にとっての環境被害について、産業公害の被害から東日本大震災における防災までのフィールドワークに基づく広範な研究の蓄積がある。それらの成果をも参照しながら、ここでは、以下の三点についてみていくことで、その問いへの答えを考えたい。

第一点目は、鳥獣がもたらす「害」を、政策ではどのように位置づけてきたかである。通常は農林水産物への経済的被害をイメージしがちだが、簡単にそう考えてよいだろうか。第二点目は、「害」についての住民の考え方である。外部者から見れば、農産物等の「害」の削減によって人々の生活環境は改善すると考えられるが、はたして現場ではそうなっているだろうか。それらについて考えた上で、第三点目に、この問題の最終的な帰着点とはどのようなものかについて、私自身の調査した農村の事例を出しながら考えを深めることにしたい。

山野の鳥獣による「害」とは

春になるとツバメがやってきて、民家の軒先に巣をつくる姿を見かける。やがてヒナの声が響くようになり、夏になると親鳥共々姿を消す。ツバメは、身近なところにいて、しかも人々に好かれる鳥だ。だが、野鳥との「共存」は迷惑なこともある。ヒナの鳴き声はまだしも、糞の掃除は大変だ。そのマイナスの面を見るか、それともプラスの面を大きく見るのかは、人の側の判断による。

現代の農村では、山野に棲息する鳥や獣による「害」が注目されている。つまり、鳥獣と関係を持つことのマイナスの面を大きく見るようになっている。山野の鳥や獣が、樹木を傷つけたり田畑を荒らしたりすることは、山間部の農村などでは古くからあった。だが、今の「害」は、その程度の大きさという点で様相が少し異なる。たとえば、森に覆われていた滋賀県の琵琶湖に浮かぶ竹生島では、樹木が枯れて禿げ山のようになってしまった。カワウという鳥が集団で営巣したためである。また、日本各地では、田んぼや畑を柵で囲った山塞のような村も出てきた。農作物への害を避けるためである。このように、山野の鳥獣が人の生活にもたらすマイナス面を総称して「鳥獣害」と呼んでいる。

では、なぜ鳥獣の「害」はひどくなったのか。害を与えている動物には、アライグマのような外来種の動物も無視はできないが、被害面積や金額が多いのはニホンジカ、イノシシ、ニホンザルなど、山野にもともと棲息していた種の動物たちである。それらの動物たちによる被害の深刻化には三つの要因が複合的に関連していると、政府や動物の専門家は説明することが多い。

第一の要因は、特定の動物に生じた大幅な生息数の増加や分布域の拡大である。たとえば、ニホンジカは数が減って、限られた地域で保護されて生き延びたが、数が回復した今では代表的な「害獣」となってしまった。第二の要因としては、狩猟者の減少と高齢化に伴う捕獲圧の減少が指摘されている。一九七〇年代をピークに狩猟者の数の減少が続き、高齢化も進んでいる。このことが捕獲圧を下げ動物の勢力拡大を招いたという。さらに、第三の要因として、農山村の変貌が指摘されている。農業人口の減少や高齢化による耕作放棄地の増加などの土地利用の変化が被害の激化につながっているといわれている。(1)

このように、「害」の要因が自然的要因と社会的要因とにまたがる点に、鳥獣害の特徴がある。もし、自然的要因と考えるなら、災害の場合と「害」は似通ってくる。社会学からのアプローチは、災害は避けられないが、人々の側の工夫によって被害は減らせるという主張を持っている。たとえば、防災の社会学を提唱する吉原直樹は、東日本大震災によって、防災の基本線が「災害を防ぐというよりは、災害を減らすこと」にあることがはっきりしてきたという（吉原 二〇一二：四）。その際、必要となるのは、吉原の指摘を参照すればコミュニティ、つまり農村の人々の組織である村落になるだろう。

その一方で、鳥獣害には、人の不適切な自然への関わり方によって生じた側面もある。たとえば、林業政策の失敗や保護区の拡大などによる、生活に山を利用する人々の減少がある。その中には世界遺産白神山地の保護と関連

最も影響を受けた研究者　鳥越皓之

環境社会学に進むきっかけとなったのは鳥越皓之先生にお目にかかったことである。影響を受けた書籍は，何と言っても琵琶湖の水の環境問題を取り上げた『水と人の環境史』（御茶の水書房，1984 年）である。社会学というと，研究の対象として通常イメージするのは，家族や住民組織などの組織や組織を支えている価値観などである。ところが，この本では水道や下水道などの工学技術までが登場する。それらの技術の投入が湖の自然と関わる人々の関係を変え，その変形した関係のなかでの人々の考え方と行動が湖という自然環境を変えていくという，自然と人とのダイナミックな相互作用が描かれている。社会学のフィールドワークにはこんなことまでもできるのか，というのが当時の私のたいへんな驚きだった。その驚きが，今の研究に向かうきっかけとなった。

実をいうと私が先生のご指導をいただいたのは関西学院大学の大学院で研究員になってからのことである。だから，先生と一緒に調査にでかけた回数はそれほど多くはない。でも，先生のゼミには少しも違和感なく討論に加われる雰囲気があった。私と同じ境遇の他大学の大学院生や社会人が当時の鳥越ゼミにはたくさん参加していたこともある。先生は，学費を払っているのは藤村さん（現・佐賀大学農学部）だけだねといってよく笑っておられた。しかしながら，今考えると，そのようなゼミの雰囲気は，おそらく先生が受け継がれた日本の一つの学問観に根差しているように思っている。

（牧野厚史）

して、マタギ（狩猟者）が猟の継承をあきらめるという失策もあった（鳥越 二〇〇二）。さらに、過疎対策にも問題がなかったとは言えない。過疎による農地・山野利用の変化と鳥獣害激化との関係は早くから指摘されていたが、人口増加対策重視のなかで、この指摘が政策に十分活かされたとは言いがたい[2]。このように、政策が絡んだ環境問題という特徴も備えている。

このように、鳥獣害という「害」の問題は、自然災害と政策が絡んだ環境問題という二つの側面が複合的に作用している。そのため、「害」に対する政府の方針も、自然的要因と社会的要因との間で揺れ動いている。

その揺れを示すのが、最近の捕獲強化である。二〇一三年に環境省と農水省が連名で「抜本的な鳥獣捕獲強化対策」を策定した[3]。この対策は、県や市町村が行う捕獲事業の強化を基本方針として、二〇二三年度（平成三五年度）までに、ニホンジカ、イノシシについて推定生息数二六一万頭（ニホンジカ）、八八万頭（イノシシ）のほぼ半分まで減らすこと、さらに、そのために必要な狩猟規制の緩和、捕獲に当たる人材の確保などを行うことなどが主な内容である。この施策にあわせて二〇一五年には鳥獣保護法も大改正された。法改正で特に注目されているのが、捕獲事業者の認定制度を設け、捕獲活動への企業参入の道をひらいたことである。つまり、狩猟者減少による自然利用減少が課題としてクローズアップされるようになったのである。

この方針の背景には、政府の本格的取り組みが始まった二〇〇四年以来、農作物への被害だけでも二〇〇億円前後に高止まりしたままで、あまり減少していないことがある。多額の予算と人手を投入してきたにもかかわらず、被害削減ができていない現状に、政府や行政はいらだっているようにもみえる。

緊急の政策とされているので正面切った批判はないものの、いくつかの危惧が寄せられている。たとえば、毎日新聞は、鳥獣保護法の改正を紹介する記事を「駆除という対症療法に加え、荒れた里山の環境を回復したり、耕作放棄地を有効活用するなど、野生鳥獣を山に押し戻す対策も併せて求められるだろう」と締めくくった（『毎日新聞』二〇一四年三月一七日朝刊）。また、日本農業新聞は「捕獲偏重危うさも」という見出しで法改正の解説を掲載した（『日本農業新聞』二〇一五年五月二九日）。そのなかでは、捕獲一辺倒ではなくて現場での取り組みを活かす必要性が指摘されている。ことに、捕獲とあわせた農家の自主的取り組みの重要性を強調している点が目を引く。

このような危惧が出てくるのは、鳥獣害の問題は政府や企業依存を強めることで解決できるわけではないことが理解されているからである。では、「害」についてのこのような政策の動向に対し、当事者である農山村の人々はどのように考えているのだろうか。

「害」への対策と農山村の人々

数年前のことだが、滋賀県多賀町の山間部のむらを訪ねたとき、自宅前の菜園の世話をする主婦の姿に驚かされたことがある。菜園全体が大きなゲージに覆われており、彼女はゲージの戸をあけて、その中で作業を始めた。この村の田畑や集落には、ニホンジカ、イノシシ、ニホンザルが出没するが、なかでもシカは、夜間山から下りてきて集落の中にまで入ってくることがある。そのため、家の庭にある菜園も囲っておかないと作物が食べられてしまう。実際、庭先のグラジオラスは葉先がすべてなくなっていた。シカの仕業だろうという。ゲージの中にいた女性は、人間の方が囲いの中で作業するようになってしまったと情けなさそうに語っていた。

これはたいへんなことになっていると実感した。同時に、小さな疑問も持つことになった。その疑問とは、その村で出会った人たちにとっての鳥獣の「害」の解決とは何だろうかという疑問である。

説明しよう。鳥獣害への対策は、農作物のある農地や集落という住空間への動物の侵入を防ぐ防除と呼ばれている対策と、銃やワナを用いる「捕獲」に大別される。後者の捕獲は、自分の農地にワナを仕掛ける場合以外は、狩猟免許が必要となる。そこで、多くの場合、自治体が狩猟免許をもつ人々に委託して行うことになる。委託を受けて出動するのは現場近くに住む猟友会の人々であることが多い。これに対して、住民が自ら担うのは前者の防除の領域、つまり住空間や農地の被害防止である。

このように、現場では災害問題に似たアプローチを取ることになる。つまり山野の鳥獣という自然的要因の存在を前提として、とりあえずそれらの動物の被害を減らすことから手をつけることになるだろう。住民にすぐにできることを考えると、これは今のところ仕方がない面がある。

住民による防除は「害」をもたらす動物の行動生態についての知識をもとにしている。変な言い方だが、動物の目線から考えていくことになるのである。滋賀県の山村で菜園をゲージで覆ったりしているのは、この村にはニホンザルも出没するので、その対策のためだ。また、この村では、集落内のちょっとした椎茸栽培の場所も金網ですべて囲っていたが、これもサルへの対処を考えてのことである。

このような防除の徹底によって、確かに「害」は減少するだろう。見方によっては動物と人が共存できる状態ができたように見えるかも知れない。だが、住民にとっての問題解決にはまだ遠いと言わねばならない。というのも、ゲージの中で作業する不便さや情けなさという住民の気持ちは少しも解決されてはいないからだ。では、この問題についてどのように考えていけばよいのだろうか。

最近、鳥獣害への対策には、社会学などの社会科学者の参加が必要だと考える人が増えてきた。防除を集落ぐるみで進めるためのワークショップという話し合いや合意形成の必要性など、鳥獣害という問題について人の側面の大切さが理解されるようになったからだ。この分野で有意義な仕事をする人も増えている。私のような地域社会学の研究者にとっても、これはたいへん心強いことだ。

ただ、それらの研究の重要性は認めつつ、今後の社会科学からみた鳥獣害研究にいわば〝のびしろ〟があると思うのは、人間一般ではなくて、そこに住む住民たちという特定の人々の目線にたったときにはどのような防除が可能になるのかという研究だ。この点について、たいへん有益な示唆に富む九鬼康彰・武山恵美の研究がある。要約しつつ以下引用させていただこう（九鬼・武山 二〇一四：一一七～一一九）。

和歌山県の集落で研究者と住民が協力して獣害対策に取り組んだ際、その一環として荒廃地の刈り払いを住民たちで行い好評だったという。ただ、興味深いのは、獣害対策としての効果よりも、景観がよくなった点を住民が高く評価した点である。九鬼と武山は、「被害防止以外に地区の環境を向上させる効果があり、この点が広く住民に評価されたと考えられる」とまとめている（九鬼・武山 二〇一四：一一九）。むろんその通りなのだが、そこに住む人々にとっての地区の環境をよくする取り組みが、鳥獣害の削減にも有効であるとも言えるのではないだろうか。

では、住民という人の目線にたつということは、鳥獣の「害」にそくしていえばどういうことだろうか。私自身の反省すべき体験から事例を挙げておこう。

福岡県八女市に白木という大字がある。一般に九州の大字（藩制村）では内部の小集落の自立性が高い場合が多い。白木も大字内部の小集落の自立性が高い地域である。山間部の農村地帯である白木でも、鳥獣による農作物への被害が増えている。ことに、この地域はタケノコの産地であるので、タケノコを好むイノシシの害が大きい。熊本大学がいくつかの集落で実施した調査（抽出調査）でも、八五世帯のうち四九世帯（五八・八％）がタケノコの被害があると答えていた。重要な換金作物であるタケノコ生産への被害は、農家経済にも打撃となっていることは明らかである（熊本大学文学部総合人間学科地域社会学研究室・白木地域振興協議会 二〇一二）。

この地域で調査していたとき、タケノコ生産組合の組合長と話す機会があった。上記のような事情があったので、イノシシの獣害に関心をもっていた私は、「たいへんでしょう」と話を切り出したのである。ところが、返ってきたのは意外な答えだった。イノシシにもタケノコは必要だろう、というのである。少しくらい食べてもかまわないという。

組合長さんの話はこうだ。タケノコの生産にとってイノシシの害が大きくなることはむろん困ったことだ。自分も罠猟の免許をもっていて、オリワナを仕掛けていてイノシシが捕まれば食べる。けれども、この地域の人々の悩みは別のところにある。この地域の竹林は急斜面にあることが多く、手入れにはかなりの手間がかかる。そのこともあって、手入れの行き届かないまま竹林の面積が広がり続けている。白木という地域全体の将来を考えると、そちらの方が重要な問題だというのである。

もちろん、イノシシについて、同じ考え方を地域の他の人々も持っているかというとそうではない。まったくいない方がよいという人も多いし、少しはいてよいなどという人は農業をしない人たちではないかという住民もいたことは事実である。しかし、私にとっては、組合長さんの話から反省させられたし、大切な事柄を教えられた。それは鳥獣害のような特定の狭い視角から住民の生活課題に関心を持つ場合に陥りやすい錯誤の可能性についてである。

錯誤とは次のようなことだ。白木のようにイノシシによるかなりの被害がある場合、研究者は、まずはその問題が住民の生活にとって大切な問題だろうと考えて、調査をしたり計画を立案したりしようとするだろう。このような研究のスタイルを単問題解決型の思考と呼ぶことにしたい。

この思考も場合によっては有効なこともあるかもしれない。しかし、研究者がこの種の単問題解決型の思考にとらわれている場合、そこから外れる意見をもつ人は「やる気が無い」とか「熱意にかける」ように見えてしまうかも知れない。被害はあるのだから、住民のなかから単問題解決に賛同する人が出てくる可能性が高いからだ。だが、その場合の調査やプランニングは、当該地域住民の視野からみた場合の生活課題を構成している要因の総体とはかけ離れたものになってしまう可能性が高くなるのである(4)。

もし仮にこのような錯誤が生じている場合、動物の行動生態から見てどれだけ正しい防除が提案できたとしても、そこにできあがる動物と人間との関係は、住民にとっての望ましい生活環境への模索から遠く外れている可能性が高い。これはとてもまずいことだと私は考える。というのも、鳥獣害対策が山野の鳥獣の絶滅を目指しているのではない以上、住民としては、よりよい生活環境への模索のなかに、山野の鳥獣とのつきあいを入れてこざるを得ないからである。

そこで最後に、今の鳥獣害の激化という現実から、人の生活環境にどのように鳥獣が存在することが可能なのかを、「害鳥」と共存する村というやや特殊にもみえる事例から考えてみたい。

「害鳥」と共存する村

カワウという鳥がいる。カワウは、鵜飼いで有名なウの仲間の大型の鳥類である。だが日本では鵜飼いには使用しない。一方、アユなどの魚類を大量に食べ、森林に集団営巣し樹木を枯らすため、「害」をなす鳥というイメージが全国的には強い。その害で特に知られているのが滋賀県の琵琶湖である。琵琶湖での被害は湖一円での水産被害と樹木の枯損である。樹木枯損の代表例が、すでに挙げた竹生島《ちくぶしま》だ。

ところが滋賀県からそれほど離れていないところに、カワウと「共存共栄」してきた村があると聞いて、一〇年ほど前から断続的に通うようになった。その村とは、約一万羽が営巣する日本最大規模のカワウ営巣地「鵜の山」を抱える愛知県知多半島の農村、美浜町上野間地区である。

「むら」の空間配置でいえば、「鵜の山」の森林はヤマの領域にある。上野間地区の集落に入ると、カワウのデザインが目につく。橋の欄干など、至る所にカワウの意匠がみられる。集落のまわりには水田があり、背後の丘陵にはミカン畑が拓かれている。奥は森林になっており、その一角に営巣地がある。入り口には、むらづくりの一環である食堂や農産物の販売所があり、「鵜の山」はともかく、こちらの方は訪れる観光客でかなりにぎわっている。むらづくりのシンボルは、やはりカワウである。町職員によれば、町の代表的な観光地として「鵜の山」を必ず紹介するようにしているという（牧野 二〇〇七）。

では、村の人々はどのようにして「害鳥」というニュアンスの強いカワウと共存してきたのか。この「むら」は、森林（マツ林）に営巣するカワウの糞を、肥料として利用していたことで知られている。また、糞の入札が行われ、入札金は区の財源となって「むら」の財政を豊かにもしてきた。「糞の収益で小学校を建てたので糞立小学校」というのは、この地区のお年寄りがよく話す笑い話である。

もちろん村人は、カワウが樹木を枯らすことをよく知っていたが、また木を植えればよいと考え、そうしてきたのである。カワウが営巣する「むら」の共有林は、一九三四年（昭和九）に「鵜の山」繁殖地として天然記念物指定されたが、戦後の高度成長期頃まで鳥糞採取は続けられた。「鵜の山」繁殖地は、村人による動植物の利用を前提とした天然記念物だったのである。

ただ、このようにいうと、害鳥ではなくて益鳥だったから、村の人たちはカワウを大切にしてきたのではないかと思う人もいるだろう。実際、私も、この村での鳥と人との関係の歴史をひもとくまでは、そのように考えてきたのである。

ところが、この村の歴史を調べてみると、二つのことが分かった。第一に、村の人々も当初からカワウを歓迎したわけではなかったということである。「鵜の山」が天然記念物になった年に、「鵜の山保勝会」の手で資料集が編纂された。その資料集には「古老」の話として、幕末にカワウが村の森林に移動してきた頃の様子が紹介されている。資料によれば、樹木が枯れてはたいへんだということで、村人は、瓦礫を投げたりかがり火をたいたりして昼も夜も追い出しにつとめたと記されている。結局、追い出せなかったので、カワウは棲みついたというのである。糞の利用が始まったのは、その後である。

第二に、この村の人たちが、糞の採取が終わってからもカワウを邪魔者と考えなかったことである。ちょうど糞の採取が終わった一九六〇年代頃、一人の民俗学研究者が同地を訪れていた。鵜飼いの研究で知られる可児弘明である。可児は当時の「鵜の山」の様子を次のように記している。「眼前にどきりとする異様な風物が展開する。山の立木が、山火事のあとのように丸坊主になって枯れて」いて、枯れ木に黒い花が咲くようにカワウが止まっていたという（可児　一九六六：一三二）。木が枯れたのは、むろんカワウの仕業で、多くの地域ではこうした事態をカワウによる鳥害としていた。だが、可児は「土地の人は鵜の山のカワウを〝お客さん〟と呼んで親しんでいる」と記している（可児　一九六六：一三二）。

この二つのことを知って、村人は、カワウが「害」をもたらす鳥と知りながら「共存」を選んできたのだと考えるようになったのである。ただ、なぜ、このような関係ができあがったのだろうか。個別具体的には様々なことがある。けれども、栃木県の山村で同じような事実を見出した人の指摘が参考になる。哲学研究者の内山節は、イノシシの害がひどくなっているにもかかわらず、誰も捕獲に乗り出さない村人の態度から、「強い自然」という考え方を提起している（内山 二〇一〇：四六）。

強い自然とは、アジアモンスーン気候である列島の自然のことで、そこに住む限り、災害も含めてつきあいを避けるわけにはいかない。イノシシもそういう自然の一部だ。言い換えるなら人は共存を強いられる対象で、そこには矛盾がある。しかし、人々はただ共存による矛盾を強いられるのではなくて、自然と人間の関係の「矛盾と折り合いをつける能力を高め」るという生き方を生み出したと内山はいう（内山 二〇一〇：四五〜四六）。

もちろん、このような内山の指摘を私は実証できる自信はない。ただ、山野の鳥獣と長期的に関係を持ち続けることは、必ず人に矛盾をもたらす。だが、その矛盾は、折り合いをつける能力を高めるというかたちで人間の工夫をもたらす可能性があるという指摘は、とても魅力的で示唆に富んでいると思う。その意味では、「害鳥」カワウと共存する愛知県上野間地区の事例はけっして特異なものではなくて、鳥獣の害に悩まされている列島の農山村が、将来そうなるかもしれない可能性を示す事例だと考えるのである。

注

（1）過疎問題について早くから研究を行ってきた安達生恒は、「過疎問題の構造」として「部落の耕境が後退すると、野猪がそれだけ部落に接近する。中国山地では、野猪や野猿の害がひどくなったが、その害から作物を守るための労働が農家につけ加わってくる」と指摘している。これは一九六八年の指摘である（安達 一九八一：九五）。

（2）農林水産省、二〇一五「鳥獣被害対策の現状と課題」。ただし表現は一部変更した（http://www.maff.go.jp/j/seisan/

tyozyu/higai/pdf/h27_08_06_meguji_zentai.pdf 二〇一六年九月一七日最終確認)。

(3) 環境省・農水省、二〇一三、「抜本的な鳥獣捕獲強化対策」(http://www.maff.go.jp/j/seisan/tyozyu/higai/pdf/kyouka.pdf 二〇一六年九月一七日最終確認)。

(4) この「住民の視野からみた生活課題の要因の総体」とは、環境社会学研究者である飯島伸子の「被害構造」にヒントを得ている(飯島 一九九八:一三〜一四)。

参考文献

安達生恒、一九八一、『安達生恒著作集Ⅱ　過疎地再生の道』日本経済評論社。

飯島伸子、一九九八、「環境問題の歴史と環境社会学」舩橋晴俊・飯島伸子編『講座社会学12　環境』東京大学出版会。

内山節、二〇一〇、『共同体の基礎理論——自然と人間の基層から』農山漁村文化協会。

可児弘明、一九六六、『鵜飼——よみがえる民俗と伝承』中公新書。

九鬼康彰・武山恵美、二〇一四、「野生動物との共生に必要な境界空間の設計」農村計画学会監修・九鬼康彰・武山恵美『農村計画学のフロンティア3　獣害対策の設計・計画手法』農林統計出版。

熊本大学文学部総合人間学科地域社会学研究室・白木地域振興協議会、二〇一二、『「白木地区　地域社会調査」報告書』。

田口洋美、二〇〇九、「マタギとツキノワグマの現在——『ブナ林と狩人の会:マタギサミット』という試み」菅豊編『人と動物の日本史3　動物と現代社会』吉川弘文館。

鳥越皓之、二〇〇一、「環境共存へのアプローチ」飯島伸子・鳥越皓之・長谷川公一・舩橋晴俊編『講座環境社会学1　環境社会学の視点』有斐閣。

牧野厚史、二〇〇七、「農山村の動植物をどうするのか」日本村落研究学会編、鳥越皓之責任編集『むらの社会を研究する——フィールドからの発想』農山漁村文化協会。

吉原直樹、二〇一二、「東日本大震災と『防災の社会学』——第二版の刊行に寄せて」吉原直樹編『防災の社会学』東信堂。

コラム3　次現場からの社会学——TPPと「小農学会」

現在、農業問題と農村問題は大きく矛盾し乖離し始めている。従来から、農業と農村は強く連関しているため、「農業・農村」問題としてワンセットで分析される傾向が強かった。その分析枠組みが、現在でも妥当であるのかどうかを問う必要がある。

近年の政府は、「農業は産業」であるという。非常に大きな疑義がある。具体的には、TPPと規模拡大を軸とした経済効率からの現在の農政は、農村を衰退させ農民を窮地に追い込むことは、小学生でも分かる。「農村に人がいなくなる」からである。農村を維持し暮らしを守るためには何が必要なのかを、現代における『農』と人間の関係を根源から考えてみたい。

『農』と『農業』は、似ているようで違う。農作物を作ったり、家畜を飼ったりすることは同じだが、目的が違う。『農』は、自分たちが暮らしていくための生活活動である。近年の政府がいう『農業』は、金を儲けるための産業である。

我々は、二〇一五年一一月に「小農学会」なるものを、農民作家の山下惣一氏や合鴨の農法の萬田正治氏らと立ち上げた。理念は「我々の『農』は、お天道様ともやい仕事であることを認識し、成長よりも安定、拡大よりも持続、競争よりも共生を目指し、家族と暮らしていくために営むのが『小農』である」(『小農学会』設立趣意書)とした。

日本で稲作が安定的に行われるようになり社会（国家ではない）の形が作られたのは、七世紀の大化の改新の頃であろう。聖徳太子が活躍していた時代である。聖徳太子は、現在では『お金の象徴』だが、聖徳太子は「金持ち」ではなかった。何故ならば、日本最初のお金「和同開珎」（七一三年）はまだ造られておらず、聖徳太子はお金自体を持っていなかった。しかし、お金は持たずとも国づくりはした。そして、聖徳太子の時代から一九六〇年頃までの日本人のほとんどが、「小農」として連綿と農作物づくりに自分で汗を流してきた。カネを稼ぐための『農業』は誰もせず、自分と家族が生きていくために『農』に勤《いそ》しんだ。『農』という営みが作り出すものは「カネ」ではなく、人間にとって不可欠な「食べ物」であることは、現在でも不変である。また『農』は、生活に必要な様々な社会の共同の仕組みもつくってきた。だから『農』の変容は、社会の共同性や仕組みを変化させる。そして『農』は、カネよりも資本主義や法人企業よりも古いし、家族や地域社会という生活の基礎集団の構造的基盤を形成し続けてきた。

日本の農村社会学は、この『農』の営みの上に構築された人間関係や人間集団を、「家族」や「集落」に焦点を当てた生活構造として緻密に分析し、『いえ・むら論』として理論化した。有賀たちの『同族団論』であり、鈴木栄太郎の『自然村論』である。福武直を軸とする戦後の農村社会学は、「農地解放」や「近代化・民主化」を主題として農民の生活構造の変革を積極的に主導した。そして一九六〇年以降、『小農』が資本主義や産業化に巻き込まれていく過程を、「農民層分解論」や「農村解体論」「過疎論」として提示してきた。

これらの著作や論考は、(1)国民のほとんどが『小農』であり、『小農』を主体とした生産と生活の一体構造を保持、(2)足で歩いていた狭域的な集落での生活範囲、(3)人生六〇年という生活年齢、(4)世帯と家族の未分離などの社会構造の前提の下に、「農業・農村」というワンセットの概念の中で分析されてきた。しかし現代では、まったく異なる次元での分析視角が要求されている。農業と農村は大きく乖離し、時には対立・矛盾する事象として現れる。

現在の農業における課題は、(1)食料・農産物のグローバル化と流通、(2)消費者の「商品」としての食料確保、(3)食(消費者)と農(生産者)の分離による経済問題への圧倒的な収斂など、「農業・農村」をワンセットで考える基盤は弱体化している。一方、農村の人々の生活課題は、(1)産業化の中での兼業・複業的な生活構造、(2)車や携帯を駆使した広域的生活範囲、(3)人生八〇年時代の中で【生涯現役世代】の登場、(4)世帯の分散化・極小化と、家族の空間的な広がりなど、大きくその生活基盤は変容してきている。

このような構造的変化の中で、『法人経営』vs『小農』や『都市』vs『農村』などの対立や矛盾が常態化し、農業問題と農村問題は連動せずすれ違い、「農業・農村」というワンセットの分析枠組みで捉えることに無理が生じてきている。

政府のいうTPP問題や規模拡大・法人化問題は、この「農業・農村」という分析枠組みのズレが最も先鋭的に現れている事象である。それゆえ、我々は再度『小農』という人間の生活の立場から、TPPや現代的な農業問題を捉えていく(足掛かり＝現代的な分析枠組み)を再構築するために、『小農学会』を設立した。

＊筆者のTPPに関する論考は、「カネの話でしかないTPPは時代遅れ」『現代農業』二〇一六年三月号、三三〇～三三三頁を参照。

（徳野貞雄）

第Ⅱ部　社会理論の方法

第8章　身近な世界のエスノグラフィ

――「ありのまま」の日常を描く技芸と倫理――

川端浩平

私は「近場の人類学」と呼ばれるものを実践してきたのかもしれない。しかし私にとってその用語はしっくりこない。なぜならその言葉には、ありふれたものを民族誌の力でエキゾチックなものにしようとするニュアンスがあるからだ（バック 二〇一四：三一）。

身近な世界を記述する

エスノグラフィという学術用語から想起されるのは、文字通り「民族」の「記述」であろう。この学術用語によって想定されている手法とは、どこか遠く離れた場所へと旅し、異なる言語や文化を持つ人々について観察し、記述することである。ただし、本章のタイトルにもあるように、筆者がこれまで試みてきた研究調査や記述はその逆である。海外の留学先から自分が生まれ育った岡山に戻り、そこで生活する人々や風景を観察し、記述してきた（川端 二〇一三）。

具体的には、一年間、自分の高校時代の友人が働いている中小企業で参与観察をしつつ、仕事が終わったあとと週末を利用して、同年代の在日コリアン（以下、在日と略記）等の参与観察および聞き取り調査を行った。その後も、一〇年以上におよび追跡調査を実施している。本章では、あえて身近な世界を研究調査して記述するという試みから筆者が問い直してきた、エスノグラフィの記述をめぐる技芸と倫理のむすびつきについて考えてみたい。

「知ってるつもり」を学び直す技芸

身近な世界について研究調査してみることは、自分が育った場所を出ていった者が一時的な帰省の際に経験するような、自分にとって懐かしい故郷や家族・友人たちと旧交を深めるといった類のものではない。むしろその逆で、自分が「知ってるつもり」になっていた人々や風景を問い直すことが求められてくる。ノスタルジアやエキゾチックな眼差しは邪魔なものとなる。ゆえに、「知ってるつもり」を解きほぐす、あるいは学び直すという態度が必要となる。そのような態度で臨むならば、自分が生まれ育った場所が、実は不思議に満ちていて、知っていると思い込んでいた人々や風景の多様な歴史・社会的背景に気づかされることになる。当然、そのような考察を深めていくと、自分自身に関しても知らなかったこと、もしくは知る必然性を感じなかったことへの批判的な社会学的想像力が得られる。その意味で、身近な世界についての探求は、かつてC・W・ミルズが試みたように、個人的な領域と公的な領域を結びつけて考えるなかで展開していくものだ（ミルズ　一九九九：二〇）。

では、知っている人々や風景について考察する際の技術的な課題とは何か。それはまず、調査対象に興味を抱くことの難しさから始まる。どういうことか。たとえばフィールドワークを始めたばかりの筆者の場合、高校時代からの親友の観察や会話はひどく退屈なものに感じられた。なぜならば、それまでの親友という関係性に規定された筆者自身の彼に関する知識に圧倒されてしまい、行動にしても発言にしても、それまでの解釈枠組みや理解が先行して始動するからだ。このような理解から導かれる予想は、おおむね当たってしまう。だから刺激がない。つまり、何か不思議に感じたり、社会学的な問いが導かれたりという機会がきわめて発生し難い状況となる。

しかし振り返ってみれば、この退屈さを乗り越えることこそが、身近な世界を記述するという技芸を練り上げていくための出発点だった。だから色々と工夫してみざるを得なかった。たとえば、彼や他の同僚に聞き取りをする場合に、どこに住んでいるかは知っていたが、当日の朝に電話して、会社から自宅までの道程を口頭で説明してもらい、それをわざわざ文書化した。これらを文書化したものはエスノグラフィを書く際にも役立ったが、そのことよりも、まず彼自身を学び直すことの出発点における作業の意味合いの方が濃いものだった。そして、このような作業を経ると、不思議と親友への興味が湧いてくるのを実感することができたのだ。

聞き取り調査でも、身近な関係ゆえの難しさがある。親友のプロフィールなんてほとんど知っている。彼の生い立ち、人間関係や価値観、趣味など、改めて聞くまでもない。それに加えて筆者の調査目的は、地域社会における他者性のあり方、具体的には、同じ地域社会で生活する在日をいかに認識しているかというものだった。同じ高校に通ったけれども、彼と在日について話題にしたことはない。だから筆者と同じように、彼にも在日の知り合いやエピソードなどはないだろうと思いこんでいた。

ところがである。苦し紛れで彼の語りを時系列に整理していくために、過去の写真や卒業アルバムを用意してもらい話していくうちに、筆者も知っている同級生をめぐるエピソードを語り出したのだった。高校三年生のときのある放課後のこと。彼と高山浩は二人で教室にいた。そのとき浩が、「俺、在日じゃけえなあ」とカミングアウトしたということだった。彼によれば、浩の父親は在日二世で母親は日本人ということだった。これまで筆者が知らなかったこのエピソードを通じて、また同級生の浩の出自について知ることによって、筆者の親友に対する関心はどんどんと高まっていったのだった。つまり、自分が「知ってるつもり」になっていたということに気づかされたのである。そして当然そのことによって、調査をしている筆者自身についても知らないことがあったということにも気づかされるのである。このようなちょっとした驚きのあるエピソードや、日々の生活の細部における観察を詳細に日記に書き留めていくことを通じて、身近な世界への関心や知的なモチベーションを維持していったのだった。

最も影響を受けた研究者　保苅　実

様々な知的な刺激を与えてくれた先生方や同期の友人，さらには自分よりも若い友人たちはあまりにも多い。そのうちの一人が，オーストラリア国立大学大学院での先輩であり，最も若い指導教官の一人であった保苅実（1971-2004）だった。保苅は，それまでの筆者にはまったく経験のなかったフィールドワークという手法で研究調査を進めていくことを勧めてくれた。おそらく，図書館と研究室にこもって研究することが向いていない筆者の資質をかなり早い段階で見極めていたのだろうと思う。また，筆者が大きな影響を受けたレナート・ロサルドやミッシェル・ド・セルトーのテキストを勧めてくれたのも彼だった。

保苅は歴史家であったが，フィールドワークの手法には人類学的な参与観察に近いものがあったし（本人は参与観察という言葉は好まなかった），社会学，カルチュラル・スタディーズ，ポストコロニアル研究などを横断的に取り入れた研究スタイルだった。遺作となった『ラディカル・オーラル・ヒストリー――オーストラリア先住民アボリジニの歴史実践』は，いわゆる大文字の歴史や歴史学というものを生活者一人ひとりの歴史をめぐる日常的実践という観点から問い直すとともに，両者を批判的に架橋しようとする試みであった。それは，本章でも述べた，筆者の個人的な問題と社会的な問題を結びつけて考えていくというアプローチにも影響を与えているのだと思う。

（川端浩平）

地味な作業を継続していくなかで、筆者自身の個人的な問題や関心と公的な問題を結びつけるための知的な回路が、少しずつ開かれていくのを実感することができたのだった。

「ありのまま」を描き出すこと

ただし、このような個人的な領域から出発して、同じ地域社会で生活する在日に出会うわけではない。当然それも可能だろうが、身近な世界の調査における難しさとは、調査者自身もまた調査対象者に含まれるのであり、かつ地域で生活する当事者であることだ。だから、調査が終わっても人間関係は延々と続くという関係性にある。たとえば、親友から浩のことを聞かされ、ぜひ聞き取り調査をしてみたいと思ったけれど、それがやはり乱暴なことであることはあまりにも具体的に想像できる。たとえば浩の過去の友人や恋人の顔が思い浮かぶし、細かく詮索することで人間関係に支障が生じることが予想されるのだ。それでも怯んではいけないと思い試みようとしたが、やはりうまくはいかなかった。細かい人間関係や背景にある事情を知っているがゆえの難しさだ。その意味で、身近な世界を描くということがきわめて倫理的な問題をはらんでいるということに気づかされたのである。

そこで、高校の同級生で岡山市の国際課に勤めていた別の友人を頼ることにしてみた。彼女は、仕事上つき合いのあった民団の岡山県地方本部の在日三世の事務局長を紹介してくれた。筆者は少しドキドキしながら、インターネットで確認した地図を頼りに自分がよく知っているはずのJR岡山駅前を歩き、これまで訪れたことのない民団へと足を運んだ。ただし振り返ってみると、そこは筆者が足繁く通ったラーメン屋から一〇〇メートルと離れていなかったのに、そこに民団があるということには今までまったく気づいていなかった。そしてまた、そのラーメン屋の店主が在日であることも、フィールドワークの過程で知ることになる。

民団のオフィスで事務局長と話をしていたときに偶然出会ったのが、在日三世の金昌浩だった。その翌日には、近所に住む昌浩の母親が営む居酒屋の二階で語り合った。語り合ったというのは、ICレコーダーを用いた聞き取り調査は行わなかったということだ。筆者の岡山での調査では、初対面の人に対してフォーマルな聞き取り調査を行うということはほとんどなかった。たいていの場合は、職場や人間関係などをある程度把握したうえで、またある種の信頼関係を構築できたと判断できた場合にのみ聞き取りを行った。というのは、相手から聞き取る際の情報の信憑性や正確性はもとより、聞き取った語りの実践的な強度というものを担保しておきたかったからだ。ふだんは誰にも語ることのない彼／彼女らの人生や葛藤、さらには差別の経験を聞くわけだから、お互いの信頼関係や感覚を共有できなければ、それぞれの語りの社会的意義を抽出することは難しい。

とはいえ、人生の葛藤や差別の経験ばかりを聞くわけではない。それは、差別・排除の研究を志している社会学者としての筆者には意味があるものだったが（博士論文を書き上げるために絶対に聞かなければならなかった）、筆者がむしろ知りたいと思ったのは、そのような筆者と在日である彼／彼女らを隔てる何か＝差異／対立のみではなく、共通していることやつながりといった、「ありのまま」の筆者と彼／彼女らをめぐる地域社会における他者性のリアリティであった。実際に、初対面であった昌浩と語り合うなかで盛り上がったのは、共通の知人をめぐる話題だった。お互いの記憶を掘り起こしていくと、つい数日前まで他人であった同じまちで育った私たちのあいだには、様々なつながりがあることがわかった。そしてまた、そのような話題を通じて、地方都市に特有の息苦しさや閉塞感について語り合ったのだった。

このような作業はまた、社会学的な観点から構築された在日のアイデンティティについての問い直しとともに、調査や記述の方法を再検討する必要性を確認することでもあった。たとえば、筆者が調査を行った在日の代表性について考えてみると、川崎や大阪といった集住地域と比較するならば、質・量ともにインパクトがあるわけではない。さらには、先駆的な活動や主張を行っている在日の調査をしたわけでもないから、彼／彼女らの語りが特定の社会的な意味を帯びてくるわけではない。その観点からいえば、彼／彼女らはきわめて「平凡」な現代を生きる在日だということになるだろう。だけれども、地域社会で生活する一人ひとりの在日にとってみれば、各々の個人的な出来事こそが社会問題なのである。

個別の出来事の断片に向き合っていくなかで明らかになっていったのは、彼／彼女らのほとんどが、家族や親戚以外に在日の知り合いがいないという非集住的な環境で育ったということだった。また、圧倒的多数が日本人と結婚しており、在日と日本人の両親のもとに育った「ダブル」という存在にも気づかされた。ただし、地方都市郊外で生活する彼／彼女らは量的な代表性を持った集団でもないし、質的に「洗練」された先駆的な事例というわけでもなかった（ロサルド 一九九八：二三）[1]。しかしもう一方で、非集住的な環境や在日と日本人の親のもとで育った彼／彼女らのリアリティこそ、先行研究では描かれることのなかった圧倒的多数の在日の姿なのではないかという、新たなる問いが浮上してきたのだった。

現場における感受性の交換

ただし、「ありのまま」の状況をそっくりそのまま描くということは簡単ではない。なにしろ、人々は自分が置かれている状況や語りたいことをそっくりそのまま語るわけではない。また、語りえないことや沈黙のなかに真実が宿っていることもある。そのような場面では、先行研究や理論的な枠組みから学んだ知見が応用できない場合も多い。言い換えれば、今まさに新しく発生している社会問題やこれまで顧みることがなかった事象が、都合良く対象者の口から明示的に語られる可能性はかなり低い。しかも、対象者が社会学者の問題意識や理論的な枠組みに沿って語るということはありえない。ただし、実は語られないことや沈黙が意味するのは、対象者側の問題のみではなく、研究者側の認識枠組みや態度の問題でもある。

このことに気づかされた一つのエピソードを紹介したい。一年間のフィールドワークをほぼ終えて、オーストラリアに戻る予定にしていた数週間前のことだった。筆者は、岡山の民団青年会が主催するクリスマス・パーティーに参加していた。会場に集まっていたのは、フィールドワーク中に出会った同世代の在日の若者たちだ。そのなかに、岡山の朝鮮学校を卒業した朝鮮籍の在日三世の男性がいた。三〇分くらい話をした程度だが、そのときの彼の言葉がずっと印象に残っていた。それは、「警察官になりたい」というものだった。そしてそのためには日本国籍を取得してもかまわないというものだ。ただし、この印象的だがどこか政治的にも正しくなさそうな言葉は、どう考えても博士論文のデータとしては相性が悪いだろうというふうに受け止めていた。結局、博士論文のデータとして用いることはなかったが、フィールドワークのエピソードを指導教員や友人たちと話すときには、フィールドワーク中の印象的な話として紹介したものだった。

この男性が発した言葉の意味についてより深く理解できるようになったのは、随分と時間が経ってからのことだった。博士論文の執筆後にフィールドワークを継続し、いくつかの論文を書き、また時間の経過とともにフィールドでの人間関係が変化していくなかで、この男性の言葉と向き合うことになっていったのだった。今から振り返ってみると、博士論文の執筆を最大目標としていた筆者は、彼の言葉の意味を十全に理解していなかったし、理解しようともしていなかった。だから「警察官になりたい」という言葉のストレートな意味をどこかで否定していのだ。筆者は、彼の言葉を同年代の日本の若者の台詞と同じようなものとして捉えていたから、「平凡」なものとして切り捨てていたのだ。もちろん、彼の言葉は、何か使命のある就職を願う日本の若者のそれと非常に似ている。ただしそれと同時にこの言葉が伝えようとしているのは、彼が警察官になることはできない可能性、日本国籍を取得することをめぐる様々な問題や諸手続き、そして日本国籍を取得しても警察官に採用されることの不確かさといった、今日の在日を取り巻く厳しいリアリティについてである。

参与観察や聞き取り調査から得られるデータの大半は使用されることがない。とりわけ、理論的枠組みや論旨から外れる語りや出来事は日の目をみないことが多い。ただし、そのような「平凡」なものとして切り捨てられるデータの一般性は高い。つまり、調査対象者の多数派の意見や感じ方というものは不必要なものとして切り捨てられることが多いのである。政治的に正しくない発言や、論文のもつ社会的使命にそぐわないような出来事や人間関係だがなぜか頭から離れない言葉。フィールドワークでは誰もがそのような発言や出来事に出会う。そして、頭から離れないぐらいだから、対象者との何かしらの意味がある知的交流が発生しているのである。このようなフィールドでの出来事や対象者から感じるものを「迫力」(force) と呼べるだろう (ロサルド 一九九八)。

ただし、私たちが対象者との出来事の共有や台詞から感じる「迫力」とは、対象者の語りにのみ依存した観点からはみえてこない。そうではなくて、対象者との出来事や語りの意味を本当に知りたいと思い、真摯に向き合い、自分自身の認識枠組みをも問い直すことが求められてくる。身近な世界という特別に目立ったことを考察しているわけではないのだから、既存の知的枠組みや社会的に共有されている認識に依拠していては、「平凡」なこととして周縁化されてしまう。さらには、調査者と対象者のあいだに発生している非言語的なコミュニケーションをも含めたものをも考察の対象としてみる必要がある。相手の声のトーンや醸し出す雰囲気などは、言葉にも勝る有益な情報である。たとえば冒頭に引用したレス・バックは、写真を取り入れることによって、調査対象者を取り巻くリアリティを表現することを試みている（バック 二〇一四：一七一～一九八）。そもそも社会調査とは、言葉にもならないし可視化することもできない、感受性の領域における交換を大前提として成り立っているのだから。そしてまた、感受性の交換を前提とした非言語的な領域をも含む調査対象者のリアリティに向き合うということは、エスノグラフィの記述における倫理とは何かという問題を改めて突きつける。

エスノグラフィの記述における技芸と倫理

身近な世界における調査とは、地縁や血縁といった身近な「他者」との出会い／再会であるとともに、自分自身との出会い／再会でもある。そして当事者であるがゆえに、「出会い」と「再会」は断絶しているのではなく、連続性を帯びたものとなる。すでに言及したように、調査が終わっても、関係性は延々と続く運命にある。ゆえに、身近な世界の当事者として研究するということについてまわるのは、調査者／対象者という関係以前の人間関係における倫理的な問題である。

たとえば、筆者の親友に関する調査のように、社会調査において重要だとされる信頼関係＝ラポールがすでに存在している場合もある。二〇〇二年当時、筆者の学んでいたオーストラリアの大学院には研究倫理委員会なるものが存在しており、調査対象者からインフォームド・コンセントを得ることが義務づけられていた。親友の働く中小企業でのフィールドワークの初日には、何とも言えない気持ちで、親友や他の同僚の人たちにインフォームド・コンセントに署名してもらったのだった。しかし、そのような書面における同意を得たからといって、調査者／対象者のあいだに存在する倫理的な問題や非対称的な構造をクリアできるわけではないのは明らかだろう。また、調査期間中に明らかなトラブルが発生することもなく、人間関係はきわめて良好なものであったが、そのような表面上の関係が良好であるからといって、倫理的な問題をクリアできるわけでもないだろう。なぜならば、筆者の研究の関心や枠組みを、調査対象者にすべて理解してもらうことはほぼ不可能だからだ。ゆえに、倫理的な問題を倫理的に受け止めるというよりも、調査者／調査対象者の知的あるいは感性的な互酬性や調査方法・記述等の問題と結びつけて捉えていくことが重要だと考える。

振り返れば、自分の育った場所のフィールドワークを開始してから一四年になる。この間、在日のみならず、被差別部落関係者や地元出身のホームレスの調査など様々な試みをしてきたが、時間の経過とともに関係性や問題の捉え方も変化していく。このような通時的な観点を踏まえていくと、これまでの観察や記述にも大幅な変更を求められることも多い。一例を挙げるならば、筆者が調査した在日たちは、昔のままの「若者」でいるわけではない。さらには、彼／彼女らを取り巻く問題は、在日といったエスニシティに還元できることばかりではなく、結婚や離婚、転職や引っ越し、病気や死といった、年を経ることに伴う自然／偶然な変化にも曝されている。かつては在日の若者のネットワーク構築のために活動していた人のなかには、日本人との結婚や子供が出来たことをきっかけとして日本国籍を取得した者もいる。調査者が博士論文執筆の際に設定していた「在日の若者」という枠組みは、もはやあまり役には立たない。それどころか、彼／彼女らがかつては納得して語った意見やエピソードも、現時点では語り難いものになっていたり、異なる意見が表明されたりすることもある。その意味で、筆者のテキストは執筆後も常に倫理的な眼差しに曝されているのである。

フィールドワークを通じて、対象者との関係性で失敗したことや傷ついた／傷つけたことも数知れない。その場その場で「やらかした」と実感することもあるけれど、大半は後になって分かることばかりだ。前述したように、かつてはぜひ知ってもらいたいと思ったことでも、状況が変われば知ってもらいたくないことになることもある。おそらくこのような状況は、他の社会調査にも内在的に存在する問題であるが、身近な世界の調査において筆者自身の方法によってより鮮明になった社会学や社会調査の課題なのだろうと思う。その意味において、身近な世界の調査から得られる知見の一つは、調査者自身が抱える「脆さ」（vulnerability）への気づきであり、ひいては社会調査や学術的な方法が抱える「脆さ」への気づきである。ここには、インフォームド・コンセントのように文章だけで交わす倫理的な配慮では到底対処することのできないような、調査者と対象者のあいだにある倫理をめぐる問いも潜んでいる。そしてこの倫理的な問いに向き合うことこそが、調査対象者が醸し出す「ありのまま」の「迫力」により接近し、より多くの人たちに開かれたエスノグラフィを記述していくという技芸を研ぎ澄ましていくためのヒントでもあるのだ。

注

（1）レナート・ロサルドは、調査者がフィールドにおいて分析的「深遠さ」と文化的「洗練」を同一視するような解釈をもとに、文化を描き出してしまう問題を指摘している。つまり、社会分析の枠組みに準拠するような事例や調査対象者との関係性を濃密にしていく過程で、フィールドが「視覚的に仕切られた場」として立ち上がる。ただしその場合、既存の理論的枠組みがフィールドと対象に適応されるとともに、論理的、倫理的、政治的に不必要だと考えられるものが削ぎ落とされてしまう可能性もはらんでいるのだ。

参考文献

川端浩平、二〇一三、『ジモトを歩く――身近な世界のエスノグラフィ』御茶の水書房。

Back, Les, 2007, *The Art of Listening*, Bloomsbury Publishing Plc.（＝レス・バック著、二〇一四、有元健訳『耳を傾ける技術』せりか書房）

Mills, C. Wright, 1959, *The Sociological Imagination*, Oxford University Press.（＝C・W・ミルズ著、一九九五、鈴木広訳『社会学的想像力』紀伊國屋書店）

Rosaldo, Renato, 1993, *Culture & Truth : The Remaking of Social Analysis*, Beacon Press.（＝レナート・ロサルド著、一九九八、椎名美智訳『文化と真実――社会分析の再構築』日本エディタースクール出版部）

第9章　記録筆記法による「痛み温存」論と震災メメントモリ

――東日本大震災の被災者はなぜカウンセリングに行かないのか――

金菱　清

痛みの温存

本章では、災害についての本『三・一一慟哭の記録――七一人が体感した大津波・原発・巨大地震』（新曜社、二〇一二年：出版梓会新聞社学芸文化賞）をまとめるにあたっての調査方法の格闘と、当初の調査目的からはズレてしまったが新たに見つかった社会学的知見について明らかにする。

結論を先取りすると、東日本大震災を調査する中で、被災者がいわゆる心の回復の手段であるカウンセリング行為を忌避することが明らかになってきた。精神分析を主体とするカウンセリングは、基本的にクライエントの言語に連なる無意識から隠された過去の外傷的歴史を遡ることで、外傷となる痛みを取り除くために確立された治療方法である。

それに対して、今回調査方法として選んだ記録筆記法によって見えてきた「痛み温存」論は、外傷となる痛みを取り除く方向に向かうのではなく、その痛みは当人にとって大切な思い出としてむしろ保持されるという立場をとり、亡くなった家族との関係性の再接続を促すものである。この死者との共同作業を定位する震災メメントモリという記録筆記法は、単に生者への効果の側面だけではなく、今後、行方不明のままの彷徨える魂である生ける死者と、残された家族をつなぐ可能性を開くものでもある。では、記録筆記法による「痛み温存」論と震災メメントモりの概念は、どのように現場の調査の中から生まれてきたのだろうか。

負けから始める災害調査

災害は研究対象として特異な位置を占める。なぜなら調査者がいくら待っていても到来する対象ではなく、むしろこちらがお呼びもしないのに、ある日突然招かざる客として襲来する。たとえば、自殺やひきこもりという社会現象が恒常的に社会に存在し、それを冷静な立場から分析し成果を導く代物ではない。研究対象は災害の側から指定され、イニシアティブをあちらが握っている。こちらはただ突然の災害に巻き込まれ、右往左往しながら「負け」から入らざるを得ない。

東日本大震災はその意味で、巨大地震、大津波、原発事故という形での負けの極地にある。東日本と呼称されるように、広い範囲の人が誰しも言葉を剝奪され、『白昼夢（ホワイトアウト）』の状態に置かれた。研究者も例外ではなく、災害特有の感覚に支配され冷静さを失ってしまう。調査対象地も手探りの状態で探り当てなければならない。ただし、手当り次第というような当て推量なものでは必ずしもなかった。

私自身、阪神・淡路大震災に遭遇したが、その当時、阪神高速道路やビルの倒壊、長田地区の火災現場などを上から鳥瞰する報道が多く、現場での被災者の声が掻き消されていた。報道ヘリの騒音で救助を求める声が遮られる事態も起こった。被災者の小さな声がきちんと記録されるべきだとその時は思っていた。当事者の等身大、それでいて大震災時に何が起こったのかという災害全体を知ることができる資料記録、この矛盾する二つの要求を満たす報告書なり研究業績は一部を除いては当時存在しなかった。

一六年前、素朴な疑問が、現在暮らす仙台で浮かび上がり、阪神・淡路大震災当時の私に向けて、答えを書くべき時がきたと思えた。ガソリンが手に入り始めた三月二七日、救援物資を届けるため、大学のゼミ生たちとともに、卒業生や調査でお世話になったことのある津波の被災地を訪れ、被害の大きさと深刻さを肌身で感じた。そこで「震災の記録プロジェクト」を立ち上げ、現場で見聞したことからおおよその被害のイメージをつかんだ後、大学の教養の講義等を通じて約五〇〇件の震災レポートを提出してもらった。

一人一人の体験は個別性という点で貴重であったが、調査の観点からすればその違いは誤差の範囲であった。どこで震災に遭ったかという地域性や、親族や知人への言及に注目してレポートを選択し、学生約三〇人とコンタクトをとり、学生の両親や知人に震災の記録執筆への協力を仰いだ。さらに漁業や農業という被災の特殊性を考え、学院同窓会OBの伝手はその後プロジェクトの一助となった。

当初の目的は、実態のつかみにくい千年規模の大災害を社会史としてまるごと理解するために、調査トピックと調査地点を複数設け、現場の生々しい「声」に重きを置いて〝小さな出来事〟を濃密に描くことであった。出来事の〝広さ〟と〝深さ〟の両方をあわせもつことで、広域大災害の実態をあきらかにするエスノグラフィーを目指した。

具体的にトピックを拾うと、「震災川柳・震災日誌・仮土葬・行方不明者捜索・盗み・民間ハローワーク・民俗芸能・障害者・介護・消防団活動・海の信用保証・遺体安置所・うつ病・福島第一原発の瓦礫撤去・避難区域・母子疎開・一時帰宅・スクリーニング・風評被害・脱ニート・山津波・エコノミークラス症候群・新幹線閉じ込め……」などである。千年規模の災害を総体として把握できるように、編集の際にメインにするべきトピックを選んで目次に記し、被災地点ごとに記録をまとめて配置した。これは、調査地を複数地点に拡張したエスノグラフィーの応用的手法である。

調査者と被調査者の捉え方のズレから見えてきたもの

震災から一年後、冒頭に紹介した『三・一一慟哭の記録』を刊行した。被災地域の二七市町村、七一人の切実な当事者の言葉が五四一頁、五〇万字にわたって詰め込まれている（図9-1）。被災当事者の「言葉」のみを綴った文字だけの分厚い出版物であるが、五刷を数えた。

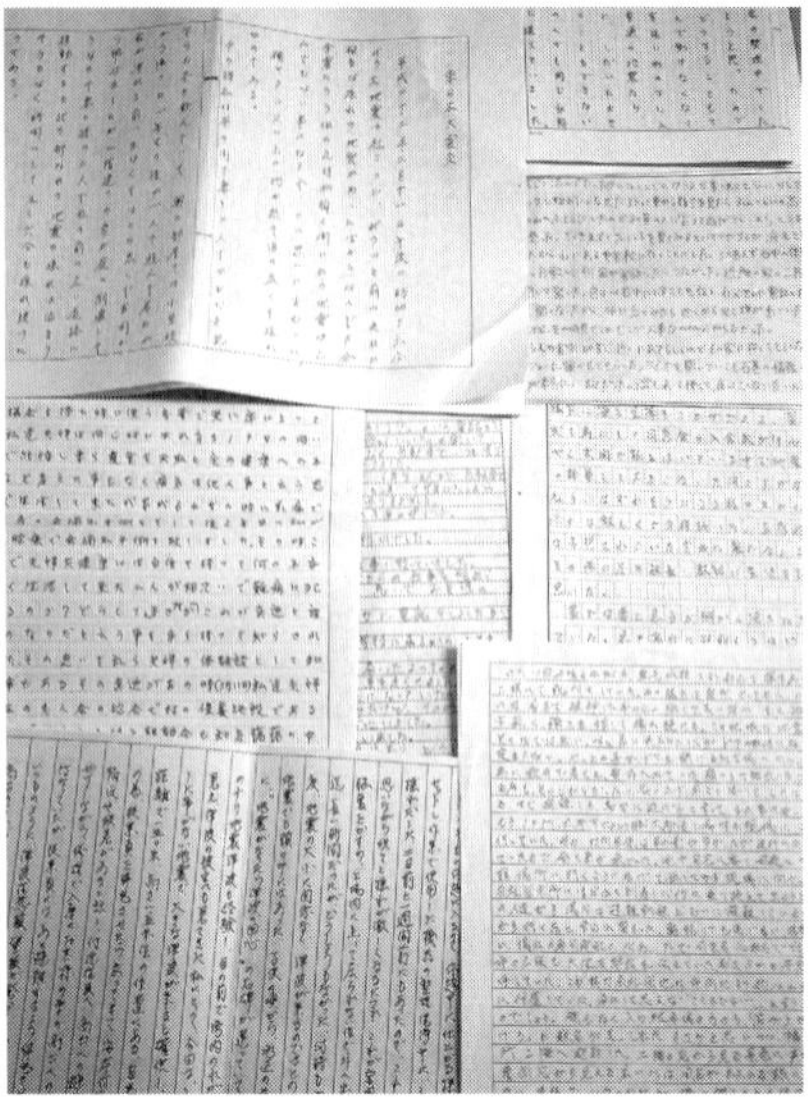

図9－1　『3.11慟哭の記録』の際に集められた実際の原稿

当初の調査する側の目的を超えて、被災者である当事者からの予想外の反響があった。調査者と被調査者のズレから見えてきたものを通じて、これまで抜け落ちていた「死者」との新たな向き合い方を手繰り寄せ、理論形成にあたっての〝予兆〟をまずは示しておきたい。

本の刊行後、お礼のため執筆者を訪れたところ、「これを出してくれてよかった」と感謝の言葉を多く受け取った。遺族の方々への訪問には緊張して臨んだが、御仏前に本を供えてくださったり、「亡くなった家族が本の中に生きているようで」と本を抱きしめる人もいた。そうした思いがけない反響を、驚きながらも心に留めていた。その後共同通信社の取材で、普段行う「聞き書き」と、今回のように「本人が実際に書くこと」の違いについて質問を受けた。そこで改めて執筆いただいた遺族への聞き取りを行ってみると、意外なことに『三・一一慟哭の記録』で採用した方法論が、心の回復に対して良い影響を与え、記録以上の社会的価値が含まれていたことがわかった。

「記録筆記法」と呼んでいる方法は、被災者自らが大災害で経験した事象を5W1Hとして書き綴っていくという、手法としてはシンプルなものである。とくに被災者遺族には、記憶を言葉にして書いてもらうことで、遺族に

最も影響を受けた研究者　鳥越皓之

研究者にはそれぞれ根っことなる「原風景」というものがある。私の場合，大阪の下町の商店街であった。両親が小さな本屋を営んでいたこともあり，客や10円単位のお金のやり取りなど生活感あふれる現場だった。大学に入り社会学に接したが，どれも退屈だった。それはいわば欧米からの借り物で，等身大の日常感覚とはかなりかけ離れていた。そのような時に出会ったのが恩師の鳥越先生であった。フィールドワークから紡ぎ出される社会的事実をもとにした環境社会学に魅了されていった。授業の際に，「今はこうした現場のことをきちんとやれる研究者がまだまだ不足している」という先生の一言が，私を研究者への道へと誘ってくれているようだった。

学部時代と大学院時代の恩師は，私たちに接する態度が180度違っていた。学部時代には気軽に研究室に雑談がてらに足を運んでいたが，大学院に入ると，気軽に話すことすら憚られた。レジメ担当者として自分の研究を報告すると，3分でいつも制止され，レジメを離れて自分の言葉で話すように求められた。学部のように懇切丁寧に聞いてくれる和気藹々とした甘い雰囲気ではなく，研究者として一人前になるための覚悟を弁えろという心構えであったように感じる。（金菱　清）

とって家族の死の悲しみとはどのようなものかを十全に表現していただいた。ところが，それを書くことで，亡くした家族と共にいる実感を得たり，その関係性を自己のなかに深く意味づける機会となり，心の回復につながったという結果を得た。それは一体なぜだろうか。

それは調査の方法とも密接に関わってくる。千年災禍の記録を，なぜ聞き書きではなく，当事者自ら文字を綴る方法としたのか。まず，聞き書きは，質問者が聞きたいこと，話者が話したいことだけで終わってしまうからである。フィールドワークをして構造や背景に迫ることも考えたが，被災地が広域で特定の地点を挙げることすらおぼつかず，被災者の人間関係を含むエスノグラフィーをまとめて期限内に刊行するには，震災発生から一年では困難であると断念した。

なによりも，人類史という観点からの災害記録という点を重視した。広範な現地記録を収集するために，原稿枚数を制限して記録者の人数を増やす方法がよく採られるが，これでは記録の前後の文脈が欠落し，何を経験し見聞きしたのか，震災の正体をつかみ損ねる可能性があった。

そのため、原稿を依頼する際に、その人自身の〝当事者目線〟で5W1H（いつ・どこで・誰が・何を・どのように・なぜ行ったのか）を中心に自由に書いてもらった。特段の期限や文字数の制限などは設けなかった。もちろん疑問点が生じた場合は何回も書き直しのやりとりをしたり、被災者遺族や自宅や仕事を失った人たちには一、二回、手紙やメールの往復で、わかりやすく伝えるために補足を行ったりした。

記録筆記法によるヒーリング効果——あえて被災経験を書き記す意味

過酷な経験を経た後、人はそれを振り返らない方がよいのか。被災者にとって感情を含む行動を時系列で淡々と書く手法は、そうではないことを教えてくれる。当事者自身が書き綴る「記録筆記法」により、「気持ちが整理できた」「どこか肩の荷がおりた気持ちになった」等の反応が寄せられた。この肯定的評価には、本人がすっきりした以上に、亡くなった家族がその中で「生き続ける」意味が含まれていることがわかってきた。

人知の及ばない自然災害であるが、家族が亡くなったのは〝自分の責任だ〟という感情がある。「強迫自責」や「サバイバーズ・ギルト症候群」と言われる、戦争や災害時に典型的に現れる心の状態である。実際に、津波で近親者の手を放したり、自分がプレゼントした上着が水を吸って重くなり、そのせいで亡くなったと自分を責める人たちがいる。

東日本大震災の場合、長い地震のあと津波が到達するまで時間的猶予が残されており、この「物語の不在」がさらに被災者遺族を苦しめることになった。津波による死は避けられたのではないか。「もし自分が～していたなら、家族は今頃生きていたのではないか／いや生きていたはずである」という自問自答が繰り返される。

家族に突然先立たれた遺族は、その生物学的死と、「死んではいない」という可逆的な未死の間を揺れ動くことになる。そのため魂が浮かばれずいつまでも鎮魂されない状況が生まれる。彷徨える魂と遺族の不安定さは、残された遺族を彼岸の世界へ誘う呼び水ともなる。この死へと誘う導線を断ち切り、保留状態を脱する手立てが必要となる。自然災害と人間の行為水準を超えた因果関係の結びつきを解くのが、記録筆記法の大きな利点である。

記録筆記法がどのように有効なのかを考えてみる。記録筆記法では、5Ｗ1Ｈの時間の間断を少なくして、前後の文脈を詳らかにしていく。この方法によって、いきなり襲いかかった災害の強烈なインパクトにより生じた記憶の空白を、前後の出来事の文脈をたどることで埋め合わせることになる。

なぜ愛する人が突然亡くなったのかというＷｈｙの問いを、どのように亡くなったのかというＨｏｗの状況説明に置き直し、時系列に見ていくことで、家族の死は必ずしも自分のせいではないことを描き出す。記憶の空白への経験の埋め戻しは、遺族が記憶に刻み込んでいたシーンを相対化する可能性を秘めている。この相対化は遺族に何をもたらすのか。

柳田邦男のノンフィクションに『犠牲（サクリファイス）――わが息子・脳死の一一日』（柳田 一九九九）という著作がある。柳田氏の二男が二〇代で精神を病んだ上で自殺を図り、脳死状態で一一日後に亡くなるまでを詳細に綴った記録である。息子の死に親として一端の責任を感じ、それを一一日間の記録として残すことによって、自分と自分の息子に向き合った作品であったが、その後彼は、東日本大震災の取材や支援を行う中で、一つの共通点を見出す。一言でいえば「書くことが癒しになる」ということであった。

たとえば、被災したり親を亡くした子供が、ＰＴＳＤを抱えながらも、当日のことを作文に書くことで次第に癒されていくことが考えられる。心の中で混乱したものを言葉で表現することで、自分とは少し切り離して見てみる。もやもやした気持ちを言葉にすることで、心の中の「ぐちゃぐちゃ」したものが順番に時間をおって整理される。それを誰かに読んでもらえれば、誰かがその気持ちや状況をわかってくれる。つらい感情は消えない、けれどもそれでも立ち上がれると、柳田は述べている。

記録筆記法は、カウンセリングで用いられる技法の一つとして精緻化されることも可能であろう。ただ、ここではその効果の実証に即座には向かわない。もとより記録筆記法は、そのような健康増進を目的としたものではない。むしろ私の関心は、当初の予想とは異なる、被災者遺族の心のあり方にあった。

「痛み温存」論――カウンセリングと記録筆記法の違い

災害におけるヒーリング効果の研究は、カウンセリングを中心にした精神医学を筆頭に成果が著しい。しかしここに疑問を呈してみたい。災害の現場で見ていると、カウンセリングに行かないか回避する動きが見られる。厳しい意見では「（精神科医によって）安定剤などが処方されるばかりで、亡くなった家族は帰ってこず、心と体とがバラバラになりバランスがとれなくなってカウンセリングをやめた」という人もいる。

もちろん、「こころのケアチーム」として東日本大震災の現場に入った医療現場の専門家からも、精神科医療や薬の投薬ではない「処方薬以外の処方箋」でその人の生き方を失わないことを傾聴から促進しようという動きもある（森川 二〇一二）。

ただ、傾聴を含めたカウンセリングなどのナラティブ（語りや発話）と、今回採用した記録筆記法が異なるのは、書き手自身が文章を推敲し、幾度も原稿を見直すことで、災害状況をより客観的に見る目を身につける点にある。これは災害特有というより、むしろ広くあてはめることができるもので、人が何かの出来事に動揺した際に、異なる視点から物事を見る能力が有益であるという知見が、言語学研究から導かれている（Campbell & Pennebaker 2003）。

遺族には、カウンセリングに行く以前に、心理療法に対する誤解も含めて忌避感がある。カウンセリングのイメージにはCure の意味で、病気として何か医学的に治癒されるという思いがある。もちろん現在の心理療法は、

Care の意味として、クライエントに寄り添うことに傾注している状況にある。

しかし、被災者遺族の典型的な感情は、「前に進めないのは、この痛みを（カウンセリングに行って）治してしまったら、その悲しみも苦しみも消えてしまうんじゃないかという気持ちがある。でも私がすっきりしたら、お父さんを忘れてしまうことになるじゃないですか。（この痛みを）消したいし逃れたい、そうしなきゃいけないってわかっているけれども、それが罪悪感になったりするので前に進めない」というものであった。

被災者遺族が持つ心の痛みは、消し去るべきものでなく、むしろ抱き続けるべき大切な感情である。死者を置き去りにして自分だけが救われるような解決策に対して、被災者遺族は強い〝抵抗〟を感じる。そうではなく、家族の死の「痛みを温存した」方法が記録筆記法の手法であった。

仮に家族を忘れる方策をとれば、楽になって日常生活を送れる。だがそれは罪悪感をもたらす。他方、家族への思いを重視すれば、日常生活に重大な支障を来す。カウンセリングを受ける以前の問題として、楽になりたい、でも自分だけが楽になってはいけないという、相矛盾する両義的な感情を抱く被災者遺族にとって、カウンセリング（間違ったものも含む）が示唆する治療イメージは、必ずしも有効とは限らない。

それに対して、遺族の相反する感情を架橋するのに一役買っているのが「痛みを温存しながら書き綴る」という記録筆記法である。第三者であるカウンセラーの眼前での自己開示への拒否感とそれを治癒されてしまうという Cure への不信感に対して、記録筆記法は敷居を格段に下げてくれる。「いつでもこの本（記録）を開けたらその中に家族が生きている」「本の中だったら（息子が）生き続けることができる」という拠りどころは、相反する感情を解決する有効な手法の一つとなる。残された生者が死者となった家族を心配し愛したことを刻みつけておく「メメントモリ（死を想う）」である。調査者としては想定していなかったことであるが、記録筆記法は、自らが向き合うことで亡くなった家族との関係性の再接続に寄与する。震災において生を中断せざるを得なかった人々への想いを留めておく記録筆記法を、「震災メメントモリ」と一般命題化しておく。

震災メメントモリ――死者との回路をつなぐ

記録筆記法から見えてきた痛み温存論は、災害において調査の限界があるがゆえに偶発的にとった方法が、災害現場の新たなステージと、カウンセリングとは異なる次元のアプローチの地平を切り開いたとも言える。

若松英輔は『魂にふれる』という本の中で、死者に触れることなく震災の問題解決を求めることは、問題の大きな一側面を見失うことになると述べている（若松 二〇一二）。彼は「協同する不可視な「隣人」」という言葉を用い、死者と共存することは、思い出を忘れないよう過ごすのではなく、その人物と共に今を生きるということを提起する。死者は目には見えないが、見えないことが悲しみを媒介して、実在をよりいっそう強く私たちに感じさせる、という言明は、死を彼岸に追いやる現代の風潮に抗して、家族を突然亡くした人々の感覚と重なる。

津波で長男を亡くした男性は、実際に書きながら息子があたかも傍にいるように実感したという。「（『三・一一慟哭の記録』に）書くことで、何か息子との約束を果たしたような気持ちで、息子が傍にいて、一緒にパソコンに向かっていました」と話す。ひとりきりの部屋で静かに記録を書くが、それは亡くなった息子と共に語りあう時間でもあった。そして、「いつでも本を開けば息子と向きあうことができる」と何度も読み返していることも、この記録筆記法の大きな特徴である。

記録筆記法は、5W1Hとして震災の記録をとること以外、文字数も含めて一切の制限を設けなかったために、その自由度が逆に被災者や遺族の心のありのままを映し出すことになったと言える。当事者にとって記録筆記法は目的ではなく、これを手段として亡くなった家族と共にいるリアリティを手に入れる、あるいは大切な家族との関係性の意味づけに用いられていたのである。どのように用いたのかを遡及的に調べることによって、死者との向き合い方が見えてくる。それは死者との回路をつなぐ営みでもあるだろう。これは従来の心の問題の処方のあり方とどのように異なるのだろうか。

　西洋のフロイト由来のカウンセリング、そしてそれを導入し採用した日本では、一般的にカウンセラーの前でクライエントが語る。心の問題は、理論的深化を経つつも、「前額法や自由連想法も、基本的には言語の連想の糸を辿って意識から隠された過去の外傷的歴史を遡ることを主眼としている、談話療法と本質的に異ならない」（佐々木 二〇一四：二三八）。すなわち、クライエントに、外傷としての病理に至る形成史をともに発見し意識化させることで納得させる方法が、依然として主流なのである。

　それに対して、記録筆記法の場合、誰もいない場所で被災者がひとり静かに書く作業を必要とする。しかし、ここで彼ら／彼女らは、亡くなった息子と一緒に書いたというように、必ずしもひとりではない。書くことは単につらいだけの作業ではなく、「幸福な時間」でもあったのである。亡くした家族と共に行う協同作業として、被災者自身が位置づけている場合もある。言葉で書くことは、死者との応答の場をつくりだす効果も持っていた。この死者との応答の場所の置き場こそ、震災メメントモリとしての記録筆記法が切り開いた地平である。

　震災メメントモリという記録筆記法は、単に生者への効果の側面だけではなく、今後、行方不明のままの彷徨える魂である生ける死者と、残された生者である家族をつなぐ可能性も開かれているだろうことを、理論と実践の現場から報告しておきたい。

参考文献

内田樹、二〇〇四、『死と身体――コミュニケーションの磁場』医学書院。
金菱清、二〇一五、『震災メメントモリ――第二の津波に抗して』新曜社。

佐々木俊三、二〇一四、「世紀末ヨーロッパと全体主義」『随筆と語り　遠来の跫音』荒蝦夷。

田辺元、二〇一〇、「メメント モリ」藤田正勝編『死の哲学』岩波文庫。

森川すいめい、二〇一一、「被災地で「どうして生きなきゃならないのか」と問われた時」斎藤環編『imago』現代思想臨時増刊号、青土社、六七〜七二頁。

若松英輔、二〇一二、『魂にふれる――大震災と、生きている死者』トランスビュー。

柳田邦男、一九九九、『犠牲（サクリファイス）――わが息子・脳死の一一日』文春文庫。

Campbell, R. s., & Pennebaker, J. W., 2003, The secret life of pronouns: Flexibility in writing style and physical health, *Psychological Science*, 14.

［注記］本章は、『震災メメントモリ――第二の津波に抗して』（金菱 二〇一五）の成果を、社会学理論の形成に焦点をあてて再構成した論考である。

第10章 「アマの領域」のモノグラフ的探究

武田尚子

山あいの集落にて——ムラ・ノラ・ヤマ

いわゆる「現場」なるものを歩き回っていると、自分が「何か」とても気になるものを抱え込んだことに気がつく。それを何と表現すればよいのか。自分が気になっているものを突きとめ言い表すために、見たもの聞いたことを思い浮かべ、あれこれと言葉を探し反芻する。混沌として、白い雲のなかを歩いてゆくに等しいが、至福の時間でもある。

突きとめ方は、そのときの「現場」に合わせて様々である。地元の分け知りの老人の前で、あれこれと話し続けるのが最もよい。興味深い表情を浮かべながらも、静かに耳を傾け、同じ思索の道を歩んでくれる。地元で培われてきた様々な出来事へと連想の回路が開かれ、記憶のなかから蘇った経験をさらに一つ二つと話してくれる。それらを大事に持ち帰り、新幹線のなかでノートを書いてみたり、自分の机にすわってお礼状を書いたり、大学図書館の書庫で助けとなりそうな本の頁を繰ったりしながら、さらに言葉を探し続ける。

最終ゴールは、たぶんない。「反芻」を楽しむ旅である。目の前に分け知りの老人がいないときは、どうするのか。最近は、短歌を作ってお礼状に添える。心に残っているものが鮮明になるように、五七五七七に磨きだす。自分なりの「反芻」方法によって、心身頭脳のデータベースに稲妻をめぐらせ、もう一つ先のマイルストーンを模索する。

この夏、山あいの集落から帰って、短歌を作った。

雨飾《あまかざ》る　山のいただき　気に満ちて　光風《こうふう》　凛凛《りんりん》　山の分校

贈った相手は、長野県の小谷《おたり》村の人である。新潟との県境に近い中山間地域に小谷村の「大網《おおあみ》」という集落がある。『日本百名山』の雨飾山《あまかざりやま》のふもとにあり、かつては塩の道「千国《ちくに》街道」の宿《しゅく》の一つであった。学生と一緒に訪ね、お世話になったのである。

ここを調査地に選んだのは、村の空間構成が魅力的であることによる。山あいに掌《たなごころ》でつつんだような小さな盆地があり、七〇戸前後のムラ空間が広がっている。盆地のなかに、古い家屋敷と田畑が入り交じり、朝五時前から野良仕事に精を出す村人の姿や、クワを振る音が自然に耳目に入る。まわりは緑濃く生命力にあふれた北小谷《きたおたり》の森である。ムラ・ノラ・ヤマ（ハラ）の三重の空間構成が、学生たちにも大変分かりやすく、自然村を体感するのに最適である。

特筆に値するのは、ムラ空間を貫く道の構成である。南北の道と、東西の道がムラの中心部で直交している。ムラ空間の縦軸、横軸が明瞭なのである。南北の縦軸は、氏神神社と庄屋級の同族団本家を結んでいる。神社の鳥居からムラを見渡すと、道の先、真正面に庄屋の屋敷が目に入る。この縦軸の道は千国街道の一部でもある。庄屋は街道往来の「牛方宿《うしかたやど》」を務めていた。山あいの村の絶妙な空間構成が歴史的蓄積と関連している。その様相を見せてあげたくて、ゼミ生たちと行ったのである。蛍が舞い飛ぶ夕刻を過ぎると、大網の空が鳴り出す。北西から風が吹き込み、不思議な音が空に鳴り響く。又三郎が数人いて、夜じゅう空で遊んでいるのかと思うほどだ。

風と神と雨飾山

ヤマに囲まれた小盆地であるが、ムラの東側は視界が開けていて、はるか遠くに雨飾山を望むことができる。二〇〇〇メートルには若干満たないが、北信越の奥深い高山である。雨飾山は人里からのアクセスが限られ、登山道が三本しかない。そのうち一本は大網が出発点である。風が強い大網では、風がおさまるようにと雨飾山に祈念した。雨飾山の頂上には風の神を祀った祠と石仏がある。大風が吹くと、石仏に異変があったのではないかと里の村から人足を出して見に行かせたという（木戸 一九八七：一五三）。雨飾山への道の手入れも大網の人々が担ってきた。

大網には雨飾山の代参講がある。春四月、村祭りの夕方四時、雨飾山へ代参する四人を選ぶくじ引きが、氏神神社で行われる。氏神神社には風天神が合祀されている。くじ引きには、村に住むすべての家を記した木板を使う。当たった四人は「おんべ」を持参して登頂し、神の依り代とする。村に帰ると、氏神神社にそびえる御神木の杉のてっぺんまで登り、山頂で浄めた「おんべ」を大木のこずえにしばりつける。「おんべ」とは御幣の謂であろう。新しい「おんべ」を仰ぎながら、風がおさまることを祈る。諏訪の祭神と、風の祭神への祈りが合わさったような村のしきたりである。かつて、旧暦九月の二百十日には、風の神に祈る「風祭り」が行われていた。「一本杉のてっぺんに取り付けられたおんべの神々しさ」「大風が吹けば早くやむように（中略）と祈った千度参り」「大網の季節風とつむじ風」等々、風と神と雨飾山をめぐる村人の記憶は尽きない（竹田編 一九七〇：一六、四二、九八、一三四）。

「かつて家を離れるとき、雨飾山のよく見える庚申塚のところで立ち止まり、お宮と我が家と親しい人々の住む故郷へ故《ゆえ》知らぬ黙礼をささげ」た、という（竹田編 一九七〇：九九）。ムラの境界の庚申塚で、旅に出る村人は、ムラと雨飾山へ別れを告げた。ムラの営みを見守ってきた雨飾山は、ムラを離れてもなお村人が心のなかで憧憬する山だったのである。

最も影響を受けた研究者　中野　卓

本章にも記したが，私は中野卓（1920-2014）の『口述の生活史』の「大師堂再興縁起」から様々な啓示を受けてきた。博士論文の調査対象地である瀬戸内海離島集落にも３つのお大師堂があったが，調査を始めて何年もの間，私はまったくお大師堂に関心がなかった。都市で育った私にはお大師堂の意味がよく分からなかったのである。

あるとき，『口述の生活史』を読み直してみて，ふと調査地のお大師堂をもっとよく見てみようと思った。２つのお大師堂ではお世話しているお大師仲間の姿をよく見かけ，聴き取り調査は楽しくはかどった。しかし，残り１つの堂はいつも無人で，由来はよく分からないままだった。人をつかまえて聞くのはあきらめて，独力で扁額の解読を始めたある日，私は脳天を割られるほど驚いた。

この集落には社会的に排除されている二軒の家があった。名前は知っていたし，集落に住んでいるのは確かだったが，調査を始めて以来，今日に至るまで姿を見かけたことはなく，社会的な集まりに出てくることもなかった。村の記念物に名前が刻まれているのも見たことがなかった。ところが，その大師堂に掲げられた物品の寄付者名の扁額の片隅にその名前が記されていた。お堂のなかにだけ，この家が集落に存在していることの証しが刻まれていたのである。フォーマルなしくみからは排除されているが，村から完全に排除されているわけではなかった。お堂のインフォーマルなしくみだけが，村の包摂のありようを暗示していたのである。脳天を割られながら，「日本の村は奥が深い」と心底思った。奥のオバァサンのこと，その大師堂に次々と供物が献じられ，自発的な輪が広がっていったこと等々，別方向から稲妻の光が当たったように感じた。中野も「再興」の聴き取りからすべてが始まったと記している。

いきさつは覚えていないが，最初の著書を出版した直後，中野先生が書評専門紙に書評を書いてあげるからとお手紙をくださり，武蔵野のご自宅に招いてくださった。大先生にお目にかかるのは初めてで，コチコチに緊張していたと思う。お大師堂に驚いたのは，それからさらに数年たってからである。おそまきながら私の集落調査の原点は，お大師堂の「稲妻」にあり，日本人の「祈り」や「自発性」について「反芻」する旅の始まりとなった。（武田尚子）

ムラの屋敷を訪れた学生たちは、それぞれのイエで、風とムラの暮らしについて聴いてきた。「忘れもしない、平成四年九月二八日」、話者が何度も繰り返すこのフレーズが自分たちの身体にもしみいったと、戻ってきたゼミ生がフィールド・ノートも見ずに話してくれる。九月二八日、大風が吹き、庄屋屋敷の屋根がすっぽりと抜けて、近くの畑に飛んでいった。いきなり屋根が消え失せて、なかにいた話者は腰が抜けるほど驚いた。屋根はそのまま飛んでいったが、怪我人が出なかったのは幸いだった、と。また、この冬の出来事。二メートルを超える積雪のなか、道を歩いていた村人が道路脇に落ちてしまった。雪に埋もれて「助けて」と叫び声を上げた。幸い通りかかった人に発見されて事なきを得たが、「雪の中から叫び声」の話は、一時間も経たないうちにムラのみんなが知っていた、と。

ムラ・ノラ・ハラのコミュニケーション

目をまるくして、現代の「日本むかし話」を聴いているゼミ生たちの様子は、その日の午後、ムラ人たちの茶飲みの格好の話題になっているに違いないと、お世話してくれた人は言う。大網はお茶を飲んでいけと、すぐに声をかける気風だ。「明治の古老たちは口ぐせのように、大網はいいところだぞ、（中略）、大網の人は人情が篤くて、どこの誰が来たって、上がって休め、お茶をのんで行けって言わね家は一軒もねえ。旅の人たちも皆そう言う」（竹田編 一九七〇：三〇）。たしかに、私もお茶を飲みに来るようにと声をかけてもらった。

雪にイエが埋もれる冬でも、短時間でうわさが駆け巡るほど、ムラのコミュニケーションは活発なのである。口コミだけではない。小盆地ではノラで働く人々の姿も自然に目に入る。夏の朝五時ともなれば、畑はこまめに働く村人たちの活気で生きづく。目で互いの様子を知るのも、コミュニケーションの一つである。夏のノラは田畑という生産空間であると同時に、相互の動きを知る重要なパフォーマンスの空間にもなっている。ノラは村の劇場空間でもあり、ムラの視覚的コミュニケーションが交換される重要な現場である。

学生たちがイエのなかで聴き取り調査に励んでいる間、私もノラで「風と神と雨飾山」にまつわる伝承をいくつも聴いた。昔あるとき、雨飾山から何かが飛んできた。飛んできたのは阿弥陀様で、原にあったキラキラ輝く光明石に舞いおりた。だから光明石には阿弥陀様の足あとがついている。その足あとには水がたまるようになり、その水で眼を洗うと眼病がなおる。阿弥陀様の足は一本折れてしまったが、村人たちは折れた足と阿弥陀様をていねいに村のお堂に安置した、と。ムラのお堂を見にいくと、たしかに折れた足を抱えた阿弥陀仏がある。足をいたわる仏像に人々は病気平癒の願かけをしたのだろう。

阿弥陀様が舞いおりたハラは「阿弥陀が原」とよばれるようになった。明治になると、ここに分校が建てられ、阿弥陀が原は運動グランドになった。子供が減り、いまは閉校になったが、木造校舎は、青少年の人間教育を行う冒険教育団体が活動拠点として使っている（日本アウトワード・バウンド協会長野校）。自然のなかで生きる力を研ぎ澄まし、生きていく軸を確かめた、凛とした青年を世に送り出す。修了者から複数の大網定住者が出て、次世代の大網を担う層になった。

阿弥陀が原の運動グランドに立つと、雨飾山が望見できる。いまも集落の運動会はここで開かれる。年齢に合った競技種目は村人の楽しみである。雨飾山から風にのって、光明石に舞いおりた阿弥陀。山容を仰いで凛とした人間を育ててきた土地の気風。まなざしの先に雨飾山があり、独特の「風土」をはぐくんできた。その摂理の深さに思いを深めていると、ふと枕詞《まくらことば》が生まれた。「雨飾《あまかざ》る」。

この「雨飾る」の五音のリズムに、なんとなく「天離《あまざか》る」「天《あま》の原」という枕詞を思い出す。翌日、大学図書館の地下書庫で、次のような趣旨の記述を見つけた。「雨飾山の〈雨〉は、〈天〉と解すべきではなかろうか。四国の雨包山《あまつつみやま》は〈天《あま》の堤〉、上越のアマガタツ山は〈天《あま》ケ立〉ではないか」（高橋 一九四三：二一九～二二〇）。さらに、大網の伝承記録に「天飾山《あまかざりやま》」と記したページを見つけた（竹田編 一九七〇：四四～四六。引用されている『西明庵御略伝記』文中の記述）。

第四の領域――「アマ」

村の領域、空間構成について、桜田勝徳、福田アジオ、鳥越皓之によって、ムラ・ノラ・ヤマの三領域三重構成の理念モデルが提示されてきた（桜田 一九五八＝一九八一：八～五二／福田 一九八二：三三～六二／鳥越 一九八五：九三～一〇二）。大網に暮らす人々の世界観は、第三の領域の外側に「アマ」という第四の領域があるといってよいように思う。具体的には雨飾山の存在で、阿弥陀が飛んできた伝説に象徴されているように、「アマ」から恩恵がもたらされる。人々は「アマ」の存在を意識して、ムラ、ノラ、ヤマの営みを正す。

大網に吹く風は、日本海から吹きつける北西の風である。雨飾山はこれと反対の東側にあって、北西の強風に対峙する。村人を悩ます大風は雨飾山から吹いてくるのではない。雨飾山は風から村を守る存在である。小谷村の姫川峡谷に点在している多くの集落は、南向きにムラが広がり、日本海の北西風を避ける空間構成になっている。大網のように、まともに北西風をうける北向き集落は珍しい。風土・気候面から見て大網独特のムラ空間は、千国街道の形成と関連しているのかもしれない。風のリスクは他集落よりも高く、対抗する強い拠りどころが必要だったとも考えられる。氏神の存在だけではムラ生活の平穏はおぼつかなく、至高なものによる庇護が希求されたのではないか。大網では、「ムラ」を枕詞のように守ってくれる「アマ」が、心理的・宗教的に不可欠であったと思うのである。

大網の生活に基づいて考えると、「アマ」の領域があるのは大変自然なことのように思える。先行研究にこのような第四の領域について言及がなかったのはなぜだろうか。福田は三種類の領域意識に関連して、道切行事のことなどについて詳しく述べている（福田 一九八二：二三二〜六二）。ムラの外から邪悪なものが侵入することを阻止する民俗的行事に深く関心を抱いていたことが読みとれる。そのため福田は、外部から来るものは「邪悪」という前提で論を進めている。

桜田は、必ずしも外から来るものを「邪悪」とはしていない。村の生活には「晴れ」と「褻《け》」があって、「晴れ」は村外から来るものとの接触の場がそれになったと述べている。村外からの客人、神の来臨もそれに含まれ、来臨によって村や家が祭り状態になるとする。日常の「褻《け》」の生活は村内部で行われているが、そのまわりには、「晴れの心構えを必要とする非常に広い世界がひろがり、その世界はたぶんあの世や神霊の世界にもつづいているものとしてうけとられていたと思われる」と記している（桜田 一九五八＝一九八一：二六〜二八）。桜田の論に基づくと、福田の「外部から侵入する邪悪」は、村の「褻《け》」、つまり日常の生活意識のありように重点をおいた領域論であったと言える。

福田は「定住地＝ムラ」「生産地＝ノラ」「採取地＝ヤマ、ハラ」と定義しているが、人間が山野を切り開き、生産地の領域を拡大していく過程で、祭祀面でムラの神（氏神）が強大化し、ノラの神（野神、田の神）、ヤマの神（山の神）は零落して、ほそぼそと祀られることになったと述べている（福田 一九八二：五六〜五九）。福田は実体的な生産領域の拡大、つまり現実の物理的な生産空間に強く関心を抱いていたと言えよう。

村を論じるにあたって、物理的な生産空間は最重要問題で、耕地、水利、道路はムラ・ノラ・ヤマのすべてに関わる。これらの領域の管理所有の根底にある考え方が重要であるが、福田はそこには深く踏み込んではいない。この点を明確にしたのが鳥越で、「村落の総有」が領域観念の基底にあると述べている（鳥越 一九八五：九八〜一〇二）。福田から鳥越へと続く流れは、実体的な土地所有・利用に基づく領域論である。鳥越はそれを分かりやすく土地に「働きかける」と表現している。桜田は「褻《け》」の場が「あの世にもつづく晴れの心構えを要するひろい世界に囲まれている」意識があるならば、「この意識形成には褻（け）の生活内容が非常に重要な意味をもつ」と述べる（桜田一九五八＝一九八一：二六～二八）。実体的な土地所有・利用に基づく領域論はこの点を精緻化するものであると言えよう。

同時に桜田は「褻（け）と晴れとの格調を異にする生活表現の織りなす村生活が深い意味をもったにちがいない」とも述べている（桜田 一九五八＝一九八一：二六～二八）。これに基づくと、「アマ」の領域は「晴れ」の時空間の生活意識に関わるもので、実体的な土地所有・利用に基づく領域論に比べれば、心理的・宗教的・文化的な意識を探るほうに重きがおかれよう。大網独特の風景や土地柄が、大網なりの「アマ」意識をはぐくみ、土地固有の語り伝えを生み出してきたのだろう。どの村にも「アマ」の領域があるとも言えないので、特定の集落の風土にとっぷりと浸かりながら、「アマ」と「ムラ・ノラ・ヤマ」の営みの関わりを探るモノグラフ的探究に醍醐味がありそうである。

「アマ」と「ムラ・ノラ・ヤマ」のコミュニケーション

「アマ」を「山岳信仰」の語に閉じこめてしまうことは避けたい。大網で面白いのは、雨飾山から阿弥陀様が大網に飛んできて、それがお堂にまで発展したと伝承されていることである。「飛んできた」のは伝説であるが、ムラのなかに実体のある空間（お堂）が現実に存在している。大網には氏神神社はあるが、お寺はない。お堂はムラ唯一の仏教的空間である。氏神神社はムラを貫く南北の道の最上部に位置し、お堂は東西の道にあって、縦軸と横軸の道が直交する道の辻にある。この位置からも、お堂がムラ生活の枢要な空間であることがうかがえる。仏に手を合わせるのは自然な行為で、祈ることによってアマとのつながりが村人の心に描かれる。お堂は村人たちがアマとコミュニケーションする拠点の一つと言える。

ムラのなかに見出されるアマと交流する拠点がもつ力強さは、中野卓の『口述の生活史』にも描かれている（中野 一九九五）。呼松で「奥のオバァサン」が守るお大師堂は、村人たちが自発的に集まる場であった。大師堂修復には「同志の輪の加速度的拡大」が生じ、移転反対の核にもなった。手を合わせる自然な行為は、社会的弱者を含めた多くの人の思いを結集させる。地域社会にはフォーマルな自治会とは別立ての、多様な人々の思いを柔軟に吸収するしくみが必要であるが、宗教的表現を用いたほうが自発性を吸収しやすい。「山岳信仰」の語で片付けるよりも、アマから飛んできた恵みによって、ムラのなかに寄り合う重要な集いの場が出現したことのほうに、私は心惹かれるのである。

ムラの自発的かつ活発なコミュニケーションの空間では、様々な情報が交換される。インフォーマルな情報交換の場が集積していることの重要性を、宮本常一は「茶飲み」を例に次のように述べている。「お茶に漬物程度のごく粗末な食物で、ごく狭い範囲の女が集まってほんの一、二時間おしゃべりして別れるのである。（中略）その間に村のいろいろな情報交換が行われる。そしてそれで十分それぞれの家の性格をのみこむこともできるのである。こういう集まりを茶飲みという」（宮本 一九七一：三四〜三五）。ムラのように「家が多く密集しているところで、集まりやすいのである。噂もつたわりやすく、お互いの好意が通じやすくもある。そういうところでは女同士の交際は重要な意味をもって来る。そしてそれにさく時間も多くなる。しかも女の交際は手軽で、飲食も茶飲みと言ってお茶に少々のお茶うけが出る程度ですむことが多かった」（宮本 一九七三：一〇一）。そして、「古い堂や庵での集まりにはたいてい堂があふれるほど集まるものである。古いものを下敷きにすると新しいものが育ちやすいようである」（宮本 一九七二：二〇二）。

情報が交換される場は、イエのなかやお堂のなかだけではない。戸外の「道の辻」も、人が集まり、活発なコミュニケーションが交わされる場所だったと宮本は述べている。大綱では、夏のノラは働く人の姿が見えて、重要な視覚コミュニケーションの場になっていることは先に述べた。現代の村落は高齢化しているが、村外に出た他出子が週末に実家にもどって、親の畑を手伝っている姿もよく見かける。ノラの光景にも一幅の絵のように様々な情報が埋め込まれている。

「アマ」と心を通わせることによって、村のコミュニケーション拠点は多様になり、分厚い集積になる。地下茎がはりめぐらされ、互いの気心が知れて、生活の根っこが強靱になる。現代では、限界集落、消滅地域などの語が目につき、村は様々な変化への対応を迫られている。意思疎通の回路が重層的に構成され維持されていることによって、智恵の結集や好循環につながることもあるだろう。「ムラ・ノラ・ヤマ」の営みと「アマ」とのつながりを視野に入れて現代人の心の陰影をとらえ、「そのムラ」独特の深みを探りながら、変化の行く末を見守りたい。

参考文献

木戸征治、一九八七、『雨飾山麓冬だより』山と渓谷社。

桜田勝徳、一九五八、「村とは何か」「村の構成」、『日本民俗学大系』3、平凡社(『桜田勝徳著作集』5、名著出版、一九八一年)。

高橋文太郎、一九四三、『山と人と生活』金星堂。

竹田幸雄編、一九七〇、『ふるさと大網』大網老人クラブ睦会。

鳥越皓之、一九八五、「村の領域」『家と村の社会学』世界思想社。

中野卓、一九九五、『口述の生活史——或る女の愛と呪いの日本近代』増補版、御茶の水書房。

宮本常一、一九七一、『宮本常一著作集 第10巻 忘れられた日本人』未來社。

宮本常一、一九七二、『宮本常一著作集 第12巻 村の崩壊』未來社。

宮本常一、一九七三、『宮本常一著作集 第13巻 民衆の文化』未來社。

福田アジオ、一九八二、「ムラの領域」『日本村落の民俗的構造』弘文堂。

コラム4　「眼」の形成のフィールドワーク

マニラに暮らすボクサーたちの生活誌を書こうと、一〇年以上にわたり現地フィールドワークを繰り返してきた。ボクシングというと、映画『ロッキー』のように、アメリカンドリームの語り口に収まりがちだ。実際、フィリピンでもマニー・パッキャオという世界的なスーパースターのボクサーが輩出されて、「貧困からの脱出」という枠組みでフィールドを捉えてしまいそうになる。

でも私の関心は、そこにはなかった。マニラのボクシングジムでは、大多数がローカル試合で勝ったり負けたりを繰り返す「平凡」なボクサーたちだからだ。一勝三敗一分けといった戦績を持つボクサーが、しかしそこでは非常に充実した毎日を送っているように見えた。この充実の根底を探るために、私も二〇〇五年に一年間、ジムに寝泊まりしながら住み込み調査を行った。

この住み込み調査では、いろいろなことを教わった。たとえば、ボクサーたちがとても清潔で、練習後の水浴びを丁寧に行う点がある。これには背景があって、ボクサーの半分以上がフィリピン中南部の水に苦労する山岳地帯の出身で、幼少期より水浴びを貴重なものとして経験してきた。石けんで洗った身体を水でしっかり流せることは、彼らにとって新しい経験であった。

また、ボクサーには一人一個のロッカーが与えられるが、そのロッカー内部にはそれぞれ独自のアレンジがなされていた。あるボクサーは、古新聞から切り抜いた女性タレントの写真や、路上でもらったステッカーなどを上手に貼り合わせて「内装」を施していた。ジムで共同生活を送るボクサーにとって、ロッカーだけが自分専用に使えるものである。だから、彼らはロッカーを精一杯自由にアレンジして、自分だけの「プライベート空間」を創出する。また、ロッカーが与えられることは、ジムの正当なメンバーとして認知されることでもある。それは単なる備品を超えた存在証明のツールとして意味を帯びている。

水浴びにしてもロッカーにしても、とても小さな事柄だ。しかし外部観察者が素通りしてしまいがちなそうした小さな事柄が、ボクサーたちにとって非常に大きな意味を持っている。こうした事柄を注視できるかが、フィールドワークの成否を決める。住み込み調査とは、フィールドの機微を見分ける「眼」を形成する実践である。

＊

物事を見分ける「眼」が社会的産物であり、それゆえそれが社会学的考察の対象になりうることについては、これまで著名な社会学者たちが論じてきた。たとえばピエール・ブルデューは、「『眼』とは歴史の産物であり、それは教育によって再生産される」（ブルデュー　一九九〇：六）

と書いている。ボクシングを観るにしても、絵画を鑑賞するにしても、私たちが楽しむためには「眼」が必要になる。その「眼」は、ブルデューが主張するように、先天的にではなく文化的に獲得されるものだ。慣れ親しみ、また訓練を積むことによって、私たちは目の前で起こっている事柄を見分けることが徐々に可能になる。

社会的産物としての「眼」については、ハワード・ベッカーも面白い分析をしている（ベッカー 二〇一一）。ベッカーは、ジャズ・ミュージシャンについて考察した論考の中で、演奏が行われるダンスホールの空間形態に着目している。ミュージシャンは、聴衆とは一線を画した表現者であることを望むが、その際にステージの存在が決定的に重要になる。「彼の仕事場はステージであるが、それが聴衆との直接的な相互作用を阻む物理的バリヤーとなっている」（同右：九六）。ステージによる空間的区切りは、ミュージシャンと聴衆の間に物理的距離を打ち立てる。この距離によって、ミュージシャンたちは聴衆に対する「自己隔離」を可能にし、自らを防衛するのである。

ここでのポイントは、ステージによる空間的隔たりを、ベッカーがミュージシャンの「眼」から記述している点である。ダンスホールのフィールドワークを行うならば、他にも様々な興味深い事柄が溢れているだろう。だが、ベッカーは、そうした物見遊山的な興味ではなくて、その場の中心的構成員であるミュージシャンに焦点化して、彼らの世界の見分け方を書いた。「眼」の獲得には時間と努力を要する。ベッカー自身、ミュージシャンであったこともあって、ミュージシャンの「眼」を基点にした社会学的考察が可能になった。

＊

長期にわたってフィールドワークを行うことは、もちろんデータを分厚くするねらいもあるが、それ以上に「眼」の形成という点が重要だろう。いくら時間をかけてデータ収集を行っても、因習的な目に縛られるかぎり、通俗的な記述と分析に陥りがちである。フィールドワークとは、因習的な目を離れて、その場に固有の見分けの「眼」を身につけ、そこから出来事を記述する実践である。マニラでの一年間の住み込み調査を経て私が体得したのは、この点であった。

私は、質的なフィールド調査は、「誰の目にも明らかなもの」からではなく、「鍛えた『眼』にのみ映ずるもの」から出発する営みであると考えている。そして、このように限定的にのみ「映ずるもの」を、読者に理解可能な文章として一般的に差し出すのが、社会学の魅力にほかならない。ブルデューやベッカーが社会的産物としての「眼」について論じたのは、こうした限定的なものと一般的なものの架橋を目指したからであったように思う。

（石岡丈昇）

参考文献

P・ブルデュー、一九九〇、石井洋二郎訳『ディスタンクシオンⅠ』藤原書店。

H・ベッカー、二〇一一、村上直之訳『完訳アウトサイダーズ――ラベリング理論再考』現代人文社。

第11章　生きざまの社会理論
——ある地域の頼母子講の事例から——

足立重和

フィールドワーカーにとって理論とは何だろうか

近年、筆者は、若手フィールドワーカーの書いた論文を読むことがよくある。読む論文は、すでに専門誌に掲載されたものであったり、これから活字にしようというものだったり、様々である。そのような論文を読んでいて、最近気づくことがある。それは、たしかにみずみずしい感性でよく調べられた事実をもとに書かれているが、理論的な記述が薄いというか、場合によってはない、といったところだ。このことを執筆者本人に伝えると、たいてい口ごもりながら「理論って難しいですよね……」といった旨の反応が返ってくる。

はたして、フィールドワーカーにとって、理論とはそんなに難しいものなのだろうか。たしかに、抽象度が高すぎて読むのに苦労する理論書は数多くある。そのような理論書を読んでいるよりも、せっかく社会学をやっているのだから直に社会を体感したい、という欲求から実証の世界に飛び込んだ研究者も多いだろう。そのような経路をへた研究者ならば、自らの論文や著作に理論的な記述があまり出てこないのも頷ける。しかし、社会学という論理の世界で生きている以上、フィールドワークにも理論はついて回る。そもそも、フィールドという〝事実の海原〟で、どうやってある特定の事実だけを選んで記述しているのか。その点から言えば、理論が難しいと言った、かのフィールドワーカーは、なにがしかの理論を下敷きに記述を行っているはずだ。すなわち、ここでいう理論とは、フィールドワークを先導する人間観や社会観といったものに相当する。そういった意味でいえば、ある理論の背後に控えている人間観なり社会観なりを見通すことができれば、フィールドワーカーにとって、理論はそんなに難しいものではない。

ただ、このように理論とフィールドの関係をとらえてしまうと、われわれは、フィールドワークそのものを誤解することになる。というのも、上記の関係でいえば、フィールドワークは、理論の〝手下〟になり下がっているからである。ただたんに理論を〝検証〟するために調査をやっているならば、ある事例で「ハイ、確かめられました」という以上に何も言うことはなく、社会学の面白さからいえば、その理論書を読んでいれば充分なのだ。だが、理論とフィールドのあいだには、もう一つ重要な関係が潜んでいる。それは本書のタイトルにもなっている「現場から創る社会学理論」ということにあたるのだが、はたして、現場から創る理論とはどのようなものなのだろうか。先ほど筆者はフィールドワークにも理論はついて回ると言ったが、そもそもフィールドワーカーにとって理論とは何をさすのだろうか。本章では、このような一連の問いかけに、筆者がいま取り組んでいる事例研究から一つの答えを導いてみたい。

頼母子講とは

いま筆者が取り組んでいる事例研究とは、中部・東海地方にある、とある町の「頼母子講《たのもしこう》」(地元では「頼母子」と呼んでいる）のことをさしている。その町（以下、X町）の人口は約一万五〇〇〇人で、なかでも中心に位置する市街地区は、四方を山に囲まれた小さな盆地にあって、そこに約一万人が密集して暮らしている。このような条件のもと、そこに住む人々が、夜な夜な酒を酌み交わしながら、お互いにお金を融通し合い、助け合う共済組織をつくっている。それが頼母子なのである。

もう少しくわしく説明しよう。〝お金を融通し合う〟とはどういうことか。たとえば、ここに仲のよいA～Eまでの五人がいたとする。この五人が毎月特定の日（たとえば、「二一日」とか「第一土曜日」とか）を決めて、ある飲み屋に集まってくる。そのとき、各人は（たとえば）一万円もってくるとする。その日、合計で五万円が集まる。そこから仮に一万円で宴会を開いて、残りの四万円を、A～Eのうちの一人が借り受ける＝取ることができる。四万円（これを「講金」と呼ぶ）を取る〝権利〟は、A～Eのなかでジャンケンするか、くじ引きするか、あらかじめ決められた順番に従うかで決められる。たとえば今月は、Aが取ったとする。次の月、また同じように五人が集まって宴会をし、残りの四万円を、今度はBが取る。そのまた次の月はCが、そのまた次の月はDが取る……という具合に続けていって、最後のEが取ったとき、全員に四万円が行き渡って、一応の解散を迎える。これが皆でお金を融通し合い、助け合うという基本的なしくみだ。

しかし、このしくみには、少々問題がある。というのも、先ほどの場合、Aは早々に講金である四万円を取得できるが、Eは数カ月待たなければならないため、Eからすれば、自分の番がくるまでに先に講金を取った者（A～D）が行方をくらませ、四万円満額を受け取れないかもしれないというリスクを背負うことになるからだ。そのリスクを背負った分、後のほうで取る人に、何らかの見返りが必要になる。それが利息だ。上記の例でいうと、講金四万円を取る権利をめぐって、A～Eのあいだで「さぁ、（取る権利を）いくらで買うか」というセリを行って、一番高い値をつけた人が講金を取るというルールを設けるのだ。たとえば、セリの結果、Aが一〇〇〇円という一番高値をつけて講金を取ったとしよう。その一〇〇〇円（これを「買代金」と呼ぶ）を、まだ取っていないB、C、D、Eで均等に分ける。その次の月、Bが同じく一〇〇〇円で取ったとしよう。それをまだ取っていないC、D、Eで分ける。そのまた次の月、Cが取ったら、D、Eで……というふうにいくと、まだ取っていない者に毎月毎月利子が加算されていき、晴れてEが取ることになったら、四万円の講金＋毎月の利息が分配されるのである（表11-1を参

表11－1　買代金が一定の場合のシミュレーション

	1回	2回	3回	4回	5回	累積配当	差し引き	金利（%）
A	○－400					0	－400	－1.00
B	＋100	○－400				100	－300	－0.75
C	＋100	＋133	○－400			233	－167	－0.41
D	＋100	＋133	＋200	○－400		433	＋33	＋0.08
E	＋100	＋133	＋200	＋400	○（＊）	833	＋833	＋2.00

（注）○＝講金４万円。「差し引き」は累積配当から買代金を引いた額で、＋は利益、－は損失を意味する。５回目の＊はＥしか取得する者がいないので、買代金は発生しないと想定した。

（出典）足立 2012：152より。

照）。筆者が参与観察している頼母子の講員（メンバー）によれば、これが本当の意味での「公平」なのだという[1]。

実際のＸ町での頼母子講

ここまでを読んで、仲がいい者どうしで利息を取り合うなんて……Ｘ町の人々は「金の亡者か！」と思われるかもしれない。しかし、実際はそうではない。現在、利息を発生させて講金を回している人々は、お金（講金や利息）が目当てではなく、講金の取得権や利息の額を決める際のセリそのものが大きな位置を占めている。実際のセリのことを、狭い意味での「タノモシ」と呼ぶ。講員たちは、セリをしながら仲間との親睦を深めるのを目的としている。

具体的な事例を出そう。筆者が二〇〇九年一月から参与観察している「Ｙ会」という頼母子がある[2]。この会は、地元の喫茶店Ｙで仲よくなった常連さんたちが、店を盛りたてるために一九六二年頃から始めたとされる。現在二〇名が在籍しており、皆が毎月一万円ずつ持ち寄って（合計二〇万円）、そのうちから飲食代を引いた、一四万八〇〇〇円の講金を二名の講員に分配している（一人＝七万四〇〇〇円）。先ほども述べたように、一カ月に二〇人のうち二人が順々に取っていくと、一〇カ月で一応の解散を迎える。多少の講員の入れ替わりもありながらも、これをまた続けていく。

最も影響を受けた研究者　メルヴィン・ポルナー

メルヴィン・ポルナー（Melvin Pollner, 1940-2007）は、初期エスノメソドロジーの先駆者である。彼は，E・ゴフマン，H・ガーフィンケル，A・シクレルに師事し，常に根源的な地点から社会学に刺激を与え続けてきた研究者である。主著『通俗的推論——日常的あるいは社会学的な言説におけるリアリティ』では，自らのフィールドである交通裁判所，C・カスタネダと呪術師ドン・ファンの対話，E・E・エヴァンス=プリチャードによるアザンテ族の毒託宣などを素材としながら，相矛盾する複数の事実や経験（これを「リアリティ分離」と呼ぶ）から，われわれが決して疑うことのない「この事実や世界が唯一の・客観的に・すでにそこにある」という感覚がいかにして取り戻されるかを，見事に記述・分析してみせた。

彼は，その他にも，精神病緊急医療チーム，アルコール依存症の自助グループなどのフィールド成果を残しながら，2007年に67歳で逝去した。だが，彼の残した著作は，語りやリアリティに関心をもつ研究者によって繰り返し読み継がれることになるだろう。（足立重和）

では、頼母子の中心である毎月のセリは、どのように行われているのであろうか。一人七万四〇〇〇円をめぐって、まず講員たちは、会場に到着してほどなく、紙と鉛筆を渡され、思い思いの金額を書いて入札する。これを「中札」という。しばらくこの中札は開かれず、保管される。酒の入った飲食・歓談の後、いよいよセリが始まる。セリの司会進行役である「当番」が講員の名前を順番に呼ぶ。呼ばれた講員は、思い思いの金額を言う（これを「外札」という）。またしばらくの歓談の後、当番が、二回目のセリを行うべく講員の名前を呼んで、呼ばれた講員が金額を言う。歓談の後、今度は当番が、二回のセリの合計で一番値段の低い講員から名前を呼んでいき、三回目のセリを行う。これら合計三回のセリが済んだ後、当番は全員の金額を発表して、各自異論がなければ、皆でシャンシャンシャンと三回手打ちをする。その後、各自の中札が開かれ、三回の口頭での外札と合計された結果、一番高い人から二人が七万四〇〇〇円を買う＝取ることができるのだ。講金七万四〇〇〇円を取得するにあたり、この会では、だいたい五〇〇円程度で落ち着く。当番は、当選者二人に講金を手渡すとともに、当選者から集められた約五〇〇円

×二名分を利息として徴収して、まだ講金を手にしていない講員に均等に分配する。[3] これで今月の頼母子が終了となる。

このように、七万四〇〇〇円を借り受ける＝取得するために、五〇〇円程度の利息を払うのだから、金利は一％にも満たない。このことから、Y会の講員は、講金と利息にあまり関心を示していないのが分かるだろう。なぜなら、講金と利息に関心があるならば、講員たちは皆、中札・外札とも高値をつけるはずで、金利はおのずと高くなるからだ。むしろ、目的は、小遣い程度の講金をめぐって少額でもセリをして遊ぶことにある。「早く取ってしまったら、ハリがない」とある講員が語るように、講員の多くは、いかに講金を取得せずに毎月セリに参加し続けるかが一つの楽しみとなっているのだ。

真偽を宙吊りにするセリの遊び

このようなセリに参加し続けて、大きな発見があった。それは、講員がセリを、ただ真剣に黙々とではなく、酒が入っているせいかもしれないが、ワイワイと陽気にやっていることだった。たとえば、当番からある人が指名されて「四一円」と外札を叫ぶと、それを聞いていた他の講員からクスクスと笑いが起こる。どうして笑いが起こるのかといえば、一円刻みで外札を言うと、後で当番が計算するときに面倒になるからである。いわば、当番泣かせなのだ。それを知って笑っていると、今度は次に指名された人も「じゃあ、四一円」と叫ぶ、またその次も「オレも四一円」と続くと、ここで皆がおかしくて笑う。こうやってセリをやっている最中、会場はにぎやかになる。

それだけではない。セリが始まると、横からいろんな茶々が入る。たとえば、次のような語りだ（足立 二〇一二：一六〇～一六一）。

料金受取人払郵便

山科局承認

1242

差出有効期間
平成29年7月
20日まで

郵便はがき

6078790

（受　取　人）

京都市山科区
日ノ岡堤谷町1番地

ミネルヴァ書房
読者アンケート係 行

◆ 以下のアンケートにお答え下さい。

お求めの
書店名＿＿＿＿＿＿＿＿市区町村＿＿＿＿＿＿＿＿＿＿＿＿＿書店

＊ この本をどのようにしてお知りになりましたか？ 以下の中から選び、3つまで○をお付け下さい。

A.広告（　　　　）を見て　B.店頭で見て　C.知人・友人の薦め
D.著者ファン　E.図書館で借りて　F.教科書として
G.ミネルヴァ書房図書目録　H.ミネルヴァ通信
I.書評（　　　　）をみて　J.講演会など　K.テレビ・ラジオ
L.出版ダイジェスト　M.これから出る本　N.他の本を読んで
O.DM　P.ホームページ（　　　　　　　　）をみて
Q.書店の案内で　R.その他（　　　　　　　　）

書名　お買上の本のタイトルをご記入下さい。

◆上記の本に関するご感想、またはご意見・ご希望などをお書き下さい。
文章を採用させていただいた方には図書カードを贈呈いたします。

◆よく読む分野（ご専門）について、3つまで○をお付け下さい。

1. 哲学・思想　2. 世界史　3. 日本史　4. 政治・法律
5. 経済　6. 経営　7. 心理　8. 教育　9. 保育　10. 社会福祉
11. 社会　12. 自然科学　13. 文学・言語　14. 評論・評伝
15. 児童書　16. 資格・実用　17. その他（　　　　）

〒
ご住所
Tel　（　　）

お名前《ふりがな》　年齢　歳　性別　男・女

ご職業・学校名
（所属・専門）

Eメール

【語り】セリの際に突然発せられる語りのタイプ
（例1）「さぁー今日オレ絶対取るぞ！」
（例2）「オレ、今日中札〇〇〇円、書いたぞ！」
（例3）「はい、△△さん、中札×××円！」
（例4）（例3の語りに対して）「どうしてわかったんや！」

これらの語りは、セリの進行からいえば、明らかに余計なものとなる。順に見ていくと、（例1）は、頼母子のセリでは今や講金を落とすことが目的になっていないにもかかわらず、あえて口に出して宣言している。また（例2）は、中札がまだ明らかになっていないにもかかわらず、自分から中札を公表している。しかも（例3）などは、それに輪をかけて、他人の中札を勝手に推測して公言している。それを受け、（例3）で公言された本人が、それに乗っかって（例4）で「その通りだ」と驚いて見せている。

はたして、これらの余計な語りは、嘘なのか本当なのか。こうやって茶々を入れている講員のようすを見ると、明らかに軽い笑みを浮かべ、声色を変えながら大声で叫んでいるところから、口に出して言っていること（意図的表出）を、表情や声色などのやっていること（漏洩的表出）で打ち消しているようだ（ゴフマン 一九七四：五）。つまり、一見すると、それらは〝嘘〟だとわかる。これは、柳田國男が「不幸なる芸術」という文章で取り上げた「ウソらしいウソ」（柳田 一九五三＝一九九〇：三三九）に対応する。それは、その場ですぐにウソだとわかり、語り手も表情や表現方法から「今のはウソだよ」と嘯《うそぶ》いており、それ自体を仲間内で楽しむ類のものだという。

ところが、他の講員と競っている以上、これらの語りは、〝本当〟のようにも聞こえる。というのも、「今のはウソだよ」というメッセージを発しておいて、実際は本当に講金を取る気であったり（例1）、言ったままの中札を書いていたり（例2〜4）もするからである。これらの語り手は、茶々を聞いている他の講員を欺くために、いったん「ウソ」と見せかけておいて、その裏をかいて「本当のこと」を忍ばせているのかもしれないのだ。

とすると、再び、はたしてこれらの語りは嘘なのか本当のか。つまり、これらの語りのおかげで、頼母子のセリは、真偽が宙吊りになった遊びの様相を呈している。そのなかで、各講員は、〝裏の裏の裏の……〟を読みながら、他の講員の出方を見て、自分はいくら入札するかの判断をしなければならない。ここには、はじめに入札されて、最後まで開かれない中札の存在が大きく効いている。

偽装としての遊び

では、どうして、このようなお金の貸し借りに、真偽を宙吊りにするセリの「遊び」を噛ませないといけないのか。頼母子が本来的に助け合いの共済組織であるならば、それを前面に出して、「遊び」などを排除してもよいのではないか。

そのカラクリはこうだ。繰り返すが、ここでのセリは、実質、講金を落とさない（で、毎月セリに参加する）ゲームになっていた。だが、そのようななかでも、たとえお小遣い程度の少額なお金であったとしても、講員たちは実生活を営むうえで、急な何かでどうしてもお金が必要なときがある。ほとんどの講員は遊びでも、自分だけ真剣なときが出てくる。そんなとき、毎月毎月の頼母子が真偽を宙吊りにする遊びのコンテクストを維持してさえいれば、講金がどうしても必要だと思って躍起になっている人が、思惑どおりに講金を取ったとしても、さもセリで偶然に落ちてしまったかのように「けっ、落ちてしまった」「やられたー」「オレが取ってしまったんか」と偽装することができる。たとえば、本当は講金を取りたいと思っている人が、無事講金を取ったにもかかわらず、真偽が宙吊りになった遊びのもと、「こんなもん、財布の中に入れとったら、知らん間に出て行ってしまう」という偽装をかける。だが本当のところは、これで旅行に行ったときのお小遣いにしたり、車検を受けたりしているかもしれない。一方、その周りにいる人々も、セリの遊びに乗じて、落とした人に向かってお気の毒とばかりに「あー」などと応えて、その人が今月本当にお金に困っているかどうかを、それ以上詮索はしない。

つまり、講員間のお金の貸し借りを上記のような遊びで覆うことによって、お金の貸し借りにどうしてもまとわりつく「助ける―助けられる」という非対称な関係をうやむやにして、お金を貸す側は〝さりげなく〟助けると同時に、お金を借りる側は〝正々堂々と〟助けられることを可能にする。すなわち、真偽を宙吊りにするセリの遊びは、お金をめぐる個々の思惑を偽装する仕掛けになっているのだ。

X町の人々は、なんとさりげなく仲間を助けることができるのだろうか。

生きざまの社会理論へ

ここまできて、ようやくわれわれは、X町の頼母子という社会的な仕掛けから、一つの人間のありようを導き出すことができる。それは、お金の貸し借りをめぐって、目に見える表層レベルのコミュニケーションでは「遊び」や「笑い」で覆い隠しながらも、実は目に見えない深層レベルのコミュニケーションでは「助けたい―助けられたい」と願う、二重性を帯びたありようである。(4) このような人間の姿を、筆者は、「生きざま」(足立 二〇一〇：二九〇)と呼んでいる。ここでいう生きざまとは、「その時々にはそうすることでしか(ありえ)ない、物事の成り行きの結果として〝思わず〟漏れ出て(さらけだして)しまう生活態度」(足立 二〇一〇：二九〇)のことを指す。ここから、フィールドワークだけでなく社会学理論を、さらには社会学全体をとらえ返したいと、筆者は構想している。

特にわれわれフィールドワーカーには、人々(ここでは、調査対象者)の生きざまを描き続けることによって、社会学理論に対して新たな「人間像」を提起するだけでなく、本章の冒頭に述べたフィールドワーカー自身の人間観や社会観を鍛え上げることにつながるのだ。

では、ここで冒頭の問いかけに立ち返ろう。いったい現場から創る理論とはどのようなものなのだろうか。そもそもフィールドワーカーにとって理論とは何をさすのだろうか。それは、筆者の立場からいえば、フィールドから導き出された人々の「生きざま」ということにつきる。その生きざまは、現実に起こっている具体的な「人間像」なのである。「理論（セオリー）」の語源をたどれば、「劇場（シアター）」に行きつくのはよく知られているが、この社会の理論＝劇場をよりリアルに、より迫力あるものにするために、フィールドワーカーが提示する生きざまは、社会学理論にとってきわめて重要な位置を占めるのではないだろうか。

この生きざまのもつフィールドでの迫力こそが、社会学理論だけでなく、社会学全体を人々の悲喜交々で塗り変える可能性に満ちている。

注

（1）筆者による聞き取り調査では、利息（買代金）を取らずに講金をくじ・話し合い・順番で回すのは、同級生（あるいは、同輩）の頼母子の場合が多い。一方、少数の事例である入札方式で講金を回すのは、異年齢の頼母子である場合が多い。

（2）以下のY会の事例研究は、足立（二〇一二）によっている。詳しくは、そちらを参照していただきたい。

（3）話はややこしくなるのだが、一番高い値をつけた人と二番目に高い値をつけた人は、それぞれ自分がつけた金額を支払って講金を取得するのではない。実は講金を取得する金額は、一番手と二番手よりも取りたいという意志が強くない次点者、つまり三番手の人がつけたものとなる。どうしてかというと、どうしても講金を取りたいと思っている一番手・二番手の負担（利息）を軽くしてやろうという講の配慮があるからなのだ。一方、講金の取得金額を決めた三番手には、一番手・二番手が支払った金額の合計から一割程度の報奨金が支払われる（残りの九割を、まだ講金を取得していない講員で均等割りする）。その一番手、二番手それぞれが支払う金額が、現在では五〇〇円程度でおさまっている。このような講の配慮がルール化したものを、地元では「Xルール」と呼ぶ。

（4）どうしてここで表層／深層という区別をつけられるのかといえば、どうしても講金が欲しい講員がセリで当選しなかった場合、当選した講員が当選の権利を譲るからである。これは「一番・二番に高値をつけた人が講金を取る」というルールを捻じ曲げているが、講全体としては、それを認めている。このとき、当選者は、あくまでも〝おどけながら〟〝ぶっきらぼうに〟権利の譲渡を申し出る（足立 二〇一二：一六五〜一六七）。ここにも、表面上「遊び」のコンテクストが維持されている。

参考文献

足立重和、二〇一〇、『郡上八幡 伝統を生きる――地域社会の語りとリアリティ』新曜社。

足立重和、二〇一二、「頼母子講――なぜお金の貸し借りと飲み会がセットなのか？」山泰幸・足立重和編著『現代文化のフィールドワーク 入門――日常と出会う、生活を見つめる』ミネルヴァ書房。

柳田國男、一九五三＝一九九〇、「不幸なる芸術」『柳田國男全集９』筑摩書房。

Goffman, E., 1959, *The Presentation of Self in Everyday Life*, Doubleday & Company（＝E・ゴフマン著、一九七四、石黒毅訳『行為と演技――日常生活における自己呈示』誠信書房）

第12章　想像力と社会学理論
――マンガメディアから出発して――

荻野昌弘

漫画家の「フィールドワーク」

人は生まれると同時に、生きている世界について教えられ、しだいにみずからも知ろうとするようになる。また、自分が日々暮らしている世界だけではなく、他人がどのように生きているのか、自分が住む世界とは異なる世界についても、様々な想像をめぐらせる。

私が子供のころ、自発的に未知の世界について知る術は、徒歩やせいぜい自転車で行ったことがない場所を「探検」することを除けば、本やマンガ、テレビだった。いまの子供には、これにゲームやインターネット上の情報が加わるのであろう。マンガやテレビドラマは想像の産物ではあるが、様々な世界の存在を教えてくれる。それは、想像力を用いなければ踏み込むことができないような世界である。マンガを読むことで、読者は自分が見たことがない世界における主人公の冒険を追体験する。この意味でマンガやドラマ、アニメ、映画にふれること自体が、一種の冒険なのである。

マンガにおいて、冒険する主人公はほとんど架空の存在だが、なかには、実在する人物をモデルにした作品も存在する。また、わずかではあるが、漫画家自身が作品のなかに登場する場合もある。そのほとんどは、漫画家の自伝的作品や、小林よしのりのマンガのように思想的主張をするためのものである。しかし、マンガ家がみずから作品のなかに登場しながら、こうした作品とは一線を画するマンガがある。それは、清野とおるの『東京都北区赤羽』(1)（とその続編『ウヒョ！東京都北区赤羽』）である。

『東京都北区赤羽』は、なかなか売れない若手漫画家が心機一転して赤羽に住むところから始まる。そして、漫画家は、街を散策するなかで、思いがけない光景や、赤羽に住む様々な人々と出会っていく。

漫画家と赤羽住民との本格的な邂逅は、第四話で、駅や商店街からかなり離れたところに、店の入り口に「これな～んだ」という奇妙な張り紙をしている居酒屋「ちから」を発見し、たまたま「ちから」のママと出くわして、店に入ってしまうところから始まる。店内に客はおらず、マスターが寝ている。メニューには、聞いたことがないような品名ばかりが書かれており、そのなかから「焼ムーミン」を頼むと、餃子がでてくる。そのうえ、マスターは、漫画家の手相をむりやり見て、「三二歳で鬱病で練炭自殺しますね」と占う。漫画家は、「こんなヒドイ店はじめてだな」と実感するが、それでも「また行こう♡」と思うのである。「ちから」では、何の仕事をているかよく分からないジョージさんなど、様々な人々との出会いがある。「ちから」以外でも、赤羽の母（占い師）、ペイティさん（ホームレスのミュージシャン）など独創的な人物たちと出会う。これらの人々は、マンガのなかに写真入りで登場する。

漫画家は、赤羽をまさにフィールドワークしている。はっきりとした目的があってそうしているわけではない。自分が不思議に思う場所や人々の正体をつかみたいという意思はあるが、それよりは、何かに吸い込まれるように居酒屋「ちから」に入ったように、積極的に偶然に身を任せる日々を送っているというほうが的確である。そして、その結果がどのようなものであれ、漫画家はみずからの体験を積極的に肯定する。

マンガからテレビ映像へ

清野のマンガは、その後思わぬところで影響力を発揮する。清野のマンガからテレビドラマが誕生したからである。それが、『山田孝之の東京都北区赤羽』である。

ドラマは、『山田孝之の東京都北区赤羽』の監督の一人でもある山下敦弘の映画のラストシーンを、山田が、演じることができなくなってしまうところから始まる。それから山田は、俳優としての自分に疑問を持ち、「一度自分らしく、軸ってものを作る作業をやってみようかな」と考え、赤羽に住むことを決める。赤羽を選んだのは、マンガ『東京都北区赤羽』のなかの登場人物たちが「自分自身」を持って人生を生きていると考えたからである。

山田はまず、マンガの作者である清野と会う。清野はマスクをして登場する。その後、山田はマンガの登場人物のモデルとなった人々と会うことができ、喜ぶが、モデルのであるひとりであるジョージさんから、山田が赤羽に移り住むことを、安易だと叱咤されてしまう。

それでも山田は、赤羽での生活を始め、「ちから」のマスターが書いたマンガを基に、マスターやママとともに演じる短編映画『サイコロマン』を撮影する。それは、ドラマに登場する映像作家のコメントなどから、どう見ても評価に値する映像ではないことが分かる。また山田は、友人の俳優綾野剛と待ち合わせて、マンガにも登場するＲｙｏちゃんに会いにいく。Ｒｙｏちゃんは、雑貨品会社がビルの窓に飾っているマネキン人形で、季節ごとに衣替えしている。社長は、Ｒｙｏちゃんは幸運をもたらすシンボルであるという。そのあと、山田はＲｙｏちゃんの代わりに窓越しに立ち、マネキン人形を演じる。ドラマは最後に、山田が、赤羽で出会った人々に出演を請い、自らが演出する芝居をともに演じたところで終わる。

『山田孝之の東京都北区赤羽』は、「ドキュメンタリードラマ」をうたっている。それはマンガの設定を踏襲してはいるが、そのストーリーはまったく別のものである。マンガの作者清野とおるも、登場人物の一人にすぎない。

最も影響を受けた研究者　ジャン・ボードリヤール

最も影響を受けたというよりも，社会学を本格的に研究しようという気にさせてくれた社会学者として，ジャン・ボードリヤール（Jean Baudrillard, 1929-2007）を挙げたい。大学１年のときに *La Société de consommation*（『消費社会』）を読み，その内容よりも，反語的な議論の展開や，一見すると些細なできごとを社会全体の動きに結びつける華麗な論理に魅了された。そこで，当時刊行されていたボードリヤールの著作を読破していった。*Miroire de la production*（『生産の鏡』）ではカール・マルクスの記号論的読解，*L'Échang symbolique et la mort*（『象徴交換と死』）では，すでに読んではいたがよくその意義が把握できなかったマルセル・モースの「贈与論」の要諦を教えられた。その後，修士課程のときに，実際にボードリヤールのセミナール（ジャック・ドンズロとの合同ゼミ）を受講することになったが，そのときの光景がいまも思い出される。

（荻野昌弘）

主人公は、山田孝之が演じる「山田孝之」である。そして、もう一つ忘れてはならないのが、監督の山下敦弘も、ドラマの「監督」として常時出演しているという点である(2)。マンガでそうであったように、ドラマを演出した監督も、みずからの「フィールドワーク」の軌跡を登場人物の一人として表現しているのである。

根拠がない世界

マンガとテレビドラマが描いた二つの「北区赤羽」ものに共通する点は、いくつかある。まず、その制作を主導した漫画家や監督、俳優が積極的に作品に登場する点である。また、登場人物は、みな実在する人物として登場している。したがって、作品はドキュメンタリーの性格を帯びてくる。作品の作り手が「フィールドワーク」をするスタイルをとっていることで、その性格は強められている。フィールドワークといえるのは、両者ともに北区赤羽というフィールドを持ち、実際にフィールドに住むことを意図的に選んでいるからである。そして、北区赤羽に存在する人的ネットワークについて描いているからである。人類学や社会学の方法を、意図的に、あるいは無意識のうちに取り込んでいるといいかえてもいい。

たとえば、ウィリアム・フット・ホワイトの『ストリート・コーナーソサエティ』（Whyte 1943＝2000）は、まさに社会学者ホワイトが研究書のなかに登場し、実在する人物と交流していく。これがモデルの一つとなって、「北区赤羽」ものが生まれていると考えることも可能なのである。フィールドワークと呼ばれる方法は、世界を探索し、認識するための普遍的な方法であり、特に空間的に限定された地域について認識するうえで重要な意味を持つ。

ところで、清野や山田＝山下の北区赤羽の住人たちのふるまいの特徴は、どこまでが本気でどこまでが冗談なのか、よく分からないところである。それは、居酒屋「ちから」のメニュー「焼きムーミン」に端的に示されている。誰もが焼き餃子だと思うが、それは餃子ではなく、「ムーミン」なのである。これをただの餃子ではないかと批判したり、だまされたと思ったりしたら、「焼きムーミン」という命名の独自性を理解することはできない。

仮に既成の餃子とは異なる要素を付け加えていても、通常は「特製餃子」のように「餃子」ということばは残そうとするはずである。ところが、居酒屋「ちから」のマスターは、「焼きムーミン」という独創的なメニュー（の名？）にこだわる。ほとんどの客は、それに独創性を感じることはないだろう。それでも、マスターが「焼きムーミン」にこだわるのは、そこに暗に変身願望があるからである。新たな名前を付けることで、まったく異なる世界を生みだそうとしているのである。マスターが「サイコロマン」という変身ものを企画したのも、変身することへの憧憬があるからである。

「焼きムーミン」という名付けに根拠はない。(3) 多くの人にとって、これは、馬鹿馬鹿しいかぎりの話かもしれない。しかし、規則は、本来こうした恣意的な性格を兼ね備えている（Jeudy, 1993）。「焼きムーミンをメニューの一つとする」という規則を作り、それに合意する者（＝注文する者）がいれば、規則は成立するのである。新たな規則を作るとは、世界を変えることであり、それには必ずしも厳密な根拠があるとはかぎらない。(4) 恣意的な規則を、巧みに、あるいはあからさまに強要することによって、他者に押しつけることが行われれば、それは権力関係の構築につながる。一方、赤羽という町の特徴は、それぞれが独自の規則を作りながらも、それを他者に強要することはないという点にある。赤羽が「自由」な町である理由は、ここにある。

虚実皮膜

もう一つ付け加えなければならないのは、根拠があるようには見えない「名付け」「命名」は、常識から逸脱しているために、日頃無意識のうちに感じている現実感覚の揺らぎを生みだすという点である。赤羽を舞台にした二つの作品は、あくまでマンガやテレビドラマという形式によって表現されており、それは、一般論としては、フィクションである。しかし、清野はみずからの作品を「ノンフィクション」として位置づけている。テレビドラマも「ドキュメンタリードラマ」とうたっている。赤羽に関する一連の作品群を捉えるには、あらかじめ絶対的な「現実」があり、そこから虚構が作られるという発想に立つのではなく、そもそも、そこに描かれたもの自体が一種の現実であると考えたほうがいいのではないか。作者も含めて、現存する人物が多く登場し、実際に行動している絵や映像は、それ自体が現実なのである。

現実と虚構については、江戸時代から興味深い議論が行われている。それは、近松門左衛門が語ったという「虚実皮膜」論である。近松は、芸とは「虚にして虚にあらず、実にして実にあらず」と指摘したという。「事実」に忠実でありすぎては、観客の感動も共感も呼ぶことはないので、現実を現実らしく見せるためには、一定の演技や演出が必要であり、「虚」と「実」の皮膜に、人々の心に訴える真実があるというのである。ちなみに、虚実皮膜論は、三木貞成の著書『難波土産』の「発端」において、近松の弟子であった穂積以貫が近松の言葉を筆録したものとして紹介されている（武井 一九九一）[(5)]。つまり、本当に近松が唱えたことを示す明確な証拠はなく、虚実皮膜論は近松の説であるという点についても、虚実皮膜のあいだにある。

私の赤羽フィールドワーク

私も、赤羽を散策したことがある。それは、二〇〇六年に赤羽の戦跡調査をしたときだった（荻野 二〇一二）。

赤羽駅から高台に向かって上っていくと、ある民家の敷地の一角にコンクリートの壁があり、居酒屋「ちから」の張り紙同様、手書きの「⑱北区平和マップ　旧海軍憲兵の詰め所」という張り紙が、緑色のテープで壁に貼られている（図12-1）。これは、北区が作成した「平和マップ」にも掲載されている戦争遺産の一つなのである。ただ、それは、住宅街の一軒家の一角にあり、手書きの張り紙の説明があるだけで、あまり自己主張していない、めだたない戦争遺産である。かつて、ここに憲兵の詰め所があったとは、なかなか想像できない。

図12－1　赤羽憲兵詰め所跡

いまは住宅地となっているこの一帯は、第二次世界大戦が終わるまで軍用地だった。総務省のホームページに説明があるので、少し長いが引用してみよう。

北区域は、明治二〇（一八八七）年の工兵隊赤羽移転以降、陸軍被服倉庫の建設（後に、本廠機能が転入）、板橋火薬製造所王子工場の設置など、軍の兵舎や倉庫、工場などが次々と転入・拡張され、こうした軍関連施設は、区域のうちに広大な面積を占めるとともに、一九三〇年代には、北区域は重化学工業中心の工業地域として発展していた。このように、多くの軍事施設や軍需工場が存在していた北区域は、「軍都」とも称されており、米軍の無差別都市爆撃の猛威に見舞われることになる。東京への最初の空襲は、昭和一七（一九四二）年四月の小規模なもので、北区域にも被害があった。

東京への本格的な空襲は、サイパン陥落後の昭和一九（一九四四）年一一月から始まったが、当初、北区域は空爆の対象にならなかった。しかし、昭和一九（一九四四）年一二月に、はじめて空襲を受け、以降計一二回にわたり被害を生じ、五〇〇〇人を超える死者を出した。(6)

北区は、「軍都」だった。住宅地の一角に憲兵の詰め所があったわけではない。それどころか、戦前には一般の住宅などは存在さえしていなかったのである。しかし、その面影は、いまやほとんど残っていない。かつて圧倒的な存在感を示していた軍事関連施設は、敗戦後、軍の解体とともに一種の「解放区」となり、残っていた物資はみな持ち出された。いま赤羽に住んでいるのは、戦後によそから赤羽に移ってきた人ばかりである。赤羽は、いわば「移民の町」なのである。清野や山田は、比較的新参者かもしれないが、赤羽の住民は、多かれ少なかれよそものであり、先祖代々赤羽に住む人など、ほとんどいないはずである。

敗戦は、赤羽のように、戦後によそものが寄り集まった町を生みだした。これは、実は、非常に希有な経験だったのではないか。敗戦によって、六〇〇〇万人を超える引揚者が、世界各地から戻ってくる。これらの引揚者は、旧軍用地を含む、利用可能な土地で、商売や農業を始めた。餃子も、満州からの引揚者がもたらしたものである。

赤羽駅近くで、現在、再開発の対象となっている「一番街」も、戦後に生まれた商店街である。赤羽一番街のホームページによれば、「戦後の焼け跡から、赤羽東口駅前の復興を目的とした同士一八名により、昭和二一年一月赤羽復興会商店街商業協同組合を結成」したという。(7)一九五六年からは、毎年四月に赤羽馬鹿祭りを開催している。

一番街にある飲食店は、戦後の雰囲気が残るとされ、いまも賑わっている。

戦後の都市空間の生産

清野や山田を魅了した世界は、敗戦直後の秩序を欠いた状態から生まれている。米軍の爆撃によって町が物理的に崩壊し、その後の敗戦によって、明治以降の日本社会で最も秩序を欠いた状態が現れた。一方で、それは、軍隊の恣意的な暴力への不安から解放された瞬間でもある。そこでは、生きるために様々な知恵が動員され、個々の小さな人間関係のなかで新たな規則が次々と生み出された。その規則のほとんどは一時で消えてしまったが、みずから自由に規則を生みだすことができるという「合意」だけが、局地的に残っているのである。

外部からある場所に集まってきた人々ばかりが、そこでほぼ白紙の状態から生活を始める状況は、めったに生じない。しかも、赤羽の場合、そもそも「軍都」だったため、旧軍用施設をそのまま使うことはあったにせよ、まったくゼロから町の生活が始まっている。社会のなかで公認された規則がない「社会性零度」の状態がそこに現出していたのである（荻野 二〇〇五）。

対極的だったのは、カンボジアでクメール・ルージュが政権を握っていた時代である。私がカンボジアのシェムリアップで出会ったあるカンボジア人男性によれば、強制的な農作業の際に、飢えをしのぐためにかたつむりを食べていたことが発覚すると、翌日には、射殺されていたという。配給された食べ物以外食べてはいけないという規則が徹底されていたのである。

このように統一的規則を徹底していくと、社会は一種の人体実験室の様相を帯びてくる。戦後の日本では、食糧管理法が施行され、米の配給制度が実施されたが、闇米を食べずに配給米だけで生活して餓死した判事がいたように、法を厳格に遵守するだけでは、人間の生存は保証されないのである。

零度のメニュー

戦後の焼け跡では、社会性零度の状態が常態と化していたが、それは焼け跡の時代に固有なわけではない。こうした状態は、常に存在している。この点について、いま一つドラマ化され、映画化されたマンガを取り上げよう。それは、安倍夜郎の『深夜食堂』である。ドラマの監督の一人には、「山田孝之の東京都北区赤羽」を監督した山下敦弘が名を連ねている。

『深夜食堂』は、新宿花園の路地裏にある「めしや」という深夜零時から朝の七時まで営業している食堂が舞台である。メニューは、豚汁定食、ビール、酒、焼酎で、酒はひとり三本までと決まっており、このメニューと営業時間帯が、マスターが決めた「めしや」の規則である。それ以外は、マスターが作ることができる料理を、客の注文に応じて作る。第一話は、地元のやくざが注文したタコ仕立ての赤いウインナーで、この赤いウインナーが、その後、このやくざにとって非常に重要な意味を持っていたことが分かる。

メニューが豚汁定食しかなく、あとは客の注文に応じてできるものは作るというのは、メニューが、実際にはマスターと客の相互行為のなかで決まっていくことを意味する。いいかえれば、メニューを固定してしまい、メニューに載っている料理以外は食べることができないというのは、調理人と客とのあいだの相互行為を通じた創造性を封じてしまうことである。一方、深夜食堂のメニューは、余白だらけのいわば「零度のメニュー」である。多くの人々が眠っている深夜の時間帯に、様々な出自や職業の人々がそこにやってくる。メニューに豚汁定食しかないように、「空腹」という一つの条件さえ満たせば、深夜食堂は、その社会的属性を問うことなく、客を受け入れる。そこは、まさにアジール、あるいは「零度の居場所」である。

現場の想像力

一方で、様々な社会問題に対応するための法が作られる。新法は、法施行後の社会がよりよい状態であるように立案されねばならず、そのためには、ある種の想像力が必要である。また一方で、拘束力を持った法とは異なる、日々の相互行為のなかで必要とされる、まさに「現場の想像力」と呼びうるタイプの想像力も、社会を支えている。そして、現場でしか通用しないように見える想像力の方が、実は普遍性を持っている。あるいは、グローバルな想像力は、現場のなかにこそ存在する。

マンガは、実は、こうした現場に根ざしたグローバルな想像力が結晶化したメディアの典型である。谷口ジローのマンガに『遥かな町へ』という作品がある。これは、主人公が、中学時代を過ごした鳥取県倉吉市へタイムスリップする物語で、フランスでは高く評価され、*Quartier lointain* というタイトルで、実写版で映画化されているほどである。倉吉という日本の一都市を舞台にした作品は、フランスのナンチュアという町に設定を変えているが、そこに違和感はない。マンガを支えている想像力は、実は意外なほど普遍性を宿している。それは、社会性零度の世界を描く想像力であり、社会学者が社会を捉えようとするときにも、それは、不可欠なのである。

注

（1）二〇〇八年から、携帯サイト『ケータイまんが王国』（Ｂｂｍｆマガジン）に連載された。その後、『増補改訂版　東京都北区赤羽』全四巻（双葉社、二〇一四年）が刊行されている。

（2）ちなみに、もう一人の監督松江哲明は登場しない。

（3）ただ、店名が「ムーミン」という読み方のラーメン、餃子専門店は存在する。

（4）詐欺が生じるのは、この局面においてである。

（5）武井協三編『近松門左衛門』（ぺりかん社、一九九一年）に所収されている。

（6）総務省（http://www.soumu.go.jp/main_sosiki/daijinkanbou/sensai/situation/state/kanto_16.html 二〇一六年八月一四

日最終確認）

（7）ようこそ・赤羽一番街商店街へ（http://www.1bangai.org/ichibangai.html 二〇一六年八月一四日最終確認）

参考文献

荻野昌弘、二〇〇五、『零度の社会――詐欺と贈与の社会学』世界思想社。

荻野昌弘、二〇一二、『開発空間の暴力』新曜社。

清野とおる、二〇一四、『東京都北区赤羽』増補改訂版、全四巻、双葉社。

武井協三編、一九九一、『近松門左衛門』ぺりかん社。

Jeudy, H. P., *Élogede l'arbitraire*, PUF, 1993.

Whyte, W. F. 1943, *Street Corner Society : The Social Structure of an Italian Slum*, University of Chicago Press.（＝W・F・ホワイト著、二〇〇〇、奥田道大・有里典三訳『ストリート・コーナー・ソサエティ』有斐閣）

第13章　比較から生まれる新たな知見

土井隆義

南条あやのウェブ日記

若い頃は理論をこねまわして何かものを言うことが面白く、実証データに基づいて論文を書く訓練をきちんと積んでこなかった。もっとも、理論志向といってもその中身はほどほど危ういもので、いわば学習ノートに毛が生えた程度のものにすぎなかった。それでも若気の至りで、何か新しいアイデアを思いついたつもりになって、せっせと論文もどきを投稿していた。

そんな私が、社会学を学び始めて以来、初めてじっくり資料と向き合うことになったきっかけは、いまは亡きある高校生が、ハンドルネーム「南条あや」を使って大量に残したウェブ日記、「南条あやの保健室」をインターネット上で目にしたことだった。日々の生きづらさから逃避する手段としてリストカットを繰り返していた彼女は、その赤裸々な様子をウェブ日記で詳細に語り、ファンの読者たちからネット・アイドルとして熱烈にもてはやされる存在だった。

「両腕を固定されて血小板を献血いたしましたが、看護婦さんはなるべく管の中を流れる血が見えないようにタオルで覆い隠してくれちゃったりします。あああ私はそれが見たいの。」「隙間から見える私の血液と機械の横にぶら下がって貯まっていく血小板の成分。ウットリと見ていた。」「車に轢かれるなら、アスファルトに流れる血を自分で見たい。」彼女の日記の内容は、こちらの身体感覚へも突き刺さってくるような痛々しいものでありながら、しかしそれを奇妙なほど軽やかでポップな文体で包み込んでいた。

彼女の文章はまさに現代っ子らしいもので、場面に応じて赤や青などの色文字を巧みに使い分けたり、表示文字の拡大や縮小といった機能を多用したりしていた。その趣向は、文字の伝える意味内容よりも、文字そのものの与えるインパクトに重点を置いているように感じられた。「んがーんがーん…。ハルシオン一錠減らされましたでごんす。げげぐぐづぐぇ」。「ちょっぴり…リストカットしちゃった…。うあああああああああごめんなさいぃごめんなさいぃぃ！！！やるつもりはなかったんですぅぅぅ！！あの女にそそのかされて…（嘘）」。

彼女の綴る日記は、このように文章自体が身体性を帯びており、まずはそのセンスの良さに目を奪われた。しかし、ずっと読み進めていくにつれて、その表面的な躍動感とは裏腹に、彼女の切実な思いもそこに込められていることが徐々に透けて見えるようになった。自らの将来への不安について、親子関係の葛藤について、彼女の抱え込んでいた生きづらさが、そのポップな文章の裏に隠されていたのである。

彼女がウェブ日記を綴り、リアルタイムで公開していたのは、一九九〇年代の後半である。しかし、その感性は二〇〇〇年を過ぎた現在にもそのまま当てはまるものではないか。そう考えた私は、彼女の日記から受けたインパクトを社会学の言葉を使って再現し、その生きづらさの内実を論文のかたちで提示する道はないものかと模索し始めた。しかし、具体的な資料を使って現実を読み解くような研究スタイルにまったく慣れておらず、そんな地道な作業を行って論文を書いたこともない私にとって、では何をどこからどのように取り組んだらよいのかまったく見当がつかなかった。

まずは徹底的に資料を読み込んでいくしかない。そう腹を決めた私は、ネット上に残された彼女の日記だけでなく、いわゆるメンタルヘルス系と呼ばれるウェブサイトに書き込まれた膨大な「つぶやき」群を片っ端から読み漁っていった。そうすることで、彼女の当時の心情を少しでも追体験できるのではないかと考えたのである。しかし、メンヘル少女たちの世界に入り込んでいけばいくほど、その闇の深さに心が痛くなり、画面をスクロールするたびにため息が募っていくばかりだった。

たしかに膨大な資料の海へと分け入っていく作業は、それまで私が経たことのない新鮮で貴重な経験ではあった。しかし、その作業をいくら進めても、ではさて何をどう書いたらよいのかまったく見えてこない。資料を読めども読めども、その圧倒的な引力に引きずり込まれる思いがするばかりで、自分では何も書けない状態がしばらく続いた。そんなとき、「そういえば、この光景はどこかで目にしたことがある！」と、ある既視感のようなものがふと脳裏をかすめたのである。

高野悦子の『二十歳の原点』

生きづらさを抱えた少女たちの自傷行為が世間で注目されるようになったのは、おそらく一九九〇年代頃からだろう。かつて、社会や大人、あるいは学校や親などが、怒りをぶつける対象として存立しえた時代には、若者たちの攻撃衝動も、そこにターゲットを求めることができた。学生運動にせよ、少年非行にせよ、関心の領域と攻撃の対象は違っても、その構図自体はまったく同じだった。

しかし、やがて日本の社会でも価値観の多様化が進み、その結果として人間関係も流動化してくると、大人社会は若者にとって敵の容貌を見せなくなる。若者のあいだで「いじめ問題」や自傷行為が目立つようになったのはその頃からである。彼らの攻撃衝動が内を向き始めたのである。リストカットという言葉が一般に知られるようになったのも、またこの頃からだった。

私は、そんな新しい潮流のなかに南条あやの日記を位置づけ、彼女が紡ぎ出す言葉の意味をその文脈で理解しよ

最も影響を受けた研究者　H・S・ベッカー

逸脱現象を統制する側の活動が，じつは逸脱現象の生成に寄与している。このような逆説を掲げて，ハワード・S・ベッカー（Howard S. Becker, 1928-）の主著である『アウトサイダーズ』は1963年に上梓されている。その主張は，逸脱に対する従来の視座に180度の転換をもたらしたという意味で，逸脱研究における歴史的な転機の一つとなるものだった。ベッカーが35歳，私はまだ3歳のときである。

たとえ外見は同じ容貌の行為であったとしても，その行為を理解する側の各々の価値観や集団力学によって，読み取られる意味はまったく異なったものとなる。いったいどのような属性の人間が，具体的にどのような状況でそれを行ったのかによって，行為の意味はまったく異なる様相を帯びてくる。この視座は，後にラベリング学派と呼ばれ，多くの社会学者に受け入れられていくことになった。

彼がこのような視座転換を成しえたのは，「我らは社会の負け犬の側に」という立場表明にも象徴されるように，彼自身が研究対象の世界へと深く関与し，その相互作用の中で理論構築を行ってきたからだった。この自己反照的な研究態度から学ぶべき点はいまでも多い。（土井隆義）

うとしていた。しかし、彼女の日記を読み進めるうちに、たしかにリストカットという言葉は存在しなかったものの、若者が自分の手首をカミソリで切るという行為は、それこそ私が若者だった頃にも一部で見られた現象だったことを思い出した。それが既視感の中身だったのである。

過去においては、リストカットのような自傷行為は自殺企図の表れと間違えられやすく、その文脈で解釈され語られることが多かった。私も、ある書物と出会うまではそう思い込んでいた。しかし、大学生の半ば頃、すでに下火となっていた学生運動の熱気を知りたくて手にとった書物を通じ、自分の手首を自分で傷つける行為が必ずしも自殺を企図したものではないことを知ることになった。

その書物が、高野悦子の『二十歳の原点』（新潮社、一九七一年）だった。大学生の彼女が若くして亡くなった後、生前の日記を父親が編集して出版したものである。全共闘世代と呼ばれた当時の若者たちの共感を呼び、後に出版された高校時代の『二十歳の原点序章』、中学時代の『二十歳の原点ノート』とともにベストセラーとなった。その後もずっと版は重ねられており、いわば青春日記の古典としていまだに生き残っている。

この日記のなかにも、彼女が自ら手首を切った体験を綴る文章が出てくる。「カミソリをあてて思いきり引っぱった。赤い血がみるまに滴となっていった。」「私は今生きているらしいのです。刃物で肉をえぐれば血がでるらしいのです。悲しいかな私には、その『生きている』実感がない。」これらの文章から推察されるように、彼女の自傷行為は自殺を企図したものではない。むしろ自らの生を確認しようとする思いが見てとれる。その点では、南条あやのリストカットと共通するメンタリティを感じることができる。

南条あやも、高野悦子も、自殺を企図してではなく、自らの生を確認するために手首を傷つけていた。私の脳裏をかすめた既視感はここにあった。しかし、二〇代の頃に一読したまま、その後ずっと埃を被っていた『二十歳の原点』を自室の書棚の奥から取り出し、久しぶりにそのページを再びめくってみると、二人が生きた時代背景の落差に愕然とした。自傷行為について同じように語りながら、しかしその文脈の違いの大きさに驚いたのである。

高野は、全共闘世代の若者として学生運動へ身を投じた一人でもあった。「私の肉体に真っ赤な生々しい血が流れているのである。巨大な怪物の前に自分が何をやりたいのかも分からず、自分を信じることができず『私はこの部屋の王様である』なんて言っている奴の中にも、真赤な血が流れているのである。ただ生きるために酸素と栄養分をもち体のすみずみまで血が流れているのである。」ここで彼女が「巨大な怪物」と表現していたのは、当時の学生運動がその矛先を向けていた日本政府である。彼女には、明確に対峙する敵がいたのである。

では、二人のメンタリティの類似点と相違点は、日本社会のどんな不易と変貌を物語っているのだろう。日本の若者のあいだに自傷行為が広がったのは、先ほど述べたように確かに九〇年代以降なのかもしれない。しかし、そこには単に攻撃衝動が向けられる対象が違ってきたというだけではない何かがあるに違いない。こうして、三〇年の歳月を隔てた二人の日記を突き合わせるようにして読み込んでいくという作業が始まったのである。

同じ特徴を備えてはいるが、しかし違った側面も見られる二つの対象を、対照させつつ考察を進めていくということ。この比較という作業は、ことさら指摘するまでもなく、ごく初歩的な、しかもごく単純な研究作法の一つである。しかし、実験によって仮説を検証することができない社会科学では、それに代わる重要な手続きの一つでもある。私は、南条あやの日記と出会い、そこから高野悦子の日記を想起することで、その大切さを改めて自覚することができた。そうやって書き上げた論文が「生きづらさの系譜学」（亀山佳明・富永茂樹・清水学編『文化社会学への招待』所収、世界思想社、二〇〇二年）である。ごく短い論考ではあったが、私の研究経歴にとって大きなターニング・ポイントとなる作品だった。

人間関係に対する満足感

二人の日記を比較することで見えてきたのは、若者たちが抱える「生きづらさ」の根源が、この三〇年の間にいかに大きく変貌を遂げたかだった。二人とも同じように手首を切りながら、二人とも同じように自己の存在確認をそこに求めながら、しかし彼女たちをその行為へと駆り立てた「生きづらさ」の根源はまるで違う。高野悦子が生の感触を通してその背後にある自己を確認しようと自らの身体を傷つけていたのに対し、南条あやは生への刺激を直接的に自己へ与えようと自らの身体を傷つけていた。

自傷される高野の身体は、彼女の思想の対象であり、思想する自己に従っていた。彼女の自己は、彼女の身体感覚を超え、それを支配する主体として感じとられていた。彼女の痛みは、その主体の痛みにほかならなかった。それに対して、自傷される南条の身体は、彼女の自己そのものである。身体を超越し、それを支配する自己があるわけではない。彼女の自己は、彼女の身体とイコールである。だから、自らの存在を確認するためには血を見なければならないし、彼女の痛みは高野よりも直截的なのである。

彼女たちの日記は、どちらも鋭い心の痛みを感じさせる。しかし、その痛みの質はまったく違う。高野の自己像が、身体を超越し支配する主体であったのに対し、南条の自己像は、身体そのものに溶け込んで拡散している。この相違は、彼女たちが生きたそれぞれの社会構造と、それに由来する時代精神を投影したものだろう。それがこの二人の意識と行動を大きく隔てていたのである。

この論文の執筆を契機に、それまで理論への志向が強かった私の研究スタイルは、具体的なデータのなかにアイデアを発見し、そのデータを用いて考察を進めていくものへと大幅に変わっていった。その方向転換は、手記や映像といった記録資料を読み込むという作業だけでは終わらなかった。その後は、アンケート調査等の数量データを扱い、その分析も行うようになっていった。

日本の社会学者の共同研究グループである青少年研究会のメンバーに加えていただいて以降、私も遅ればせながら数量データの解析へと取り組むようになった。しかし、そこでもつねに心がけてきたのは、「生きづらさの系譜学」を執筆するにあたって思い知ったこと、すなわち比較するという手順をけっして置き去りにしないということである。得られたデータの単なる解釈を超えて、そこから新たな理論を創り上げていくためには、その土台づくりとしての比較作業が欠かせない。たとえばこんな事例がある。

最新の調査では、私も分析メンバーの一人に加えていただいた内閣府による「青年意識調査」の結果を見ると、一九七〇年代以降、友人や仲間といった人間関係に充実感を覚えるという若者は増え続けている（図13-1）。同様の傾向は、私たちが青少年研究会で独自に行ってきた調査でも見られる。先ほども指摘したように、この頃から日本社会では価値観の多様化が進み、その状況下で人間関係の流動化も進行してきた。おそらくその結果として、社会制度や組織によって不本意な人間関係を強制される頻度が減ってきたのだろう。

じっさい、近年は若者の幸福度が上昇しているとしばしば指摘され、その傾向は各種の調査からも確かに確認されているが、その要因として挙げられるのが人間関係に対する満足度の上昇である。現在の日本は、長引く経済不況や雇用の自由化によって所得格差が拡大しており、その影響を最も受けている若年層にとっては非常に生きづらい社会のはずである。そのような状況下で、「努力しても報われない」と考える若者も増えている。にもかかわらず幸福度が上昇しているのは、環境の劣化を補っても余りあるほど、人間関係に対する満足度が上昇しているからだと考えられる。

調査データの解釈としては、ここで分析を終えてもなんら問題はない。従来の学説とも合致している。しかしそれでは、これまで指摘されてきた見方を具体的なデータで追認しただけにすぎなくなってしまう。調査報告書であればそれでも受け容れられるかもしれないが、あえて論文として公表する価値は見出せない。そこになんの新発見も伴っていないからである。

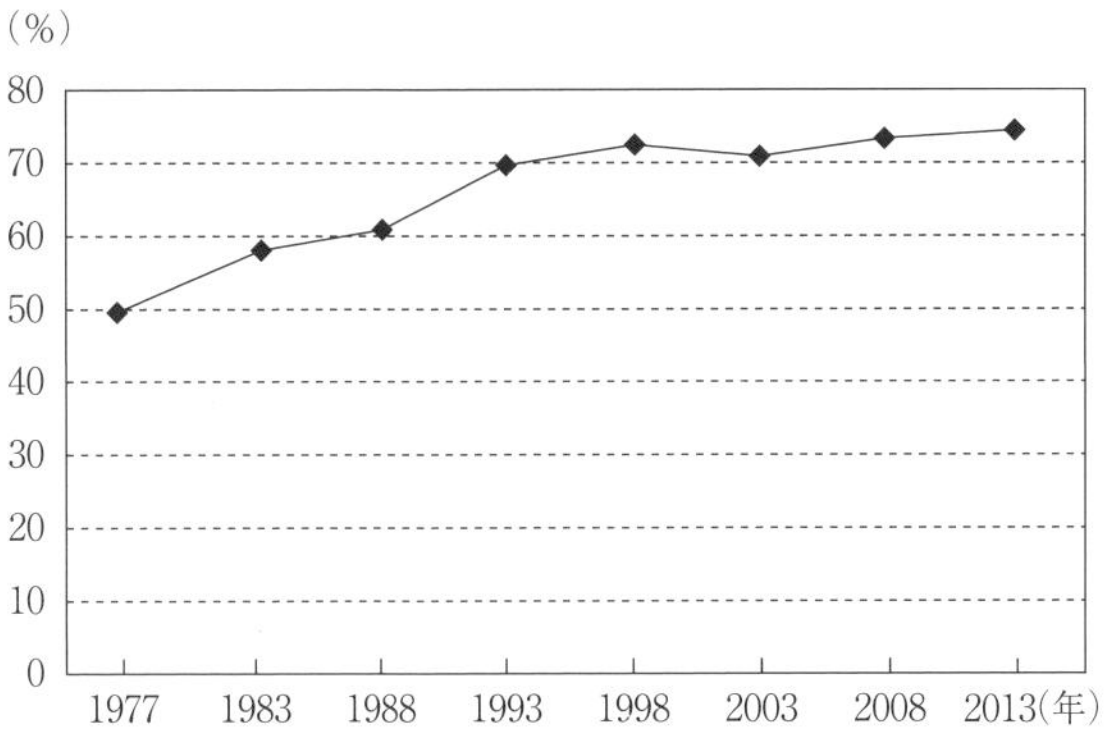

図13－1　友人や仲間といるときの充実感（18～24歳）
（出典）内閣府「世界青年意識調査」から作成。

人間関係に対する不安感

右の分析に足りないのは比較である。もちろん、人間関係に対して充実感を覚える若者が増えているという実態は、一九七〇年代から各調査年のデータを比較することで見えてくるものである。そこで使っている比較の軸は、南条あやと高野悦子の日記を比較するときに私が用いたものと同じ時間である。しかし、両者の日記を読み込むなかで、私がさら

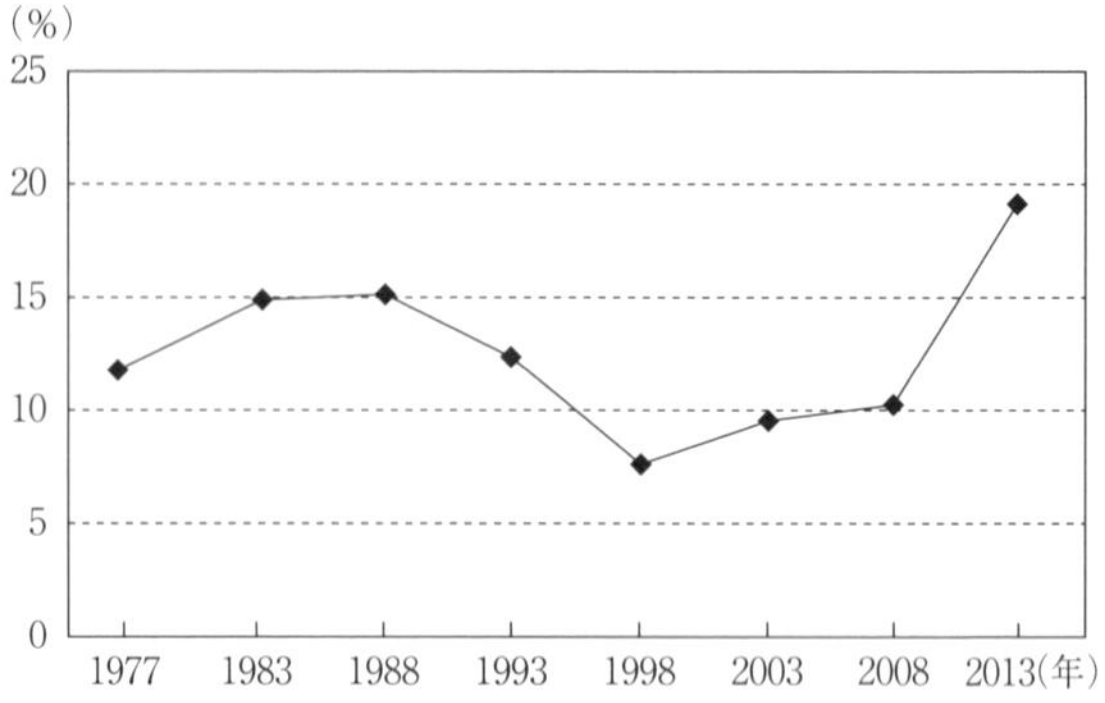

図13－2　悩みや心配事は友人や仲間のこと（18～24歳）
（出典）内閣府「世界青年意識調査」から作成。

に詳細に比較したのは、彼女たちの身体イメージ、社会や親との距離の取り方、自己の将来像などだった。同様に、ここでも別の比較軸を持ち込んでみたら、右のグラフはどのように見えてくるだろうか。

そのための素材として、ここでは充実感に対する反転項目となりうる設問への回答結果を使ってみたい（図13-2）。先ほどと同様、内閣府の「青年意識調査」から得られたデータである。友人や仲間との人間関係に対して悩みや心配事を抱えているという若者は、一九七〇年代から九〇年代にかけて減少していた。人間関係に対して充実感を覚える若者が増えるにつれて、そこに悩みや心配事を感じる若者が減るのは当然だろう。ここまでなら、この図13-2のデータは、先ほどの解釈を単純に補強するだけのものである。

ところが、二〇〇〇年を過ぎたあたりからその傾向が反転し、悩みや心配事を抱えているという若者が増え始める。人間関係に対して充実感を覚えるという若者は、この頃も増加傾向を示しているから、かつてのように社会制度や組織が不本意な人間関係を再び強制するようになったとは考えられない。では、それまで減少し続けていた悩みや心配事が、この時期を境に再び増加へと転じたのはなぜだろうか。

このような疑問から、調査データを再解釈する作業と、それに基づいた新しい理論を構築する試みが始まる。ここで私がたどり着いた結論は、人間関係の流動化には二面性があるという単純な事実の可能性だった。つきあう相手を自由に選べる流動性の増大は、その相手から自分が選んでもらえないかもしれないリスクの増大と表裏一体だからである。人間関係への不満の減少分を凌駕するほどその不安が増大してきたのが、おそらく二〇〇〇年を過ぎたあたりからなのである。もちろん、これは一つの仮説にすぎない。この知見より確固たるものとするためには、ではその分水嶺となったのが何故この時期だったのかを、さらに検討しなければならない。

そこで私が目をつけたのは、日本の経済成長率や生活保護率の推移といったマクロデータだった。先ほど、昨今の日本では、一方で格差化が進行しているのに、他方で若者の幸福感は高まっていると述べたが、ここで人間関係に対する不安の増大というネガティブな側面を説明するために、その前者の格差化というネガティブな要因のほうに着目したのである。人間関係が流動化しているという事態そのものは二〇〇〇年前後で変わっていないにしても、その器である生存の境界線が違ってくれば、その流動化の受け止められ方は異なってくるだろうと考えたからである。

社会のパイがまだ拡大していると感じられるときに社会の流動化が進むと、人は新しいチャンスを求めて外へ打って出ようとするだろう。不確実性を可能性と捉え、そのフロンティアに自分をかけてみようと思うだろう。しかし、すでに社会のパイは膨らんでおらず、むしろ萎みつつすらあると感じられるときに社会の流動化がさらに進むと、人は現在の生活をなんとか死守しようと防御の姿勢へ転じるはずである。不確実性をリスクと捉え、先行きが不透明ななかで自分のポジションを守るために、新しい出会いではなく目先の確実な人間関係を重んじざるをえなくなるはずである。ここから人間関係に対する態度の変容を説明できると考えたのである。

さて、そのような観点から眺めると、現在では若者の幸福感が上昇しているにもかかわらず、若者の自殺率が依然として高留まりのままであることに対しても、新たな解釈枠組みを提起することができることに気づく。幸福感の上昇とともに青少年犯罪は減少しているが、それは当たり前のことである。不満が減っているのだから。しかし、同じく社会病理現象である自殺率のほうは、それとはまったく異なる動きを示している。なぜなら不安が増しているからである。二つの病理現象を分かつのは、不満と不安の比重の相違なのである。

こうして、理論構築への私の試みは続いていく。そして、まさにこの新たな問い自体もそうであるように、その理論構築のフックとなってくれるものこそ、私にとっては比較という単純だが貴重な作業プロセスなのである。

コラム5　ロマンティック社会学批判を超えて

Sidewalk

ストリートの夕刻。ラジオから音楽がやかましい音をたてている。（中略）椅子に座っていたマドリックが私に尋ねてくる。「疲れたか？」「ちょっとね。君は？」「俺は金を稼ぐことで頭が一杯さ。〔孫の〕ダニーシャに会うためにね。彼女に約束したんだ。会いに行くって」
（デュニア　一九九九：一一〇）

ニューヨークのグリニッジ・ビレッジ、六番通り。ホームレス状態の黒人たちが、捨てられた本や雑誌などを集め、インフォーマルに売買する。*Sidewalk* の著者のM・デュニアは、自身も時に商売を手伝いながら、ヴェンダー（売り手）と通行人、ヴェンダー同士の会話を録音し、会話分析を行う。

人種や階級に基づいた排除やスティグマに直面する中で、ヴェンダーたちはいかにして創意工夫するのか。彼らの行為は、いかにして公共空間を規制する都市の機構と交差するのか。こうした問題関心のもと、ヴェンダー、場所取り屋（条例改正の影響で売り場の確保は早い者勝ち）、テーブル見張り（テーブルを離れると撤去されるため）など、路上のいくつかの商売の日常を記述しながら、登場人物の人生や野宿生活の描写も挿入される。さらに、店舗のトイレの使用をめぐる攻防や、女性通行人に対するヴァンダルな発話が分析されたり、軋轢のある近隣の本屋、景観を重視する企業などへもインタビューは及ぶ。

数年の調査を経た頃、一人のヴェンダーが警官に荷物を没収された際、仲間意識を感じていたであろうデュニアが、ついに一人で路上にテーブルを出し、「俺のテーブルを撤去できるものならやってみろ」と言わんばかりに、警官と衝突するシーンは、参与観察の醍醐味が迫ってくるようで、思わず読みながら手に汗握る。

こうしたストリートのエピソードを理論化する上で、デュニアは割れ窓理論（一枚の窓が割れていても誰も気にとめないならば、そのうち犯罪が増加するという考え方で、些細な逸脱も取り締まっていくニューヨークのゼロトレランス政策に応用される）に挑戦する。ホームレスの人々は、割れ窓の兆候と見なされがちであるが、デュニアは参与観察を通して、ヴェンダーたちは、より良い人生を送れるように、他者を導きケアするような、公共的なキャラクターになると指摘する（盗みやドラッグ売買に手をそめず、まさに冒頭に引用した挿話のように）。

本書は都市下層の人々の中に深く入り込んだ労作であるため、『ストリート・コーナーソサエティ』を執筆したW・F・ホワイトも、「自分がまだ教員だったら、学生に読ませたい」と言うほどで、C・W・ミルズ賞を獲得している。

理論化の落とし穴　しかしその後、『ボディ・アンド・ソウル』を刊行したL・ヴァカンは、*Sidewalk* を「ロマンティック社会学」（ヴェンダーたちをあまりにも「聖人」のように描きすぎ）だと断罪する。

具体的な批判は以下の六つである。⑴デュニアは「ヴェンダーたちがゲットーの若者にロールモデルのような影響を与え、地域住民との社会的障壁を弱める」と言うが、その証拠を提示していない。⑵データの収集の際は、非合法な経済活動を遮断し、解釈は検閲され、ねじ曲げられている。⑶ホームレスや依存症の調査、既存の路上ヴェンダーの論考と結びつけていない。⑷制度的背景から切り離し、物的な決定論や権力の分析を欠いたまま自己尊厳へ着目するのは、本書の理論的欠陥である。⑸ヴェンダーが犯罪を減らすというが、証拠がない。ヴェンダー行為の違法性自体を問わず、寛容な新たな社会制御が必要であるとの主張は弱い。⑹路上の商売と非合法活動が人工的に分離されることで、楽観的な物語（出所した者も、ヴェンダーから「誠実な」働き方を学び、近隣住民にも信頼されていく）が作成されている。

ヴァカンのロマンティシズム批判は、さながら都市下層エスノグラフィーの「部分的真実」（クリフォード）への警鐘であった。だが、デュニアがフィールドで得た実感の記述とその理論化は、失敗と言い切って捨ててしまうべき性質のものだろうか。

〈個性〉を書く　その後、デュニアは、『耳を傾ける技術』を執筆したL・バックとの対談の中で、社会学的エスノグラフィーはもっと「人を見せる」（Showing the People）べきだと提起している。ポストモダン・エスノグラフィーの発展や、実証主義の伝統との対話を目指す一方で、実践への応答も忘れないという緊張関係の中で、*Sidewalk* の記述は展開される。社会学が人々の〈個性〉を無視してきたことへの苛立ちが込められているかのように。確かにヴァカンの指摘には一理ある。しかし、著者自身がフィールドでポジションを選ばない、あるいは感情の表出を禁欲するエスノグラフィーとは、いったい誰のための理論化なのだろう。社会学の使命は「対話」だと言い切るデュニアは、人々の理論をすくい上げるからこそ、参与観察による自身のリフレクシブな記述を最大限に展開しえたのだと私は思う。

（山北輝裕）

参考文献

J・クリフォード＆G・マーカス、一九九六（原典一九八六）、春日直樹他訳『文化を書く』紀伊國屋書店。

Duneier, Mitchell, 1999, *Sidewalk*, Farrar, Straus and

Giroux.
Duneier, Mitchell & Back, Les, 2006, Voices from the sidewalk : Ethnography and writing race, *Ethnic and Racial* Studies, 29 (3).
Wacquant, Loïc, 2002, Scrutinizing the street : Poverty, Morality, and the Pitfalls of Urban Ethnography, *American Journal of Sociology*, 107 (6).

第Ⅲ部　個人・身体をめぐる理論

第14章　「私」というフィールド

奥村　隆

私はフィールドを持たない

私はフィールドを持たない社会学者である。編者の鳥越先生は「架空の現場」について書いてほしいという「遊び心」で本書のラインアップに私を加えてくださったのだが、私はふつうの意味でいう「現場」を持たない社会学者である。

鳥越先生からご依頼を受けて思い出したエピソードがある。一九九六年六月、東京学芸大学で開かれた関東社会学会大会の打ち上げの席で、浜日出夫先生とご一緒したことがあった。その頃浜先生はシュッツなど現象学的社会学の学説研究から「記憶」の社会学に研究を展開され、調査対象となる「フィールド」を開拓なさっていた時期だったと思う。私は先生の新しい研究のお話を聞きながら、三〇代半ばの自分がそうした具体的な「フィールド」を持っていないことに少し苦しくなって、「私も何かフィールドを持たないといけないですね」と弱々しく口にした。すると浜先生はにこにこしながら、「奥村さんはいいんだよ。奥村さんは奥村さんがフィールドだから、フィールドなんてなくていいんだよ」とおっしゃった。私はとても驚いて、「え、私がフィールドですか」と聞き直したが、先生は「そうそう」と今度はにやにやされていた。

その言葉で何かが分かったというとでき過ぎた話だし、その後も試行錯誤が続いたが、結局二〇年近くたっても私はなんのフィールドも持っていない。専門は何ですかと聞かれて、「コミュニケーションの社会学」と答えることが多いが（『反コミュニケーション』という本を出してしまったので、それもよく分からなくなってしまった…）、「社会学」という以上に限定できる専門がこれだ！という確かな感覚もない。「社会学」は道具にすぎないから、その道具で考える対象は何かと振り返ってみると、やはり「私」なのかもしれない。少なくともある時期から、私は「私」をフィールドにして、それを「社会学」によって考え、言葉にしようとしてきたように思う。浜先生の言葉は、そんなのでもいいのだと私を安心させてくれる（あるいは覚悟させる）ものだったのだろう。私が「現場」と問われて思いつくのは、だから第一に「私」そのものである。

「私」というフィールド

浜先生との会話から一年半ほどたった一九九八年三月、私は『他者といる技法』（日本評論社）という本を刊行した。その「あとがき」には、「この本に書かれたことは、すべて私自身である。ここにある文章は、すべて私の自画像である」とある。はじめて意識して「私の自画像」を書こうと思ったのは、一九九四年に発表しこの本の第一章に収めた「「思いやり」と「かげぐち」の体系としての社会」（『社会学評論』第四五巻一号）という論文だった（浜先生はこれを読んでおられたのだと思う）。

この論文を、「私」という現場をフィールドワークするかのように、振り返ってみよう。私に接したことがある人は（鳥越先生もきっと）ご存じだと思うが、私は繊細に気を遣う、やさしくて思いやりゆたかな人である（と書くのもどうかと思うが、「自画像」なのでお許しを…）。それは友人関係でも職場でもそうで、他の人の気持ちを先回りして進んで仕事をしたりする（ほぼ自動的にそうするので嫌々ではない）。ただ私は、こうした自動的に「思いやり」を持つ自分がとても嫌いだった。自分というものがないようにも思えたし、自分をある枠に閉じ込めているような窮屈さも感じていた。

だが同時に、私は意地悪な「かげぐち」を頻繁に話す人でもある。より近くで私に接してきた人は、私が辛辣な悪口を言い、デフォルメした物真似をして、ときに痛快な笑いを生み、ときに人を辟易させるということをよく知っている。その対象が、私が友人や仕事仲間として直接にはやさしく接している人であることもある（そうでないことも多いが）。私は同じ人に対してやさしさに満ちた「思いやり」をもって接し、別の場面では意地悪な「かげぐち」を語っている。

そして、私は「私」がこうしているということをよく知っていて、自分がさらに嫌いになる。でもこの二つの自分がつながっているのだろうなとも薄々感じていた。きっとこんなふうに「思いやり」を持たなければ「かげぐち」は言わないだろうし、「かげぐち」を話さなければ「思いやり」に満ちた自分は続かないのではないか。しかしこれらはどうつながっているのか。「私」というフィールドにはこんなもやもやした「謎」があった。そしてこの「謎」は、自分だけの力で、自分の「なか」だけを観察しても答えが得られそうになかった。

思いやりとかげぐちの体系としての「私」

私がどのようにしてこの論文を書けるまで辿り着いたか覚えていないが、二つの議論がヒントとなったことは間違いない。一つは、精神医学者R・D・レインによる分裂病質をめぐる家族内コミュニケーションの議論である。患者とされる娘と親たちに面接を行ったレインは、G・ベイトソンがいうダブル・バインドをそのコミュニケーションに発見するが、それを「トランスパーソナルな防衛」あるいは「相互テロリズム」といいかえた。自分のアイデンティティ（たとえば「優しい母親」）、集合的アイデンティティである「家族神話」（たとえば「なんでも言いあえる家族」）を守るために、それを破壊するような他者の状況定義（娘が「うちはなんでも言いあえる家族なんかじゃない、

最も影響を受けた研究者　千葉大学の社会学者たち

人生は，ほとんどがたまたまの出会いで成り立っていると思うが，学問上の人生もそうだと思う。私は 1992 年に千葉大学文学部に赴任したが，そこには 3 歳年上の大澤真幸さんがおり，改組で 2 歳上の長谷正人さんが，助手として 1 歳上の立岩真也さんが加わって同じ社会学講座に所属した。1 歳違いの 4 人が同時にいたのは 1994 年度の 1 年間だけだったが，ここで私は多くのことを学んだ。たとえば卒業論文の発表会で教員 2 名ずつコメントするが，彼らのコメントにそうも考えられるのかと，ハッとさせられた。逆に自分のコメントが彼らを面白がらせることもあり，ふだんやっていることが間違っていないと分かるだけでも何か確信が得られる思いがした。この年度までは天野正子先生も在籍され，その知的な刺激も強烈なものだった。この場所で 30 代の私は鍛えられ，成長したと思う。しかしその後，この全員が他大学に移り，私も 2003 年に千葉大を去ることになった。不思議で素晴らしい年月だった。

（奥村　隆）

お母さんは優しくなんてない」と言う）をコントロールしなければならない。その状況定義を認めれば自分（たち）のアイデンティティは傷つき、否定すれば否定した行為自体によってアイデンティティは揺らぐ（私は「優しくない」母親だった！）。だからどちらともつかないダブル・バインド的応答をし（「おまえはいい子だからほんとうはそんなことを思ってないってお母さんは知ってるわ」！）、他者を「安住できない境地」に追い込み、結果として他者のアイデンティティを破壊する。

自己と他者がアイデンティティを奪い取り合う「相剋」「葛藤」としてのコミュニケーションの姿（これはそもそもサルトルの「まなざし」論に由来するが）は、私にとって「思いやり」のコミュニケーションを測定する「原形」として有用だった。私自身は「葛藤」が起こらないように自動的に先回りしてしまうわけだから、「私」というフィールドにはすぐには発見できない「葛藤」というモデルを手にすることで、「私」を測るための外の足場が見つかったように思う。

もう一つは、社会学者E・ゴフマンのドラマトゥルギーの社会学である。彼は「人生に賭けのようなところはあまりないかもしれないが、相互行為は賭けである」としながら、相互行為がパフォーマーとオーディエンスの巧みな協力によって、いかに「賭け」でないように達成されているかを描き出す。私たちは相互に面子を守り合い、助け合い、アイデンティティが毀損されそうな自己呈示上の失敗をしても、観客として見て見ぬふりをし（「思いやり」のルール）、自分の演技を完遂させようと努力する（「自尊心」のルール）。そのための重要な仕組みが「表舞台」と「舞台裏」の区別と往復であり、私たちは舞台裏で汚れ仕事ともいえる準備や作戦会議をし、仲間意識を培って、表舞台で適切な自己呈示を行う（それは観客にとっても気持ちよい演技である）。この舞台裏なしには表舞台は維持できない。そこでありふれた現象の一つが「舞台裏版のオーディエンス像」であって、ホテルの従業員は客たちの、学生たちは教師の悪口を言い、物真似をし、好き嫌いをあげつらうことによって表舞台での演技を成功させる。この舞台裏のリアリティが表舞台に漏れ出すとショーは簡単に崩壊するが、オーディエンス像の共有によって、パフォーマーたちはみな共犯関係となり、舞台裏のことを誰も密告できなくなって、この境界は強固に維持される。

ゴフマンは以上の議論を「演出論上の問題」として展開した。これを「存在証明論上の問題」としてとらえ直してはどうか。一方で、「思いやり」によって、「葛藤」と「承認」を往復するような世界から私たちはずっと安全で平穏な世界に移行することができるだろう。アイデンティティを奪い取り合う「稀少性」と「危険性」に満ちた世界から「賭け」という性格をできるだけ省いて、相互にアイデンティティを安全にあつらえ合う世界を獲得できる。しかし他方、この世界でどれだけ承認されても、「思いやり」による承認なのだから、アイデンティティは「希薄性」を増し、「真実性」を失う（私は「思いやり」基準で他者を承認している、それと同じ基準で私が他者から承認されたとしても…）。

「かげぐち」はこの問題を解決してくれる。その相手がいない舞台裏でそれを語ることによって、表舞台で誰かを承認したとしてもそれは「思いやり」基準にすぎない、と確認できる。おそらく「思いやり深い」人は、他人の

「思いやり不足」に繊細に気づいてしまうものだ。しかしそれを表立って表明することはできない（すれば「思いやり」のない人になってしまう）。「かげぐち」はこの乖離を埋めてくれもする。だが、「かげぐち」は「かげ」、つまり舞台裏のものでなくてはならない。それが表に溢れ出すとき、「思いやり」によって安全にしたはずの日常世界がふたたび「葛藤」に満ちた「稀少性」と「危険性」の世界に逆戻りしてしまう。私たちは「かげぐち」を慎重に「かげ」の領域にとどめ、その境界を守るよう努力する（たとえば「かげぐちを言う私はなんて不道徳なんだ！」と嘆いて、「ほんとうの私はかげぐちなど言わない「思いやり」に満ちた人である」ということを証明する）。しかし、「かげぐち」がなければ、「思いやり」の世界は（それが高度になればなるほど）維持できないのではないだろうか。また、「思いやり」がなければ、（表で直接言えばよいのだから）「かげぐち」の世界は必要ないのではないだろうか。私はこの「思いやりとかげぐちの体系」が張り巡らされた社会のなかに生きていて、その社会の力に貫かれて「思いやりとかげぐちの体系としての「私」」になっている…。

『他者といる技法』には、こうした「私」というフィールドの観察記録をいくつか載せている。たとえば第四章「リスペクタビリティの病」は、どうしても「きちんと」してしまう「私」、しかしそうすることにいつも「気後れ」を感じてしまう「私」を、ブルデュー、ホックシールド、モッセに足場と道具を与えられて描いたものだ。この本を刊行した頃の私は、こうした「自画像」を言葉にして、人に読んでもらったり授業で学生に話したりすることで、自分が自由になっていく感覚を得られるように思い、それが社会学のおかげだと感じていた。

もう一つの「フィールド」

ところが私はその後のある時期、長い間まとまったものが書けなくなった。二〇〇一年に『エリアス・暴力の問い』（勁草書房）という本を出したが、これはうまくいかなかった。端的にいうと、「私」とは別のものを背伸びして書こうとして、それだけの力量がなかったからだ（「私」のなかの「暴力」を掘り起こすにはもっと力量が必要だった）。二〇〇二年の「社会を剝ぎ取られた地点」（『社会学評論』第五二巻四号）という論文だけはかなり面白いと思ったが、他は『他者といる技法』より面白くなかった。

これには二つのことが関係していると思う。第一に、私は「私」というフィールドをさらに深く（あるいは別様に）描くための道具を獲得できていなかった。「私」を描くには、描く私と描かれる「私」のあいだに距離をとるために、十分に切れ味があり自分にとってフレッシュな道具を必要とする。それを私は手にできないでいた。そうするうちにこのフィールド自体があまり面白くないもののように思えてきた。まあ「私」というフィールドなど考えてみるとごく平凡なものだ。私は浜先生に騙されたのだ！（笑）

第二の要因は、私がもう一つだけ持っているといっていい「フィールド」に関係する。そのフィールドとは、学生や読者という社会学の受け手とのあいだの「現場」である。そもそも私が「私」をフィールドとする社会学を始めるようになったのは、学生に対してどんな社会学を伝えればよいかに悩んだことと関わっている。一九九二年に東大の助手から千葉大の講師に移ったとき、たとえば「社会にはこんな問題があってそれはこんな構造による」と語るような社会学は東大では通用するが、千葉大では学生たちに（社会学を専攻する学生でも）ほぼ届かないという強い印象を持った。そのような「問題」や「構造」は向こう側にあって、「私」は茶の間でテレビを見るようにこちら側で眺めている。それが大事なことだとは分かるけれど、「私」がそのどこにいるか分からない、むしろ「私」は観察者としてその外にいる。こうした社会学は伝わらない。学生たちはもっと手前の問題で悩んでいて、それを考えないことには外に進めない。「私」がそのなかにいて、「私」を貫いている社会の力を見えるようにする社会学のほうが切実に届くし、社会をより深く透視することになる。

「思いやりとかげぐち」のプロットも、最初は一九九三年の前期に、オムニバス講義の四回ほどの担当分で学部生向けに話したことだった。「私」をフィールドにした社会学を、学生という別の「私」に伝えてみる。読者の「私」に伝えてみる。この、誰かに社会学を伝えるという「現場」あるいは「フィールド」が、私に社会学を続けさせる大きな力だった。

しかし、私はその「現場」の手応えが薄れていく感覚を覚えていた。浜先生に依頼されて登壇した二〇〇七年の三田社会学会大会シンポジウム「構築主義批判・以降」でのコメントを論文にした「もしも世界がみんな構築主義者だったら」（『三田社会学』第一三号、二〇〇八年）でも述べたが、「あたりまえを疑う」社会学（「私」をフィールドとする社会学はその最たるものだ）は、「あたりまえを疑う」構築主義的な態度が社会に広がると失効していく。「あたりまえは構築されたもの」・「私は構築されたもの」という認識自体が「あたりまえ」となる。あるいは、この認識は「あたりまえ」からの自由を生むより、すでに「あたりまえ」を疑っている人々に、どこにも根拠がないという不安を昂進させるだけになる。このような社会学を続けていてよいのか。社会学を届ける宛先はどこの誰なのか。

吉田文五郎のコミュニケーション

このような状態で私は二〇〇三年に千葉大学から立教大学に移り、次に取り組んだ重要な仕事は長谷正人さんとの共編著『コミュニケーションの社会学』（有斐閣、二〇〇九年）だった。有斐閣の会議室で長谷さんとジンメル、ハーバーマス、ミード、ゴフマン、ベイトソン、ルーマンについて報告・議論する勉強会を続けたのは、自分の道具箱に新しい道具を加え鍛え直すのにとてもよい機会だったが、さて自分が分担する章をどう書くかという段になって、私は困り果てた。長谷さんと話し合って、私は「教育というコミュニケーション」を担当することになったが、何を書けばいいのか分からず私は懊悩した。

ベイトソンの学習論は使おうと思ったし、初めて読んだレイヴ＝ウェンガーの実践共同体論なども面白いと思ったのだが、何を軸にすればいいか分からない。私は本屋をいくつか歩き回り、紀伊國屋書店新宿本店の「教育」の棚の前で長時間立ち読みをした。そこで東京大学出版会の「学びと文化」というシリーズの一冊『表現者として生きる』に、松岡心平「芸の伝承」という論文があるのを見つけた。何冊か買い込んだ本を自宅で読み始めたが、この論文に引用されていた吉田文五郎という戦前に活躍した文楽の人形遣いの芸談に私は驚かされた。これで書けるかもしれない、と思った。

その芸談の最も印象的なエピソードはこうだ。文楽の人形は、主遣い（師匠）が頭と右手を、左遣いが左手を、足遣い（経験が少ない弟子）が両足を担当し、三人で一体を操る。弟子は師匠の身の回りの世話などしながら「芸の共同体」に慣れ親しんでいくが、一体を一緒に操るから、師匠から教えられるわけではなく、同じ人形を遣いながら芸を学んでいくことになる。文五郎が師匠の吉田玉助と『戻り籠』という演目で治郎作という役を演じたとき、同じ場面で文五郎の足遣いが気に入らず、師匠はカス（叱言）を飛ばし、高下駄で文五郎の脚を蹴る。それが続いた一〇日目、文五郎は「師匠の足をひっくら返して、芝居をわやにして逃げ出したろ」と思う。文五郎は力みかえって用意をし、「血ばしった眼、ぶるぶる震える手で、治郎作の足を力いっぱいつかみながら……トン、トン、トーンと床も割れよと踏みしめて」、最後に「トーンとぶっつけ」、師匠の下駄をつかんでひっくり返そうとする。すると、「これはまた思いきや、「うまいっ」と師匠が底力のある小さい声で、私を褒めてくれました」。

知りもしない文楽の世界の芸談を読んで、私はいくつかのことがつながるように感じた。ここには、レイヴたちがいう、実践共同体でなだらかに芸を学んでいくフェイズとともに、分かったと思っている弟子を「じつは分かっていない」と突き放すフェイズがある。このとき弟子はどうしていいか分からなくなるが、だからこそこれまでなかった境地に跳躍する。それを「うまいっ」と師匠が認めるとき、弟子は身につけてきた芸を超えて（ときに師匠の芸に拮抗したり、それを超えたりするような）新しい芸に達することができる。これはベイトソンがいう、それまでの前提を問い直し変革を迫られる「学習Ⅲ」と同じものではないか。私は初めてこの概念の意味が分かった思いがした。

そして、これは私が教室で学生にしている教育と似ていると思った。学生がそれまで身につけてきたものをいろいろな仕方で壊してみる。学生が何か分かったと言ってきても、分かってないと思えば分かってないと言う。そうやって学生を追い詰める。すると、どこかで学生は跳躍する。とんちんかんなこともあるが、信じて学生を待っていると、どの方向かにジャンプする。そしてしばしば、私も学生自身も予想していなかったような新しいアイデアに辿り着くことがある。もちろんいつも成功するわけではないが、そうすることでしか新しいものは生まれないだろう。私は学生たちと、それをやり続ければいいのではないか。

ようやく「教育というコミュニケーション」の第一稿を書き終えたときの爽快さは忘れることができない。二〇〇八年の東北大学での日本社会学会大会の前日だったが、私はそれを長谷さんと有斐閣編集部にメールで送りつけて、これで私はなんとかなるかもしれないと思った。教えることも続けていけると思ったし、それまでとは違う道具をこれからも手に入れられるような感覚がはっきりとあった。救われた、と思った。

社会学者たちの「私」と読み手の「私」をつなぐ

その後、有斐閣から依頼された『社会学の歴史』の仕事を二〇一〇年の研究休暇から始め（二〇一四年暮れに『Ⅰ』を刊行）、弘文堂から依頼された『反コミュニケーション』を二〇一二年の秋から書き始めた（二〇一三年暮れに刊行）。どちらの本も『他者といる技法』より面白いと思う（どう面白いのかまだ説明がつかないが、それぞれの編集者とのあいだの「現場」も関係しているかもしれない）。

この二冊の本で私は「架空の現場」（鳥越先生の表現では）を設定した。『反コミュニケーション』では、ルソーからベイトソンまで、コミュニケーションを論じた時代も場所も異なる論者たちに私が会いに行って話をする、という「架空」を、『社会学の歴史Ⅰ』では、学生を相手に講義しているふうを装う文体を採用する、という「架空」を。これは、読者という受け手との「現場」を私が変に意識していることによる工夫である。

ただ、これは私にとってどうしても必要なことだったのだと思う。こうすることで、私は身体をもって読み手の前に現れなくてはならなくなる。社会学者たちと対話する者、学生たちに講義をする者として、透明人間ではなく、私自身が読み手に伝える「現場」にいる存在となる。その私が、「私」というフィールドを考えるために使いものになる道具となるまで社会学者たちが考えたことを嚙み砕き、再構成して読み手に伝える。

そして私は、社会学者たちにもそれぞれ身体を備え、「現場」に直面した一人の人間として登場してほしかった。ただ頭で考えて優れた学説を残した存在ではなく、自分が何らかの「フィールド」を前にして、そこで「謎」を発見し、それと格闘することである考えを手に入れた人として、彼らを描きたいと思った。『反コミュニケーション』で架空訪問記という奇妙なスタイルを採用したのは彼らに身体を与えたかったからだし、『社会学の歴史』では彼らが社会のどのような場所にいて、どのような活動をし、だからどんな謎を発見したかを分厚く描こうとした。彼らのそれぞれの「私」はどんなフィールドにいたか。それは、私自身が「私」というフィールドを持ち、学生や読み手がそれぞれの「私」のフィールドを持っているのと同じである。同じ社会のなかにいて社会を問うた一員として、社会学者たちの「私」と、読み手の「私」をつなぎたい。それを私の仕事としたい。

しかし、私はそこで「社会学理論を創る」ことができているとは思えない。ただ「社会学理論」を、それが生まれたフィールドに置き戻し、可能な限り咀嚼して伝える。もしかしたら予想外の組み合わせ方をしたりすることはあるかもしれないが、私ができるのはせいぜいそれくらいのことで、この意味でも私は本書『現場から創る社会学理論』の執筆者には不適格なのだ（鳥越先生の期待に反して！）。ただ、人が創った「社会学理論」を、それぞれの人が（私自身が、学生が、読者が）その「フィールド」でどう使えばいいか、そのために どんな道具として作り直せばよいかについては、私なりに考え、伝えることはできているようにも思う。

私はフィールドを持たない社会学者である。困った末に、ここでは「私」というフィールドと、学生や読者という受け手とのフィールドについて書いてみた。ただ、私にはもう一つ「現場」があって、それは大学という職場で多くの仲間たちと働き、組織を運営することであり、私が生きるこの現場と私の「社会学」とは切り離せない関係にある。でもこの話には別の原稿が必要だから、いつかそんな執筆依頼があるまで内緒にしておくことにしよう。

参考文献

奥村隆、一九九四、「「思いやり」と「かげぐち」の体系としての社会——存在証明の形式社会学」『社会学評論』第四五巻一号。

奥村隆、一九九八、『他者といる技法——コミュニケーションの社会学』日本評論社。

奥村隆、二〇〇一、『エリアス・暴力への問い』勁草書房。

奥村隆、二〇〇二、「社会を剥ぎ取られた地点——「無媒介性の夢」をめぐるノート」『社会学評論』第五二巻四号。

奥村隆、二〇〇八、「もしも世界がみんな構築主義者だったら——構築主義社会における構築主義社会学」『三田社会学』第一三号。

奥村隆、二〇〇九、「教育というコミュニケーション」長谷正人・奥村隆編『コミュニケーションの社会学』有斐閣。

奥村隆、二〇一三、『反コミュニケーション』弘文堂。

奥村隆、二〇一四、『社会学の歴史Ⅰ——社会という謎の系譜』有斐閣。

松岡心平、一九九五、「芸の伝承——想像力の共同体」佐伯胖・藤田英典・佐藤学編『シリーズ学びと文化5　表現者として育つ』東京大学出版会。

吉田文五郎、［一九四三］一九七八、「文五郎芸談」矢野輝夫他監修『日本の芸談3　能・狂言・文楽』九藝出版。

Goffman, E., 1959, *The Presentation of Self in Everyday Life*, Doubleday & Company.（＝E・ゴッフマン著、一九七四、石黒毅訳『行為と演技——日常生活における自己呈示』誠信書房）

Laing, R. D., 1971, *The Politics of the Family and Other Essays*, Tavistock Publications.（＝R・D・レイン著、一九七九、阪本良男・笠原嘉訳『家族の政治学』みすず書房）

第15章　「分からない」と「分かった」を往復する

――「ひきこもり」の調査研究から見えたこと――

石川良子

「ひきこもり」をどう捉えるか

「現場から創る社会学理論」というテーマを前にして立ちすくんでしまった。このテーマでいったい何が書けるのだろうか。私は修士課程から現在に至るまで「ひきこもり」の調査研究を続けている。自助グループや支援団体に当事者として参加している人々へのインタビューをもとに、「ひきこもり」とはいかなる経験なのか、また「ひきこもり」から回復するとはどういうことなのかを明らかにしようとしてきた。とにかく当事者を中心に現場の人々の話を聞き、それをうまく飲み込めない自分と向き合うのに精一杯で、理論的枠組みの精査に努めてきたとは言いがたく、しかも「ひきこもり」から社会を照射するという視点も長らく希薄だった。

ただし、とくに調査を始めてから数年の間は、そのようにしかできなかったという側面もある。私が調査研究をスタートさせたのは、ちょうど「ひきこもり」が社会問題化した時期と重なっている。二〇〇〇年代初頭、犯罪報道を通して「ひきこもり」という言葉は人口に膾炙した。何年にもわたって人との関わりを拒絶し、学校にも行かず働きもしないでいる若者たちは、謎に包まれた不可解な存在として注目を集め、それと同時に、甘えや贅沢に過ぎないという非難が巻き起こった。その一方で、精神科医やカウンセラー、民間支援団体の主宰者などによる関連書籍が相次いで出版され、各地では多くの支援団体が立ち上がり、二〇〇一年には厚生労働省が全国の保健所に対応のガイドラインの暫定版を通達するなど支援体制が整えられていった。

こうしたなかで、多くの孤立していた若者が社会との接点を取り戻すきっかけを手にしたが、このような状況に違和感を表明する人もいた。たとえば、一〇代半ばから二〇年近く引きこもっていたある男性は、二〇〇一年の年明けすぐに出版した手記のなかで「本人不在の大騒ぎ」と皮肉まじりに綴っている（勝山 二〇〇一：三六）。また、「専門家」の書いた本は「社会に適応できないおまえがおかしい」と言っているも同然だとして、読者に「ひきこもりの人の立場、視線に立った本を買って読んでみてください」とも訴えている（勝山 二〇〇一：九一）。彼の言葉は深く印象に残ったが、引きこもった人たちがどういう思いで日々過ごしているのか知ることのできるような資料は、当時はほとんど見当たらなかった。

また、先行する社会学的研究も皆無に等しく、研究の道に足を踏み入れたばかりの私には、「ひきこもり」をどういう文脈に位置づければよいのか、当たりをつけられるだけの知識も勘もなかった。たとえば社会化論の観点からまとめてはどうかというアドバイスをもらったり、自分でもセルフヘルプグループ研究の一環とすることを考えたりしたが、分からないことだらけのなかで特定の理論や概念を用いることは、研究者の目線で現場の人々を切り刻むことでしかないように思えた。

こうしたことから私は、東京近郊で活動していた自助グループに調査協力を申し込み、まずは当事者と呼ばれる人々に直接会って話を聞くことにした。そして、彼らの経験を丹念にまとめることを通して、当事者の視点に立って「ひきこもり」とは何なのか明らかにすることを研究課題に据えることにした。

こうして調査法もろくに学ばず、理論的視点も持たないまま始めた調査だったが、今にしてみれば、それが良かったような気もする。社会学的な位置づけの曖昧さに悩むことにはなったが、だからこそ「ひきこもり」についてのある視点に辿り着くことができたと思うからだ。それは、引きこもった経験の有無にかかわらず、〝私たち〟の問題として「ひきこもり」を捉えることを可能にするような視点である。この視点に立つことで、引きこもった人々の経験を通して、この社会で生きる〝私たち〟の姿を照らし出すと同時に、社会のあり方をも描き出せるのではないかと今では考えている。この視点に辿り着くまでの過程についてなら、なんとか書けそうだ。

「ひきこもり」の当事者とは誰か

前述のような状況を背景に、当事者の視点に立って「ひきこもり」について論じるという研究課題を設定したものの、この課題はすぐに行き詰ることになった。まず突き当たったのは、「ひきこもり」の当事者とは誰なのか、ということだった。この問題については現場でも混乱が生じていた。一般に当事者とは、問題を抱えている本人、あるいは当該の問題に直接関わりのある人たちを指す。後者の意味で取れば、引きこもっている子供を持つ親や、支援にあたっている人、また調査者や取材者も含まれることになるが、現場では前者にあたる人たち、すなわち「ひきこもり」の定義に当てはまる人たちが当事者だとみなされている。しかし、「ひきこもり」の統一的な定義はなく、とくに二〇〇〇年代初頭は、それぞれの論者が独自に作成した定義が乱立していた。

そのなかで、最も現場に浸透し影響力を発揮したのは、精神科医の斎藤環の定義である。斎藤の定義は、長期にわたって就学・就労していないこと、および家族以外の対人関係を持たないことの二点を要点とする（たとえば、斎藤 二〇〇二）。しかし、この定義から外れていても、当事者としてグループ活動に参加している人はまったく珍しくなかった（たとえば、働いてはいるが、友人はひとりもなく孤立した生活を送っているという人など）。また、ウェブ上の掲示板をのぞけば、当事者と思われる人たち同士の間で、誰が本当の「ひきこもり」なのかをめぐって争いが繰り広げられていた。そもそも、私が会えるのは家族以外の人とも関わることができる人だけで、そのうち調査依頼に応じてくれる人はさらに限られる。インタビューでは、調査協力者自身の口から、自分が何者なのか分からない

最も影響を受けた研究者　江原由美子

「最も影響を受けた研究者」として大学院の指導教員を挙げるのは何とも芸がないが，やはり私にとっては江原由美子先生（1952-）をおいてほかにはいない。江原先生から学んだことを一つ挙げるとするならば，自分自身の素朴な感情や感覚から出発し，借り物ではない自分自身の言葉で，それを表現することの大切さである。研究者といえども一生活者であり，その実感と経験は，研究から排除するものではなく，むしろ社会を捉えるための欠かせない資源であることを教えられた。その一方で，研究者として何ができるのかということに，もっと目を向けるようにも指導された。ゼミでの何気ない一言が今でも忘れられない。「石川さんは現場と一緒になってグルグル回っちゃうんだけど，そこから自分を引きはがして，皆がグルグル回っている様子をきちんと書くことが必要だね」。当事者への共感に振り回されていた私に，研究者の役目は，ただ現場に寄り添うだけではないことを教えたかったのだと思う。

（石川良子）

という戸惑いが語られることもあった。はたして彼らは「ひきこもり」の当事者と言えるのだろうか。

ただし、斎藤の定義は、精神科医の立場から誰をどのように治療すればよいのか方針を立てるために作成されたものであり、この定義に準拠して調査研究を進めることには最初から無理があった。むしろ重視すべきは、いかなる定義に当てはまらなくとも、「ひきこもり」の当事者という自己規定のもと社会関係を形成し、自らの来し方行く末を見つめている人々が数多くいるという〝現実〟のほうではないか。この〝現実〟に立脚することが何より重要ではないのか。こうして私は、自らを「ひきこもり」の当事者として規定している人を「当事者」と位置づけ、その自己規定がどのような経験や意識に根ざしているのかを明らかにすることで、当事者の視点に立って「ひきこもり」を論じることが可能になると考えた。

しかし、これもまたすぐに行き詰ることになる。インタビューとテープ起こしを一通り終えて論文を執筆し始めると、どうにも筆が進まない。私自身は引きこもった経験がなく、また自らを「ひきこもり」の当事者として規定したこともない。したがって、どのような意味においても私は非当事者でしかありえず、そんな私が当事者の視点に立つことなど不可能である。そもそも当事者同士であっても別個の人間である以上、完全に同一の視点に立つことなどできない。そのことにようやく気づいたのである。

それから私が最初に取り組んだのは、自分の行ったインタビューを反省的に記述することだった。調査者は常に「インタビューに際して一定の構えをもっている」（桜井 二〇〇二：一七一）という桜井厚の議論に着想を得て、インタビューでのやりとりをつぶさに見直すことにした。そこで私が目の当たりにしたのは、「当事者の視点に立つこと」を目標として掲げながらも、結局は調査協力者の語りを事前に関連書籍などから得ていた知識に当てはめようとしている自分の姿だった（石川 二〇〇三／石川 二〇一五）。

この作業を通して、私は「インタビュー過程がインタビュアーと語り手の共同的な構築過程」（桜井二〇〇二：一三九）であることを実感するに至った。インタビューで語られることは、被調査者についての暗黙裡の想定から繰り出される調査者の発話によっても大きく規定されている。そのうえ語りの編集と解釈を行うのも調査者である。インタビューをすれば当事者の視点に立つことができるなどと考えるのは、あまりにも素朴だ。では、当事者にインタビューを行い、その語りを再構成することで、何が可能になるのだろうか。この新たな疑問に何の答えも見出せないまま、それでも私は当事者へのインタビューにこだわり続けた。

分からないことが分かる

一方、以上の疑問とは別のことにも悩まされるようになっていた。それは当事者への苛立ちやもどかしさが自分のなかで募っていくことだった。二〇〇〇年代中頃のことである。

その頃、当事者と親の高年齢化がクローズアップされて将来への不安が高まるとともに、自助グループなどに参加して一定の年数が経ち、精神的にも安定しているように見えながら、なかなか就労に結びついていかない人々が問題視されるようになっていた。当事者たちはそうした状況に決して居直っていたわけではなく、また「働いて稼げるようになって一人前」という価値観が当事者の苦悩の源泉になっているという見解が広まっていたので、誰もが表立って批判するようなことはしなかった。しかし、当人の焦燥感や劣等感を刺激しないようにと言われ続けてきた親たちは不満を募らせ、支援者たちも状況がいっこうに変わらないことに徒労感を覚えていた。

私自身も、表向きには日増しに強まっていく就労重視の風潮に対して疑問や懸念を主張していたが、実際には、周囲の人々が抱いていたような感情を共有してもいた。しかし、私はそのことをひた隠しにした。もともと私が「ひきこもり」に関心を持ったのは、自分の生きづらさに通じる何かを直感的に嗅ぎ取ったからである。素朴な共感から調査研究をスタートし、当事者の視点に立つことを課題としていた私にとって、当事者に否定的な感情を持ってしまうのは、あってはならないことのように感じられた。また、世間的には「ひきこもり」が良くないものとされているなかで、自分もそういうまなざしを持っていることが知られれば、現場から排除されてしまうのではないかという恐れもあった。しかし、調査は被調査者との人間関係を基盤とするものであり、本当は苛立っているのに共感しているふりをしているほうが、よほど相手の信頼を損なうことは間違いない。

このことに気づいたあと私がしたのは、当事者に対して否定的な感情を抱いていることを率直に認め、その感情を見つめ直すことだった。そして、当事者への否定的感情が、彼らの不可解さから生じていることに思い至った。結局のところ、多くの当事者が「働きたい」とか「人と関わりたい」と強く訴えながらも、どうして働け（か）なかったり人と関われ（ら）なかったりするのか、ということが分からなかったのである。多くの当事者と接し、インタビューまで行っていたにもかかわらず、私はこの根本的な問題を素通りしていた。

現場ではあたりまえ過ぎて見えなくなっていた側面もあるが、やはり当事者への共感にこだわっていたことが大きい。また、調査協力者には同世代が多く、生きてきた時代的・社会的状況が重なっているというだけで、何となく了解できることもあった。自分と当事者は同じと言わないまでも非常に近い存在だと感じており、彼らのことを〝分かっているつもり〟になっていたのだと思う。しかし、調査は〝分からないこと〟があるから成り立つものであって、〝分からないこと〟が何なのか分からなければ、問いを立てることはできない。自然と湧きあがる共感を抑え込む必要はないが、その共感が調査者としての目を曇らせることもあるのだ。

そうこうしているうちに、「ひきこもり」は若者自立支援政策に導入された「ニート」に概念的に組み込まれ、就労および経済的自立を果たしてこそ回復という見方が決定的になった。就労に向けて行動を起こせ（さ）ない当事者にジリジリしながらも、彼らが駆り立てられていく姿を目の当たりにして、重要な何かを見落としているのではないか、という思いが膨らんでいった。とりわけ「ニート」論を牽引した玄田有史の提示する「働くことや生きることの意味に拘泥せず、とりあえず働いてみればいい」という処方箋（玄田 二〇〇五）には、強烈な違和感を覚えた。「とりあえず」程度の感覚で動けるならば、当事者たちはそれほど苦しまずに済み、「ひきこもり」がここまで大きな問題になることもなかったのではないか。

そして、ここでもやはり、〝動けない〟ということが見落とされていると思った。経済的にも道徳的にも働かなければならないと強く意識しながらも、いや、この際どのような意識を持っているのかは別にして、とにかく身動きがとれないでいる人々が数多くいるということ。この目の前の〝現実〟から再出発するしかない。そこで私は当事者への共感から自分をいったん切り離し、改めて彼らの語りに分け入っていくことにしたのだった。

後期近代における存在論的不安と「ひきこもり」

しかし、この社会参加の手前で体が硬直してしまうという感覚は、どんなに悩み苦しむことがあっても、他者と関わり社会的活動に従事できている私には、想像の及ばないものだった。そして、当事者自身もまた、それを言語化できず、それゆえ周囲と通じ合えずにいっそう苦悩を深めているようだった。本人でさえ十全に言葉にできない経験に、いかにしてアプローチできるのだろうか。私にできる精一杯のことは、ひたすら調査協力者の語りに耳を傾けることだけだった。ところが、当事者への共感に囚われているときにはあまり聞こえてこなかった声が、耳に飛び込んでくるようになった。それは生きることをめぐる葛藤についての語りである。

たとえば、一〇代半ばから学校に通えなくなったというある女性にインタビューしていたとき、彼女が次のようなことを語り始めた。二〇代半ばを過ぎた頃に「もう生きていけない」というところまで追い詰められ、「これは死ぬしかないんだ」と自殺を考えるようになった。しかし、それを実行に移せるほどの気力も体力もなく、ほとんど寝たきりの状態で数カ月を過ごすうちに、ある変化が生じた。彼女はそのときのことを穏やかな口調でこう語った。「ここで決めよう、と思ったのね。生きていくか、やめるかをね。生きていくか、やめるかをね。で、生きていくのだとしたら、その、当時あたしが怖かった、人を傷つけるとか、人から傷つけられるっていうことが、その頃ものすごく怖くって、でも生きていくってことはそれを引き受けていくってことなんだと。で、それを覚悟しなきゃいけない。で、それができないのならば、もうここで終わろうと、思って。それがやっぱり、決めたんだよね、自分の中でやっていくっていうほうをね」。

このような生きることへの意思や覚悟は、ほかの人のインタビューでも語られた。そうした語りに意識が向くようになって、ようやく当事者たちの根源的な苦しみが、対人関係や就労の難しさに結びついているのではないことが分かってきた。彼らが真っ向から対峙しているのは、生きることそのものだったのである。

では、そのことと〝動けない〟ということは、どのように関連しているのだろうか。この二つをつなげてくれたのは、アンソニー・ギデンズの後期近代における存在論的不安についての議論だった（Giddens 1991=2005）。ギデンズは「生きることの意味とは何か」「自己の存在に価値はあるのか」「他者を理解することは可能なのか」といった問いを「実存的問題」として概念化している。これらの問いは通常であれば隠蔽されているが、何らかの危機に晒されたときに剝き出しになる。そして、その問いに直接向き合うことはルーティーンを剝奪する。たとえば、相手が本当に自分の言っていることを理解しているのかを意識した途端に、会話はぎこちなくなってしまう。そのぎこちなさはますます他者理解をめぐる問いへの意識を先鋭化させ、会話を破綻させる。このように日常的には強く意識せずに済んでいる実存的な問いを意識せざるを得ない状態は、存在論的な不安定さを呼び起こす。

先ほど紹介した調査協力者は、「生きていくか、〔生きるのを〕やめるか」という選択を自分につきつけていた。いま生きているということは、「生きていくか、やめるか」という選択肢のうち「生きていく」を選択しているということにほかならない。しかし、ふだん私たちはそんなことは考えないで生き続けている。まさに存在論的な不安さの只中にあったと考えれば、彼女がそのような選択に意識的にならざるを得なかったのも納得がいく。

また、別の調査協力者は「働いてないならお前価値なし」、働いていない人間は「くず」だと、徹底して自分を貶めていた。それは内なる社会のまなざしである。このようなまなざしに長く晒されているなかで、そんな無価値な人間が生きていてよいのか、ここまでの思いをしながら生きることの意味は何か、と問い始めたとしても不思議はない。ただし、仮に彼らが人と関わらず働かなくてもかまわないと思えているならば、引きこもることが、生きることそのものをめぐる葛藤を直接的に導くことはないだろう。当事者たちは、「ひきこもり」をあってはならないものとしてみなす社会のなかで実存的問題を直視することを余儀なくされ、社会生活が破綻してしまったのではないか。これが、なぜ「働きたい」とか「人と関わりたい」と強く訴えながらも身動きがとれないのか、という問いに対する私なりの答えである。

さらにギデンズの議論は、「ひきこもり」をこの社会に生きる私たちの問題として受け止めるとともに、「ひきこもり」から私たちの姿や社会のあり方を捉えることを可能にするような視点へと私を導いた。実存的問題は、「ひきこもり」の当事者に固有のものではなく、私たちすべてが潜在的に抱えている普遍的なものである。だが、それだけではない。ギデンズは後期近代と言われる現代社会において、誰もが実存的問題に晒されやすくなっていることを指摘している。めまぐるしい変転ゆえに先を見通すことが難しくなり、私たちの生を支えていた制度や意味体系が失効しつつあるために、「いかに生きるべきか」「働くことに何を求めるのか」「他者とどのように関係を結べばよいのか」といった問いに個々人が答えなければならなくなっているからだ。つまり、「ひきこもり」の当事者と非当事者は、ともに後期近代という時代状況に置かれ、これらの問いに向き合わざるを得なくなっているという点で、連続した存在なのである。そして、この観点に立ったとき、「ひきこもり」の当事者たちは、現代社会に生きる私たちの姿を象徴する存在として立ち現れることになるのである。

「ひきこもり」を理解するための視点の生成――ふたたび〝分からない〟へ

前節の内容を結論とするかたちで博士論文をまとめ、その半年後には書籍として出版することができた。だが、とりわけ結論部分に対しては「調査協力者の語りから乖離しており、存在論的不安という学術用語を当てはめただけではないか」という手厳しい批判を受けた。しかし、改めて断っておくと、社会学の論文として体裁を整えるために、ギデンズの議論を無理に導入したわけでは全くない。また、ギデンズの議論がまずあって、それに合致する断片的な語りを拾い集めて都合よく繋ぎ合わせたわけでも決してない。

たしかに、存在論的不安に関する議論は外部から持ち込んだもので、直接的に根拠となるような語りはないのもたしかだ。

私の出した結論は、当事者たちが存在論的な不安定さに脅かされていると仮定するならば、身動きがとれなくなってしまうことが無理なく説明できる、というものである。この仮定が正しいのか誤っているのか、どのくらい一般化できるのかということは、分からない。そして、その検証も私の目指すところではない（また、検証できるものでもないのではないか）。当事者本人にとっても、周囲にとっても理解しがたい〝現実〟を、腑に落ちるようなものとして描き出し、それによって否定一辺倒になりがちな「ひきこもり」に対する見方を多少なりとも変化させることで、新たなコミュニケーションの可能性を生み出すことができればいいと考えている。語りから乖離していると指摘された一方で、「どうして引きこもってしまうのか非常に納得のいく説明だった」といった感想も寄せられ、とくに調査協力者を含む当事者に支持してくれる人が複数いたのはありがたかった。

何が分からないのかも分からないところから始まった現場での格闘は、〝～論〟と名づけられるような自前の理論の形成にはまったく至っていないものの、ひとまず「ひきこもり」を理解するための一つの視点の生成には結びついたと思う。いまはまた、次の〝分からないこと〟を探している途上にある。その道のりは険しい。

参考文献

石川良子、二〇〇三、「当事者の『声』を聞くということ――Aさんの〝ひきこもり始め〟をめぐる語りから」『年報社会学論集』第一六号。

石川良子、二〇〇七、『ひきこもりの〈ゴール〉――「就労」でもなく「対人関係」でもなく』青弓社。

石川良子、二〇一五年、「〈対話〉への挑戦――ライフストーリー研究の個性」桜井厚・石川良子編著『ライフストーリー研究に何ができるか――対話的構築主義の批判的継承』新曜社。

勝山実、二〇〇一、『ひきこもりカレンダー』文春ネスコ。

玄田有史、二〇〇五、『働く過剰――大人のための若者読本』NTT出版。

斎藤環、二〇〇二、『「ひきこもり」救出マニュアル』PHP研究所。

桜井厚、二〇〇二、『インタビューの社会学――ライフストーリーの聞き方』せりか書房。

Giddens, A., 1991, *Modernity and Self-Identity : Self and Society in the Late Modern Age*, Stanford University Press.（＝二〇〇五、秋吉美都・安藤太郎・筒井淳也訳『モダニティと自己アイデンティティ――後期近代における自己と社会』ハーベスト社）

第16章　同性愛者のライフヒストリーとともに分析方法を探す

――人々の経験をかたちづくるものの解明に向けて――

杉浦郁子

同性愛者のライフヒストリー

社会学は、社会で疎外されている人々の声を聞きとり、その存在や経験を可視化するという視点や技法をもつ分野である。そうした視点と技法を携えてフィールドを歩き、質的なデータを集め、エスノグラフィックな分析をする研究は、日本国内でも活発に行われている。私も、セクシュアル・マイノリティのコミュニティというフィールドで見聞きしたことに基づいて研究をしてきた一人である。

私が「同性愛者のライフヒストリー」を聞きとり、記録するという調査に関わり始めたのは、一九九五年のことである。その年の四月に大学院に入り、矢島正見先生（中央大学文学部教授）が数年前から行っていた調査に参加させてもらうようになった。一九九五年から九七年までに一九名の「女性同性愛者」に話を聞き、報告書にまとめる作業をした。

しかし、それらのライフヒストリーをどのように分析し、そこから何を明らかにするのかという展望は、報告書が完成しても開けなかった。何を明らかにすれば社会学的な分析だと言えるのかについても、その頃はよく分かっていなかった。データはあるが、それを使って思考を深めるための社会学的な問いや方法がない(1)。このような状況から自分なりに納得のいくものが書けるようになるまでのことを、ここに記してみたい。それは「社会学的な分析とは何か」に対して一つの回答を得るまでの、数年間の道のりである。

データがあっても分析ができない

同性愛者のライフヒストリー調査が行われていた一九九〇年代後半の日本は、いまより偏見が強固で、カミングアウトも慎重に行われていた。家族やクラスメイト、職場の同僚に同性愛者がいるかもしれないと想像できる人は多くなかった。そのため、等身大の同性愛者たちを記録して身近な存在だと伝えること、彼らの生活や経験、生き方や考え方の多様性を記録してステレオタイプに介入することが求められていた。そうした役割を、私たちの行った調査はそれなりに果たしたのではないかと思う。

「同性を好きになる／好きになった」という経験は、戸惑いや混乱、痛み、悩み、自己嫌悪、罪悪感、孤立、人間関係や生活上の不都合、将来に対する不安などの「困難」を、多かれ少なかれ、インタビュー協力者たちにもたらしていた。それらの困難をもたらすような社会の特徴を切りとる概念として、すでに「ホモフォビア」「ヘテロセクシズム」「ジェンダー」などがあった。同性愛に対する嫌悪感を放置している社会が、異性愛を強制する社会が、男女に固定的な役割を割りふる社会が、同性愛者の困難を生み出している。しかし、こう説明したところで、研究上、何か新しい知見を足したことにはならない。これは、誰もが踏まえるべき研究の前提であっても、着地点ではないのである。

困難の実態を記録することとともに重視していたのは、「同性を愛する」という経験の多様性を書きとめることだった。インタビューに協力してくれた人たちは総じて、社会が押しつけてくる否定的な意味を乗り越えて肯定的なアイデンティティを獲得しており、そこに至る経緯を語ってもらえば、「レズビアン／バイセクシュアル女性であること」の多様な意味を記録することができた。それは、「偏見の解消に寄与したい」という、明言されることはなかったがつねに調査の背後にあり続けた目的にかなうことだった。

個々の語りは雄弁で、当時の私には、ライフヒストリー・データに分析をつけ加えることはできなかった。データに繰り返し出てくる事象のパターンを見つけ、それを専門的な概念によって的確にとらえるという理論化も試みなかった。一般化が多様性を損ねてしまうと考えていたからである。つたない修士論文[2]――レズビアン／ゲイ雑誌や同人誌に掲載されたカミングアウトの体験談を集め、カミングアウトの意義を考察するというもの――を何とか書いて、ドクターのコースに進んでからもライフヒストリー調査は続いたが、しばらくは論文というかたちでのアウトプットができなかった。

解くべき問いがまずあって、問いにふさわしい調査方法が採用され、データが集められる、というのが一般的な研究の手順だと教わるかもしれない。しかし、とりわけ「弱者」「マイノリティ」を対象にした研究では、社会学的な問いがないままフィールドに行き、データを集めている最中に、場合によってはデータを集め終わったあとに問いを「探す」のはよくあることだ（と今なら分かる）。なぜなら、「よく知られていないマイノリティのことを調べてみた」「彼らが何に困っているかを明らかにした」などの仕方で調査の社会的意義を見出しやすく、この大義名分のもとで調査が実行に移されやすいからである。しかし、できあがった調査データに新しさや意義があったとしても、データに社会学的な分析を施せなければ「調査で〝何か〟を明らかにした」とは言いがたい。

データを事実として扱えない

私がライフヒストリー・データを使って論文を書けなかった理由は、ほかにもあった。社会学やセクシュアリティ研究の勉強を進めるにつれて、データを扱う手つきが揺らいだのである（と他人事のように書けるのも、二〇年経った今だからである）。

最も影響を受けた研究者　掛札悠子

掛札悠子（1964-）は，1992年に『「レズビアン」である，ということ』（河出書房新社）を上梓したアクティビストであり，優れた批評家である。1997年に筆を絶つまで，「『レズビアン』である」とはどういうことかについて考え尽くした評論を，多数発表している。彼女は，「レズビアン」というカテゴリーを思索の出発点にすることにこだわり続けたが，著作タイトルはまさにそれを物語る。彼女の文章を読み返しては，そのぶれない問題意識にふれ，ものを考えるときの指針としている。

「『レズビアン』である」というのはどういうことなのか。私が出会ったインタビュー協力者たちは，それぞれにこの問いに取り組み，回答を得，語ることで，他者が押しつけてくる画一的な「レズビアン」のイメージを押し返そうとする人々だった。私の研究は，掛札の投じた一石を受けとった女性たちにインタビューをし，彼女らが見出した多様な回答の輪郭をたどることから始まった。幸運なことだった。

（杉浦郁子）

一九九〇年代後半の日本の社会学では、研究者のフィールドワークや調査という営みを批判的に見て、そこで自明視されている前提を問い直すことが盛んになされていた。どれだけ現場に密着してデータを集めたとしても、データを作るすべての過程に研究者の問題意識が刻まれている。だからデータを「人々についての事実」だと素朴に考えることはできない、という視点が共有されつつあった。しかし、報告書に掲載した「同性愛者のライフヒストリー」は「決して嘘ではないし、大げさな誇張や意図的な歪みはない」（矢島　一九九九：四〇）、また、協力者には原稿をチェックしてもらっており、調査者の「独り善がりの解釈やストーリー化」（矢島　一九九九：四〇）もない、という意味において「事実」であるという立場をとっていた。

とはいえ、ライフヒストリーの主題を決めたのは調査者である。インタビューの協力者は、主題に関連した出来事を選び、筋が通るように配置して語ることを求められる。ライフヒストリーは、調査者の関心やインタビューという調査の形式に大きく規定されている。こう考えると、ライフヒストリーを「語り手についての事実」としてのみ位置づけられないのはもちろんのこと、ライフヒストリーという手法の権力性が見えてくる。

「ライフヒストリーを聞く／語る」という営為は、調査者が特権的な力を行使する回路となっているのである（プラマー 一九九八）。

また、一九九〇年代半ば以降、ミシェル・フーコーの『性の歴史Ⅰ　知への意志』が日本の社会学や社会史の分野で消化され、経験的な研究が次々と発表されるようになっていた。フーコーが明らかにしたのは、西欧近代の性科学が「性欲」という領域を身体の内部に作り「同性愛」を異常な性欲の一種に仕立て上げたことに加え、自己の内面に「同性愛」の徴《しるし》を探させることで「同性愛者」としての性的主体化をうながすような「告白の装置」がある、ということだった。

「調査者―被調査者」という非対称の関係性において聞きとられる「同性愛者のライフヒストリー」は告白装置であるという指摘がなされたのも当然だった（風間 一九九七）。それは、インタビュー協力者に、現在までの人生で起こった「同性愛エピソード」を言語化させ、「同性愛者」であるという自覚を強めるような効果をもつからである。多くのセクシュアリティ研究が、性的欲望を自己の本質として――自己についての不変の真理として――理解するように駆りたてる近代的な装置を問おうとしているときに、当の装置を動かすことで現れる「同性愛者」を無批判に研究しようとする態度には問題があったのである。

他方、「同性愛者」というカテゴリーや性的主体が近代の産物であったとしても、自らを「同性愛者」だと定義する人々はもちろんいた（だからこそインタビューが可能だった）。また、理不尽な見下しや排除を告発する活動の拠り所となるのは、「同性愛者」という被差別カテゴリーである。「同性愛者」というカテゴリーや反差別の活動を引き受ける人々の存在感が増していたなかで、カテゴリーや性的主体の構築性に注目するアカデミズムの流れにも、すんなりとは乗れなかった。

私が以上のような方法論的な議論に目配りができるようになったのは、ライフヒストリーの報告書をまとめた後のことだったが、こういったことも実はよくあることではないかと思う。フィールドワークや調査は、社会学の方法論に対する関心ではなく、社会問題の解決への実践的関心を背負ってなされる（ことが多い）からである。しかし、データを分析するためには、一貫した方法論的な構えが求められる。「同性愛者という対象があらかじめ存在する」「ライフヒストリーは語り手についての事実である」などの構えをいったん脇に置くのであれば、ライフヒストリーというデータはどのようなものとして観察しうるのだろうか。

きっかけとなったケース

こうした膠着から脱け出すきっかけは、Kさんへのインタビューによって与えられた。Kさんは、女性を好きな女子大生たちが中心になって作ったサークルのメンバーだった。女性との豊富な恋愛や性体験を聞き終えたあと、私はKさんに「セクシュアリティは？」と質問した。すると意外にも「自分のことをレズビアンだとは思わない」という答えが返ってきた。そこからKさんの自己認識を確認しようとするやりとりが、延々と交わされることとなった。私が納得してそのやりとりを終了させたのは、「トランスって言われたら受け入れられる？」という質問にKさんが「はい」と答えたときである。一連のやりとりは、次のようにまとめられた。

恋愛対象は女の子だが、自分のことを「レズビアン」だと思ったことはない。「レズビアン」というのは、「女として女が好きな人」のことであり、自分は自分のことを女だと認めたくないところがある。女のからだを持っているのが嫌で、中学のころからぼんやり「男になれたらなぁ」と思っていた。今でも「男になりたい」「できれば性を変えたい」と思うことがある。今まで何人もの女の子とつき合ってきたが、自分は常に男的な役割だった。だから「トランス」という言葉が、自分にもっともあてはまる言葉だと思う。

もっとも、手術をしてまで性を変えたいというほど切実ではない。つき合う人が望めば、性転換手術を受けてもいいと思うが、とくに気にしない人ならば、このままでいる。自分の性別は女だが、女のからだを持ってきたのは間違いだと思うことはある。たとえば、胸はないほうがいいし、「男性器がついていたらいいなぁ」と思うが、深く悩んでいるわけではない。「男になれたらなぁ」ということは、たまに思うくらいで、日々切実に思っているわけではない。

（中央大学矢島ゼミナール同性愛調査研究会　一九九八：九二）

いったんはこのようにまとめたものの、どうも釈然としなかった。Kさんとのやりとりの音声を聞き返すほどに、「Kさんはトランスではないのではないか」「Kさんがトランスかどうか曖昧だ」と感じられるようになっていく。調査への協力を申し出てくれるのは、自分のことを「レズビアン」「バイセクシュアル」だと思っている人だろうと考えていたが、Kさんは違った。「トランス（ジェンダー）」だというのも想定外だったが、それにも引っ掛かる。そもそもKさんはこれらのカテゴリーの意味をよく知らないようだし、カテゴリーを使って自分を定義したこともなさそうだ。「男っぽい、男になりたいと思ったことがある、女の子が好きな女の子」という表現が妥当なところなのではないか。

Kさんは私の思い込みを撹乱し、そのことが一つのケースへのこだわりを生んだ。私は、複数のライフヒストリーをまとめて観察するのではなく、まずはKさんのケースだけを観察することにした。そして、「Kさんが何者であるか」の判断をいったん宙づりにして、「Kさんはトランスだ」「トランスかどうか曖昧だ」「女の子が好きなボーイッシュな女の子だ」などの異なる理解が、それぞれどのようにして成り立っているのかを分析することにした。では、このような分析がどのような意味で社会学たりえるのだろうか。

ある人物を「理解」する方法への着目

もちろん、この分析課題は何もないところに降って湧いたものではない。「エスノメソドロジー」という社会学の研究プログラムにヒントを得て「ひねり出した」ものである。一九九〇年代後半は、エスノメソドロジーのアイディアを吸収した研究成果が、国内で次々と発表されていた時期でもあった（たとえば、西阪 一九九七）。

エスノメソドロジーの創始者であるガーフィンケル（Harold Garfinkel）は、よく知られる論文（一九六七＝一九八七）で次のような主張をした。「ある人物が女／男であること」は自明のことだと思われているが、そうではない。それは、人々が言葉を使って言ったりやったりすること（以下ではこれを「言語的実践」ないし「実践」と呼ぶ）のなかで立ち現れ、維持されているような「現実」である、と。これに沿って考えるならば、Kさんが「トランスだ」とか「トランスかどうか曖昧だ」とか「女の子が好きなボーイッシュな女の子だ」とかの「理解」は、インタビューをしたり、その音声を聞き直したり、ライフヒストリーを編集したりする言語的実践において現れた「現実」である。

また、人々が参加する実践は、何らかの意味を獲得しているもの、理解できるもの――つまり何らかの現実――としてつねに組織されている。このことを一つの社会事象ととらえ、人々が理解を成立させる方法（人々の方法＝エスノメソッド）を記述する、というのがエスノメソドロジー研究の中心的な課題であった。やはりこれに沿って考えるのなら、「Kさんについての現実（理解）がまさにそのようなものとして成り立っている」という事態に注目し、それがどのようにして成り立っているのかを記述する、というアプローチが浮上する。

現実がどう現れるのかは、個別の実践でどんな概念（カテゴリー）が用いられ、それがどんな他の概念や述部（活動や状態）と関連づけられ、意味のまとまりを構成するのかによる（Sacks 1972）。私は、Kさんとのインタビューやライフヒストリー記録などを異なる実践として位置づけたうえで、それぞれの実践において「レズビアン」や

「トランス」などのカテゴリーがどのように使われたかを観察し、Kさんに対する複数の理解がどのように成立したのかを記述した。

この分析から明らかにしたことは、次のようなことであった。「同性愛者のライフヒストリー」を語る性的主体は、ア・プリオリに「いる」というより、実践においてそのつど形成されるものであること。概念の使われ方は「語り手が何者であるか」をめぐる理解の一部を成しており、Kさんのケースでは、「性別」という概念の用法の違いがKさんについての異なる理解を生みだしていること。Kさんの「性別」概念の用法は、セクシュアル・マイノリティのコミュニティの用法とは異なっており、それがKさんを「トランス」でも「レズビアン」でもない者として表出させていること。典型的な「レズビアン」や「トランス」とは言い切れず、既存のカテゴリーを使って自己呈示をしないKさんのような人々の居場所がコミュニティにあるのは、評価しうること（杉浦 一九九九）。

常識や規範を扱う手つき

概念の使われ方に注目して、「語り手は何者か」をめぐる現実がどのように構成されるのかを記述する。この方法を手にした私は、次に、Kさん以外の「レズビアン」のライフヒストリーを分析してみることにした（杉浦 二〇〇〇：杉浦 二〇〇二）。すると、「語り手はレズビアンである」という理解が成立するケースにおいて、「レズビアン」という概念がどういう活動や状態と関連づけられているのかは、思いのほか多彩だった。それは、「レズビアンであること」は自らの性愛活動だけで十分に示せる事柄ではない、という発見でもあった。

インタビューの協力者たちは「同性を好きになる／である」こと以外の様々な活動や状態を「レズビアン」と結びつけたり切り離したりしながら、平板な理解に回収しきれない多様な「レズビアンとしての自己」を呈示していた。私には、それがきわめて政治的なふるまいに映った。というのは、「レズビアン」を脱文脈的に定義したり、固定的なアイデンティティとして実体化したりすることを回避しつつ、「レズビアン」というカテゴリーにとどまり、「レズビアン」として現れ、「レズビアンとしての困難や被差別体験」を伝えていたからである。

また、語り手の多岐にわたる人々との出会いのなかには、「レズビアンとは言えないのではないか」という推論を導いてしまう事柄が一つや二つはあるものだった。わかりやすい例では、「男性を好きになったりつき合ったりした」「この先も男性とつき合うことがあるかもしれない」などである。しかし、にもかかわらず、インタビュー協力者たちは「自分がレズビアンであることを合理的に示すこと」をうまくこなしていた。

そのために――つまり概念と概念、概念と述部を意味が通じるように結びつけるために――協力者たちが行っていたのは、様々な常識や規範を示し、場合によってはそれらを微修正しながら使うことであった。たとえば、「同性を好きになったり性行為をしたりしても、自分のことを異性愛者だと思っている人はいる」という知識を示し、「だから男性とつき合っていても私はレズビアンなのだ」というように、「自分がレズビアンであること」を論理的に語るのである。そうした実践の最中で「レズビアンとは誰のことか」に関する知識の体系がずらされ、「レズビアン」に対する見方が組みかえられていく。それは、劇的ではないが確かな「社会的なるもの」の変容である。

ここにおよんで私がつかんだのは、概念を用いて意味を確定させていく日々の実践のなかに「社会の変容」の契機が宿っている、というイメージだった。そこは、私たちの存在や経験や行為が多様に意味づけられ、先ほどまで理解不可能だったことが次の瞬間には理解可能なこととして書き足され、それと同時に、常識が再編されていく場なのである。

もう一つ、私にとって重要だったのは、常識や規範がどのようなものとしてあるのかをつかんだことだった。人々は実践において、ある常識を「理解」を支えるものとして参照したり、反対に「理解」を阻害するものとして棚上げしたり、またあるときには常識を規範化して使ったり、さらには規範を修正してみせたりする。常識や規範がそのようなものとしてあるということが腑に落ちてから、私はようやく方法論的に安定した手つきでそれらを扱えるようになった。

「社会学的な分析とは」への一つの回答

私たちは、概念を使うことで、自分や他者はどのような存在なのか、いまここで為されたことや起きていることの意味は何なのかを理解する。それは、すなわち、自分が暮らしているのはどのような「社会」なのかを経験することである。

最初の問いに戻りたい。「何を明らかにすれば社会学的な分析と言えるのか」である。私が得た回答は、人々の社会的経験を作り上げる常識や規範のありようを明らかにすることであった。言語的実践のなかで示されるそれらを記述することが、私にとって今でも「社会学をすること」の手応えである。

もちろん、これは数ある回答の一つにすぎない。ほかにも社会学的な分析の仕方はいろいろあるし、特定の社会で流通している知識や規範を扱う方法も、ここで紹介したようなやり方――このやり方を「概念分析」という――しかないわけではない。むしろ、概念分析という手法に物足りなさやわかりづらさを覚える人もいるだろう。それは、事象のパターンをとらえる専門的な概念も、事象の発生を説明する命題も、いずれも構成しようとしないからだ。しかし、概念分析は、人々の経験を成り立たせている知や規範を解明するという課題を、質的な調査データにおいて具体的に展開する方法として、着実な成果を挙げている。現在、それはさらに精緻化された研究プログラムとしてアクセスできるものとなっており（酒井ほか 二〇〇九）、取り上げられるテーマも広範だ。

最後になるが、マイノリティを対象にする社会学では、常識や規範を一貫した手つきと方法で扱えることは必須ではないかと思う。なぜなら、排除や差別という経験（現実）をかたちづくる常識や規範の妥当性を検討し、それらへの対処や変革の手立てを考察することは、研究の重要な目的になりうるからである。同じことは、ジェンダー／セクシュアリティ研究にもあてはまる。ジェンダーやセクシュアリティをその時々の社会で用いられる「知識」としてとらえたうえで――それらを単に研究の「テーマ」や「視点」を指す言葉としてとらえるのではなく――、どんな「性別や性欲に関する知」が参照され、その知が人々にどんな経験をもたらすのかを観察することは、「性」を扱う社会学の核となる課題だと思われるからである。セクシュアル・マイノリティというフィールドで質的データを集めることから研究を出発させた私が、常識や規範に対する一定の認識を得て初めて社会学の論文を書けるようになったのは、当然のことだったのかもしれない。

注

(1) もちろん、調査を計画し主導した矢島正見先生には明確なビジョンがあった。『女性同性愛者のライフヒストリー』(矢島 一九九九)に、協力者のライフヒストリーと分析がまとめられている。

(2) 社会学では、質を異にする様々な研究が「理論」と呼ばれている。事象のパターンを専門的な概念でとらえる「概念構成」という作業は、「理論化」の一つではあるが、すべてではない。社会学理論の位相を整理した議論として、友枝(二〇〇〇)が参考になる。

参考文献

風間孝、一九九七、「書き換えられる物語――ライフヒストリー」キース・ヴィンセント、風間孝、河口和也『ゲイ・スタディーズ』青土社。

酒井泰斗・浦野茂・前田泰樹・中村和生編、二〇〇九、『概念分析の社会学――社会的経験と人間の科学』ナカニシヤ出版。

杉浦郁子、一九九九、「Kさんは『トランス』か――性的アイデンティティの理解可能性」『解放社会学研究』第一三号。

杉浦郁子、二〇〇〇、「『ライフヒストリーを記述する』実践を記述する――『レズビアン』カテゴリーの使用法をめぐって」好井裕明・桜井厚編『フィールドワークの経験』せりか書房。

杉浦郁子、二〇〇二、「『レズビアン』という自己――語られる差異とポリティクスをめぐって」好井裕明・山田富秋編『実践のフィールドワーク』せりか書房。

中央大学矢島ゼミナール同性愛調査研究会、一九九八、『同性愛者のライフヒストリーV』。

友枝敏雄、二〇〇〇、「社会学の〈知〉へ到達する」今田高俊編『リアリティの捉え方』有斐閣。

西阪仰、一九九七、『相互行為分析という視点』金子書房。

ケン・プラマー、一九九八、『セクシュアル・ストーリーの時代――語りのポリティクス』新曜社。

矢島正見、一九九九、『女性同性愛者のライフヒストリー』学文社。

Garfinkel, Harold, 1967, "Passing and the Managed Achievement of Sex Status in an 'Intersexed' Person, Part 1," *Studies in Ethnomethodology*, Prentice-Hall.（＝H・ガーフィンケル著、一九八七、山田富秋・好井裕明・山崎敬一訳「アグネス、彼女はいかにして女になり続けたか――ある両性的人間の女性としての通過作業とその社会的地位の操作的達成」『エスノメソドロジー――社会学的思考の解体』せりか書房）

Sacks, Harvey, 1972, "On the Analyzability of Stories by Children," Gumpers, J.J. & Hymes, D. (eds.), *Directions in Sociolinguistics*, Holt, Rinehart and Winston.

コラム6　ライフストーリー

ライフストーリーという用語が認知され、調査研究法として流通するようになってから、まだ日が浅い。伝統的に社会調査法で使われてきた〈聞き取り〉とどこが違うのだろうと疑問を持たれている人も多いに違いない。そこで、私の調査経験の一端を紹介して、私なりのライフストーリーの考え方がどのような経緯で生まれてきたのかを述べることで、今後、ライフストーリー研究を試みようとする人にとっていくらかの参考に供することにしたい。

ライフヒストリーのリバイバル　私は、二〇一四年に逝去された中野卓先生と、今はなき東京教育大学で出会った。研究について親しく意見交換する機会は、大学院生のときにおとずれた。廃学間近の東京教育大学の最後の学部生の調査実習で、水島工業地帯のそばに位置する被害集落のフィールドワークに私が調査助手として参加したときの指導教員が、中野卓先生だったのである。

ライフヒストリー研究のリバイバルとしてわが国で先鞭をつけたとされる先生の『口述の生活史』（一九七七）は、この時期に構想された。その後、中野先生を中心に「生活史研究会」を仲間とともに立ち上げ、私はわが国におけるライフヒストリー研究の進展に伴走してきた。ライフヒストリーは、個人のライフ（人生、生活）を、当事者の主観的意味づけを重視しながらインタビューや個人的記録（日記、手紙、自分史など）をもとに時系列的に再構成して、ライフという全体性から研究テーマに接近する研究方法である。〈聞き取り〉が、あくまでも調査研究者の研究テーマに沿った主にシングル・イシューを中心にしたインタビューなどで事象を客観的に把握しようとするのに対し、ライフヒストリーは、ライフを基盤として調査協力者の主観性を重視して理解しようとするところが大きく異なる。

主観性という点では、当時、注目されていたA・シュッツの現象学的社会学の影響も大きかった。M・ウェーバーの主観的意味があくまでも「社会的行為」を対象としたのに対し、「生活世界」の概念に代表されるように、主観性をもとにしたライフの全体を理解する方途を示したからである。シュッツの考えは、私のライフストーリーの考え方に少なからず影響を与えた。

フィールドワークでの気づき　さて、私の最初の本格的なフィールドワークは、琵琶湖の周辺集落で行われた環境社会学の先駆けとなる共同研究の一員に加わったことに始まる。このとき、集落の生活用水が川から水道へと変わる歴史的経緯を跡づけるために利用したのは、個人のライフヒストリーであった。ところが、その後、被差別部落のフィールドワークに入って、これまでのライフヒストリーの考え方に大きく修正をせまられることになった。最も大きな気づきは、調査者のインタビューにおける枠組みが強固で、調査協力者のライフを聞こうとしながら、結局、自らの枠組みに沿って聞きたいことを聞くことに終始していることだった。たとえば、被差別カテゴリーに属する人は、常に差別されているにちがいないという調査者の枠組みは、語りの如何によっても容易に変わらず、常に差別の文脈で解釈されてきたことなどである。

さらに、調査者は、調査協力者に話を聞くだけではなく、逆に聞かれる立場でもあることだ。インタビューの〈聞く―語る〉関係が単純な一方向的ではなく双方的であることは、とくに非対称な権力関係にある場合はとても重要だ。調査者の聞き方によっては、語りは沈黙やら混乱した語りを生み出すからだ。調査インタビューの基礎に相互的関係があることは、ラポールといった調査倫理としてこれまで指摘されてきたものの、どのように語りに反映されているのかは、調査協力者との関係が重視されるライフヒストリーにおいても言及されてこなかった。そこで、ライフストーリーにインタビューの相互性を組み込むことで、ライフヒストリーとは区別される特質を与えることにした。現象学的社会学における「視界の相互性」概念も、インタビューが相互性を基盤とする考え方を補強する視座を提供してくれた。また数多くのインタビューをとおして、ライフヒストリーが前提とする時系列的な編成も、語りは決して時系列ではないこと、むしろトピックに合わせた固有の社会的文脈（個人、集合体、社会）との関係で語られていることにも気づいたのだった。

ライフストーリーへ　こうして私は、フィールドワークの経験から、ライフヒストリーの個人のライフに着目する視点を学びながら、ライフストーリーとは一線を画す、語りを重視する研究法としてライフストーリーを対置したのである。そして、インタビューの相互行為（対話）を基盤として構築される語りをもとに、調査協力者のみならず調査者の生活世界へも接近し得るライフストーリー研究法の立場を、とくに〈対話的構築主義〉と呼ぶことにしたのだった。

（桜井　厚）

参考文献

桜井厚『インタビューの社会学――ライフストーリーの聞き方』せりか書房、二〇〇二年。
中野卓編『口述の生活史――或る女の愛と呪いの日本近代』御茶の水書房、一九七七年。
中野卓・桜井厚編『ライフヒストリーの社会学』弘文堂、一九九五年。

第17章　「言葉」はあてにならない
──映像、自分語り、統計と「身体」の問題──

阿部真大

若者の労働問題の深刻さを伝えたいというのが、私がデビュー作の『搾取される若者たち　バイク便ライダーは見た！』を執筆する動機だったのだが、搾取されている当人の口からは、その仕事をけなすどころか賛美するような言葉ばかり出てくるので困ってしまった。それ以来、彼らの言葉と実態の乖離を埋めることが、私が社会学者として、してきたことである。

ただし、そんなことは社会学者だけではなく、社会問題を考える人にとっては共通の悩みで、特に映像に関わる人々の取り組みは、社会学者にとって非常に示唆的である。

本章ではまず、「言葉」と「身体」の乖離の問題に挑んだ映像作品（『アメリカン・スナイパー』、『アクト・オブ・キリング』）を紹介し、その上で、若年労働をめぐるこれまでの私の取り組み（『クローズアップ現代』での「居酒屋甲子園」特集、『搾取される若者たち』）に架橋する。最後に、社会学において「身体」に注目することの重要性を指摘したい。

雄弁な言葉と壊れる身体

『アメリカン・スナイパー』（二〇一四年、クリント・イーストウッド監督）は、アメリカ軍の伝説的な狙撃手、クリス・カイルの自伝的な作品なのだが、彼自身は、わりと分かりやすく「軍人」的な人で、原作の自伝である『ネイビー・シールズ　最強の狙撃手』（カイル・デフェリス・マキューエン 二〇一二）を読んでも、反戦的なメッセージはあまり伝わってこない。しかし、映画を見ると、はっきりと反戦映画になっている。(1) これはどういうことなのだろうか。

その理由は、クリスの表情や行動が、あまりに「病的」だからである。言っていることとやっていることがまったく違う。これは、文字媒体だけでは伝わらない、映像ならではの表現だろう。

些細なことで怒りっぽくなったり不安になったり、銃をさわっていないと落ち着かなくなったりと、クリスは明らかにPTSD（Post Traumatic Stress Disorder：心的外傷後ストレス障害）の症状に苦しめられている。しかし、マッチョな志向の彼の口からは、猛々しい言葉ばかりが出てくる。監督のクリント・イーストウッドは、「戦争が人に伝えるダメージを伝えたい」と言っているが、(2) 映像で見せられるこの「落差」こそが、戦争の悲惨さを物語っている。

ドキュメンタリー映画『アクト・オブ・キリング』（二〇一二年、ジョシュア・オッペンハイマー監督）も同様に、PTSDの問題を映像を通じて表現することに成功している。

この映画は、一九六〇年代にインドネシアで行われた一〇〇万人規模の共産主義者に対する大虐殺の加害者たち（今も「英雄」として本国で優雅に暮らしている）に、虐殺の再演をさせるという、かなり特異な設定のドキュメンタリーなのだが、本作の中心人物である一〇〇〇人近くを殺害した虐殺者のアンワル・コンゴは、虐殺を「正義」と信じて疑わず、その正当性を雄弁に語り、虐殺の様子を得意気に再演する。しかし、撮影が進むにつれ、不眠症や幻覚に悩まされるようになり、ラストに近い有名なシーンでは、長時間、嗚咽するのである。

観客は、目を背け耳を塞ぎたくなるような嗚咽の長回しのシーンを見ることで、彼の心が壊れていくのを目の当たりにする。これも、『アメリカン・スナイパー』と同じく、雄弁な言葉と壊れる身体の「落差」に注目した、映像作品ならではの表現だろう。

「自己実現系ワーカホリック」を伝えることの困難

現代日本の若年労働の問題も、基本的にはこれと同じ構図で考えられる。産業構造の変化により、一九九〇年代以降、第三次産業で働く若者が増大したことが知られているが（小葉松 二〇〇五）、単調な工場労働と異なり、サービス業や運輸業は創意工夫の余地が大きいため、労働者が「やりがい」を感じやすい。社会学者の轡田竜蔵《くつわだりゅうぞう》は、二〇歳から三九歳までの若者を対象に広島県の安芸郡府中町と三次市において行った調査をもとにした『「広島二〇―三〇代住民意識調査」報告書』を発表しているが、その報告書のなかで、サービス業に従事している若者に、特に仕事に「やりがい」を感じている人が多いことを指摘している（轡田 二〇一五：四八）。

私は、自己実現と仕事が重なり合うことが原因となって働きすぎてしまう状態を「自己実現系ワーカホリック」と名付けたのだが、彼らも雄弁に、みずからの仕事の楽しさや社会的使命を語る。しかし同時に、過重労働のなかで彼らの身体は疲弊し続ける。(3) 自己実現系ワーカホリックとＰＴＳＤは、雄弁な言葉と、それと裏腹に壊れる身体という、共通の問題を抱えているのである。

「居酒屋甲子園」の見せ方

この問題を伝える際に最もまずいことは、彼らの語る言葉を真に受けて、それだけを伝えることだろう。それは、言葉の背後にある「現実」を無視している。その「現実」を伝えるには、やはり、『アメリカン・スナイパー』や『アクト・オブ・キリング』のように、彼らの状態を「画《え》」で見せるのが、最も直接的な方法である。

最も影響を受けた研究者　佐藤良明，柴田元幸

社会学を本格的に始めたのは本郷に進学した大学３年生からだったが，私が学問の楽しさに目覚めたのは，大学１，２年生の駒場時代だった。当時の駒場では，表象文化論の蓮実重彦先生をはじめ，文化人類学の船曳建夫先生，認知心理学の下條信輔先生，ローマ史の本村凌二先生，社会学の見田宗介先生などがいて，若い学生にとって刺激的な講義が繰り広げられていた。そのなかでも，佐藤良明先生（1950-）と柴田元幸先生（1954-）の講義は，洋楽にハマっていた当時の私の関心に最も近いものだった。戦後アメリカのカウンターカルチャーを題材にした佐藤先生のポストモダン論からは，ポピュラーカルチャーの分析からダイナミックな社会変動を描く方法を学んだし（私がＪポップ分析を始めるきっかけとなった），柴田先生の翻訳論からは，多面的な魅力をもつアメリカという国の「輸入」の仕方を学んだ（私がアメリカの労働社会学を紹介するときに最も心がけていることである）。この二人から学んだ「知の技法」こそ，私の学者人生の「原点」である。 （阿部真大）

二〇一四年にＮＨＫの『クローズアップ現代』で組まれた「居酒屋甲子園」の特集(4)は、「自己実現系ワーカホリック」の問題を、その方法で試した番組であった。

居酒屋甲子園とは、劣悪な労働環境のもと居酒屋で働く若者たちが、居酒屋での労働がいかに素晴らしいかを大声で叫び合うイベントなのだが、番組では、その様子が克明に描き出された。

居酒屋甲子園の出場者たちは、仕事に関して、「いいこと」しか言わない。甲子園に来ている観客たちも感動している。そこで語られている言葉だけを抜き出せば、問題などどこにもないように思えるだろう。しかし、視聴者は彼らの疲労し切った（しかし恍惚とした）表情を見て、そこから「異様さ」を感じ取る。この番組は、明らかにその「落差」を狙った構成になっていた。

たとえば、一日の労働時間が時には一六時間に及ぶこともある上、入社間もない社員の平均年収が二五〇万円ほどの居酒屋（「Be happy（幸せになろう）！」という企業理念を掲げている）で働く、入社四年目の二七歳の若者に対し、取材者が「目の下にくまが……つかれてませんか」と尋ねる。すると、彼は「いやいやいや、全然大丈夫です。楽しいんでそれが」と答えるのだが、視聴者は、彼の表情から、彼が疲弊しきって、躁状態にあることを知るのである。

この番組は、放送後、大きな反響があったのだが(5)、やはり、全体主義に通じるようなその「画」の異様さ、おそろしさを指摘する声が多かった。

『搾取される若者たち』と『煙か土か食い物』

ここまで、映像作品について見てきたが、そのことを社会学の本のなかで、「文章」のかたちでどう伝えるか。それが『搾取される若者たち』を執筆する際の私の問題意識であった。

私は約一年間、バイク便ライダーの世界で参与観察を行ったのだが、その「現場」から立ち上がってきた概念こそ、「自己実現系ワーカホリック」であった。気分は高揚しているが、身体は壊れ続ける。それは、私自身がバイクに跨がりながら経験したことだったのである。

バイク便ライダーの調査を終えてから、私は「自己実現系ワーカホリック」の問題をどう伝えるべきか、書きあぐねる時期が続いた。バイク便ライダーたちの「言葉」だけでは、主に職場の高揚した感じしか伝わらない。あまり語られることのない彼らの「身体」の変化に関しては、やはり「画」で見せるより他にないのかと、本にまとめることを半ばあきらめかけていた。

そんなとき、一冊の本に出会った。舞城王太郎のデビュー作、『煙か土か食い物』（講談社、二〇〇四年）である。その冒頭は、主人公である外科医、奈津川四郎の次の手術のシーンで始まる。

サンディエゴにはおよそ三百万人の市民が住んでいるが、そいつらがどういうわけだかいろんな怪我や病気を背負い込んでホッジ総合病院にやってくるから、ＥＲにいる俺は馬車馬三頭分くらいハードに働いてそいつらを決められたところに追いやる。チャッチャッチャッ一丁上がり、チャッチャッチャッチャッもう一丁。やることもリズムも板前の仕事に似ている。まな板の上の食材を料理するときのチャッチャッチャッチャッチャッ。板前と違うのは奴らが切り開いたり切り刻んだりするだけのところを、俺達は最終的に全部元通りに縫い合わせてしまうというところだ。何かを一旦メチャクチャに傷付けてそれをまた元通りに戻すなんて作業をするのはこの世で外科医くらいのものじゃないか？多分そうだ。俺はこの仕事が好きだ。人の怪我を治せることが嬉しいんじゃない。忙しいからだ。俺は忙しく働いて手を動かしながら歩き回ったり走り回ったりするのが好きなのだ。俺は腕がいいからチャッチャャチャッチャと目の前の仕事をこなしている間にいくつか立て続けに命を助けることがあるので、そうなると自分が神になったような気がしてくる。

（舞城　二〇〇四：六～七）

緊急病棟で働く外科医の仕事の非人間的なスピード感と、そのスピード感が与える全能感、高揚感を見事に表現した文章で始まるこの小説[6]は、全編を通してこの調子で、四郎のハイテンションなアドベンチャーで彩られるのだが、最後のシーンは、次のように締めくくられる。

ああ深い深い俺の睡眠。俺の安らぐ安らぎ。俺の癒される癒し。俺の睡眠も安らぎも癒しも一時だけのことだがそれでももちろんかまわない。俺は今の時点で必要なものをしっかり手に入れて握り締めて離さない。ずっと欲しかったものを手に入れてそんなに易々と手放すものか。俺は旗木田阿奈の胸の上やら脇やらで赤ん坊のように深々と眠り続けて十五時間経ったのにまだ起きない。よっぽど疲れていたんだね。

（同右：三六五）

全能感の代償は、疲弊した身体である。このギャップこそ、『煙か土か食い物』の魅力であり、私が「自己実現系ワーカホリック」の問題として人々に伝えたいと思っていたことだった。

『煙か土か食い物』を読み終えた私は、『搾取される若者たち』を、この小説と同じく、私小説的な「自分語り」のスタイルで執筆することに決めた。そうすることで、「言葉」にひきずられすぎることなく、「身体」の問題もしっかりと扱える。

「痛み」にフォーカスする

「自分語り」という方法を使って執筆した『搾取される若者たち』は、次のように始まる。

「痛《イッ》イ《タ》!」って奇声を今日のうちに何度あげただろうか。足首はパンパンなんだろうなと思いつつも、冬のバイク便ライダーは色んなものを着込みすぎていて確かめようにも確かめられない。

愛車のCABINA90（通称「ヤネクン」←屋根がついてるから）のブレーキの調子がおかしくなって今日で三日目。あと数日のがまんだ。それまでは元気よく走るヤネクンを信号ごとに自分の足で停めつづけなくてはならない。

（中略）

でも、やってた当時は楽しかったというのがこわいところで、この本のテーマでもある。雨の日でも雪の日でもブレーキが壊れていても走れる。なぜ？　バイク便ライダーだから！　と当時は本気で思っていた。だからその日も何ごともなかったかのように家に帰ったし、次の日もブレーキなしで乗り切った。この職場にいると、足やわき腹の痛みなど、大して気にもならなくなるのだ。

（阿部 二〇〇六：三〜五）

「自分語り」のスタイルの利点は、筆者にしか経験することのできない「感覚」が前面に出てくるところである。『搾取される若者たち』で特に重視した感覚は、「痛み」と「高揚感」であった。痛みが蓄積されれば身体は疲弊し、その先には、「死」が待っているかもしれない。しかし、その痛みは、職場の高揚感のなかで打ち消され続ける。『煙か土か食い物』と同じ「自分語り」のスタイルをとることで、『搾取される若者たち』は、雄弁な言葉と裏腹に壊れゆく身体という、「自己実現系ワーカホリック」の問題を表現しようとしたのである。

統計と「身体」

働く人々の語る「言葉」はあてにならない。重要なのは、「言葉」ではなく「身体」である。それが、労働社会学者として、私が「現場」から学んだことであり、人々に伝えようとしてきたことだった。しかし、社会学的に考えれば、それは決して新しい発見などではなく、（しばしばあることだが）むしろ社会学の「基本」とでも言ってよい考え方である。最後に、この点を確認しつつ、社会学において「身体」に注目することの重要性を考えたい。

実は、「自己実現系ワーカホリック」について伝えるのに、映像（『クローズアップ現代』での「居酒屋甲子園」特集）や「自分語り」（『搾取される若者たち』）でなくとも、他の方法もありえた。それは、「統計」という手法である。むしろ社会学では、この手法を発展させることで、「身体」へのアプローチを成熟させてきたと言える。

ここで、社会学の古典中の古典、エミール・デュルケームの『自殺論』（デュルケーム 一九八五）を思い浮かべる人も多いだろう。デュルケームは「自殺」という行為に注目し、社会ごとの自殺率を調べることで、その社会の状態を診断しようとした。それはまさしく「身体」への注目と、統計を使っての状況の数値化と言えるだろう。彼は、自殺率という数字によって、語られることのない社会の病理を浮かび上がらせようとしたのである。

それを「無意識」（フロイト）と呼ぶにせよ「構造」（レヴィ・ストロース）と呼ぶにせよ、「社会システム」（パーソンズ）と呼ぶにせよ「下部構造」（マルクス）と呼ぶにせよ、これまで、統計の数字は、語られる「言葉」の背後にある「何か」を暴き出してきた。

「自己実現系ワーカホリック」について考える際に、統計的にアプローチするとしたら、たとえばそれは、職場での鬱病の発生率であるとか、離職率であるとかを調べることになるだろう。たとえば、バイク便ライダーの調査に関しても、ライダーたちの語りをインタビュー形式で紹介し、それと裏腹に高い離職率や鬱病の発生率を数字で示すことができれば、雄弁な言葉と壊れゆく身体という「自己実現系ワーカホリック」の問題は、自分語りによらなくとも、示すことはできたかもしれない。（バイク便ライダーの調査は難しいかもしれないが）統計を使った「自己実現系ワーカホリック」の問題の提示は、今後の私の課題である。

繰り返し伝えること

本章では、「「言葉」はあてにならない」と、若干、挑戦的なタイトルをつけ、「言葉」ではなく「身体」の問題をいかに扱うかについて、映像、自分語り、統計の三つの方法から考えてきた。

その問題の本質を伝えることができれば、個人的には、いずれの方法をとってもいいとは思うし、もちろん、それぞれに一長一短はある。ただ、一つ確かなのは、ここまで来た認識を元に戻すのはまずいということである。

たとえば、『国土交通白書』（二〇一三年度版）では、現在の若者の生活満足度の高さを指摘しているのだが、彼らが「今の生活に満足だ」と言っている「言葉」を、そのままのかたちで受け取っていいのだろうか。白書では、「現在の若者が生まれ育った環境は、これまでの世代と比較して、物質的には遙かに充足した環境だと言える」(7)と述べられているが、これをもとに、若年層への生活支援への予算が削られたりしたら、問題と言わざるを得ない。

このような認識の後退をさせないためには、本章で言ってきたことをどれだけ繰り返し強調したとしても、しすぎることはない。「言葉」はあてにならない。私たちは、知りたいと思う人の語る言葉だけでなく、その人の表情を、仕草を、行動をしっかりと観察しなくてはならない。それは骨の折れることかもしれない。しかし、そこにこそ、研究の無限のフロンティアが広がっているのだ。

注

（1）映画評論家の町山智浩によると、アメリカ本国では、映画が公開される「前」に、この映画が愛国的な映画であると思った左右の知識人の間で大論争が起こった。しかし、そのおかげで、中西部や南部の保守的な地域で大ヒットを記録したという（町山 二〇一五：一一）。

（2）映画『アメリカン・スナイパー』特別動画（https://www.youtube.com/watch?v = 0VHepsVVIVE）（二〇一六年二月一日最終確認）。

（3）社会学者の鈴木謙介は、現代の若者の躁状態を「祭り」、「カーニヴァル」というキーワードを使って説明しているが（鈴木 二〇〇五）、この視点は、「自己実現系ワーカホリック」をめぐる議論と相似関係にある。若者たちの躁状態とそれと表裏の関係の鬱状態を、具体的に、どのようなかたちで伝えるのかを探ったという意味で、『搾取される若者たち』は『カーニヴァル化する社会』への同世代の社会学者からの応答でもある。

（4）特集のタイトルは、「あふれる〝ポエム〟⁉ ～不透明な社会を覆うやさしいコトバ～」で、二〇一四年一月一四日に放送された。放送当日は、私とコラムニストの小田嶋隆氏がゲストで出演した。視聴率は九・七％（株式会社ビデオリサーチ世帯視聴率、関東地区）を記録した。

（5）特にネット上の反響がすさまじく、翌日には、「「夢」「仲間」を声高に叫ぶ「居酒屋甲子園」に違和感？ NHK「若い世代のポエム化」特集がネットで反響呼ぶ」とネットメディアで報道された（J-CASTニュース、二〇一四年一月一五日 http://www.j-cast.com/2014/01/15194211.html?p = all）（二〇一六年二月一日最終確認）。また、居酒屋甲子園の主催者からは、NHKに対する抗議ともとれる書面が「報道に関するお詫び」として、ホームページ上に掲載された（http://izako.org/releases/view/00124）（二〇一六年二月一日最終確認）。

（6）舞城のスピード感は、新自由主義のもたらした、非人間的な速度で動く現代社会の職場のメタファーでもある。求められるのはひたすら効率性であり、そのなかで、人々はまるで「スポーツ」のように労働に没入していく。その高揚感を、

「丼家」のフィールドワークにより明らかにしたものに、田中研之輔の『丼家の経営』がある。「フロアコントロールは身体的な喜び、ほんとに楽しい。運動だよね。ピッチに立ちまーすという感じ」（田中 二〇一五：一六四）といった、所々ではさまれるマネジャー本人たちの言葉は、きつい丼家の仕事の高揚感を効果的に伝えている。『カーニヴァル化する社会』『搾取される若者たち』『丼家の経営』は、方法論こそ違えど、現代日本の職場の「最前線」をリアルタイムに伝える、同世代（一九七六年生まれ）の社会学者の手による研究成果となっている。

（7）　第Ⅰ部、第1章第2節、（3）生活に満足している者の増加（http://www.mlit.go.jp/hakusyo/mlit/h24/hakusho/h25/html/n1123000.html）（二〇一六年二月一日最終確認）。

参考文献

阿部真大、二〇〇六、『搾取される若者たち――バイク便ライダーは見た！』集英社。

クリス・カイル、ジム・デフェリス、スコット・マキューエン、二〇一二、大槻敦子訳『ネイビー・シールズ　最強の狙撃手』早川書房。

轡田竜蔵、二〇一五、『「広島二〇―三〇代住民意識調査」報告書』マツダ財団。

小葉松章子、二〇〇五、「増加するフリーターと若年無業者産業構造調整による影響と若年層での所得格差の拡大」『経済のプリズム』一六号。

鈴木謙介、二〇〇五、『カーニヴァル化する社会』講談社。

田中研之輔、二〇一五、『丼家の経営――二四時間営業の組織エスノグラフィー』法律文化社。

エミール・デュルケーム、一九八五、宮島喬訳『自殺論』中央公論新社。

舞城王太郎、二〇〇四、『煙か土か食い物』講談社。

町山智浩、二〇一五、「全米を激震させた『アメリカン・スナイパー』論争の真実!!」『映画秘宝』二〇一五年四月号。

第18章　想起の調査から想起の社会理論へ
——記憶のフィールドワークから得たもの——

福永真弓

場所を取り戻すために

私はどのように社会とつながりながら、この社会に生きているのだろうか。この問いには様々な答え方があるだろう。ここでは、生産や消費のシステムや、信頼や規範などのネットワークなどのつながりではなく、自分が生きている場所と、場所に痕跡や履歴を刻む異なる世代とのつながりから、この問いについて考えてみたい。私が今生きる社会のこれまでと、今の私はどのように連続しているのか。何を受け取り、共有しているからこそ、私はこの社会の中で社会の一員として生きていると感じるのだろうか。

中心に考えてみたいのは、贈与される記憶と場所についてである。ある場所に「生きる」私たちが、知らないうちに受け取っている、その場所の来し方についての履歴と痕跡を、いったいどうやって私たちは自分たちの社会の記憶として受け取るのか。受け取るとは、どのようなことなのか。これらの問いは、実は現代社会から喪失される場所を取り戻すために必要な問いかけでもある。

まずは、二つの小さな記憶にまつわるエピソードから始めてみよう。

「スカ」という記憶の空間

聞き取りのなかで、自分には見えない記憶の空間が人々のあいだに広がるのを目の当たりにすることがある。岩手県宮古市で、藤原須賀・磯鶏須賀と呼ばれた一続きの長い砂浜の記憶についてたずねていたときだった。その砂浜は埋め立てられ、今はもう、ほんの一部しか残っていない。

私たちは、浜がその多くを占める生活空間を語られる人を探していた。地元の方の紹介で、磯鶏に住む八五歳の女性Aさんにたどり着き、彼女が私たちをそのまま、昔馴染みで、長く磯鶏に住む八九歳の男性Bさんの家に連れて行ってくれた。二〇一一年の津波被害にあったBさんの家は、かつての浜の近くから離れた高台に移転していて、二人にとっては、二〇一五年の秋が震災後初めての再会となった。

Aさん、Bさん、そしてBさんのお連れ合いのCさんは、最初はそれぞれ、私の質問に対して、自分の記憶を探って答えようと話をしていた。しばらくは何かもどかしそうにしていた三人が、途中から、空中写真を手元に、何か同じ方向を向いたり、同じ何かを見るしぐさをしたりし始めた。何だろう、と思って唐突に私は思い立った。三人とも同じ何かを見ている。

空中写真ではなく、三人のあいだに「スカ（浜）」が広がっているのだ。

私たち聞き手は、語りから置いてけぼりになった。私たちには見ることのできない「当時のスカ」は、どんどんはっきりとした姿を三人のあいだでとり始め、三人はどんどん新しい記憶を手繰り寄せて話しだし、「スカ」は具体性を持った何かとして三人のあいだに現れていた。記憶はその当時に暮らしていた社会と三人を再び結びつけ、三人は当時の社会で「生きる」自分となって、別の記憶をさらに手繰り寄せ、さらに具体性を増していった。

そうだ、あの、家の裏のスカに抜ける道をさ。

松原のとこの。

いや、松原の裏さあった、そこからまっすぐ家を抜ける小さい道があったがすか。

三人は身振りさえした。あの、この、そっちの、と方向を表す言葉のみが、その身振りと共に、姿を現した「スカ」がそこにあることを、わたしたち聞き手に教えてくれた。

ふと昔の遊びのことを聞きたくなった私は、いささか唐突に、どんな遊びをしていたのかをたずねた。すると、三人はそれぞれ私の質問をちょっと考える顔になった。間にあった「スカ」は消えてしまったようだった。私はよく自分でも分からないままに、しまった、と思った。

スカは消えてしまった。せっかくの記憶の空間は消えてしまった。

焦る私をよそに、Aさんがいろいろ磯物の名前を出して、「ゾーカ、という名前で呼ばれていた海藻があった、このぐらいの（と手を広げ）、まるで五線譜のように、音符のように小さな穴というか、そういうものがあって、きれいで、とってもおいしいの、」とゾーカについて話し始めた。

ゾーカ盛岡、七重八重っていう、城下とかけた歌があってね、とAさんが歌いながら話していると、じっとうつむいていたBさんがぱっと顔を上げて、「歌があんだもの、ゾーカ盛岡七重八重って、と言い、そうして二人は大笑いをした。Cさんはうなずいていた。

そのとき、私は三人のところにあった「スカ」が消えていなかったのを知った。それはまだ三人のあいだにあって、「ゾーカ盛岡、七重八重」は、AさんとBさんの見ている「スカ」からするりと取り出されたのだった。

それから、三人はまた、私には見えない、三人だけに見えている「スカ」で採った海藻やら何やらの話を話し始めた。目の前にある「スカ」から連想され、そこから放たれたものが、再び記憶の中に戻されていき、さらに実体

最も影響を受けた研究者　嘉田由紀子

ご本人は覚えておられまい。私が最初に嘉田由紀子先生（1950-）にお目にかかったのは，私がまだ環境社会学の「か」の字も十分に知らない頃だった。嘉田先生は，京都精華大学の井上有一先生（環境教育）に連れられて突然研究室を訪問した私を快く迎えてくださり，ちぐはぐな私の興味関心をいたって自然に「するりと」聞き出すと，おもむろに『私の琵琶湖アルバム』などの琵琶湖博物館の調査報告書シリーズを数冊取り出し，ポンとくださった。そして，「ここにあることが血肉になるといいのだけれど」と，にこりと微笑まれた。恥ずかしいことに，それらが本当に私の血肉となったのは，それより数年後のことであった。

嘉田先生は特に，河川湖沼の自然と人々の社会のあいだの関わりを中心に，人々の生活世界の描写から，意味と物理世界の弁証法的構造，イデオロギー，グローバルな生産と消費システムまでを連続した形で浮かび上がらせ，平易な言葉で「何が問題のボトルネックか」を指摘してこられた。そして，その指摘が，人々の生活世界の中で生きるよう，調査方法から研究成果，実践までがきちんと社会に埋め込まれることを重視された。先生はさらにそこから，政治の世界に進まれ，「埋め込まれること」の一つの可能性を自身で試された。私は先生とは別の試行錯誤を探りながら，社会に埋め込まれていることを意識し続ける研究者でありたいと，日々格闘している。

（福永真弓）

化された「スカ」は細部を伴った奥行きを広げていくようだった。

こんなふうな「スカ」があったとこだった、本当にねえ。しみじみと自分が生きてきた場所について振り返りながら、三人の目はずっと「スカ」を見ているのだった。

場所に宿る記憶、贈与としての記憶

このように人々の語りを通じて、「スカ」という記憶の空間が実体化していくのとは、別方向の働きかけを見聞きすることもある。場所に宿る記憶を人々が明確に意識し、人々がそれに応えて記憶の場を物理的に保持していく営みである。

米国のオレゴン州とカリフォルニア州の境を流れるクラマス川の河口域で、土地利用と所有をめぐって州政府と闘ってきた、先住民族ユロックの長老Dさんに話を聞いたときのことである。

彼は、州政府の同化政策の一環として、小学生のころにユロックの土地から別の町に移ることを強要された。しかし彼は、もとの場所に文字通り走って戻り、二度とその土地から離れなかった。何度連れ戻されても戻ってきて、もとの通り土地で暮らした。彼の周囲には、同じように戻ってきた人々がいた。なぜ、何が彼らを動かしたのか。わたしは、夕暮れ時の川のほとり、彼の家の焚火場で、獲ったギンザケを火であぶる彼の横に座ってたずねた。

おそらく何度も同じことを聞かれて、何度もそう答えてきたのだろう。彼は私が聞き逃しそうなほど簡単に、生きるべきところはここであって、他のどこでもない、と答えた。そしてするりとこう付け加えた。

「おれはここに戻らなきゃならなかった。あっち（同化政策時の小学校が置かれていた町）では、土地はおれを見つけてくれない。それは生きるのを止めることだ。サケだって、エルクだっておれは獲ることができない。」

土地はおれを見つけてくれない。その言葉が含むものは何か。

新しい土地では、物心ついたころから周囲の自然の中を走り回り、獲り、把握して得てきた知識と土地の感覚を生かせない。周囲の年長者たちから、時に盗み見、時に直接教わってきた、道具の作り方から生きものの性格まで、あらゆるその場に暮らすための経験や知識、技法もまた、意味をもたなくなる。そういうものが言語、神話、物語、ダンス、人々との関わりと結びついて刻まれている土地にいるからこそ、彼はそこから、刻まれたものを、自分自身の経験や思考の中で手に入れることができる。狩りのための罠を仕掛けられるし、漁業も整えられる。そして自分を、土地に在り続けてきたユロックの社会と結びつけることができる。

Dさんはそのことを、「あのものたちから聞く」「あのものたちが示してくれる」と複数形の言い方をする。Dさんの言うあのものたち、とは、人も動物も、川やら水やら、すべてが入った言葉であり、かつてその場に生きて履歴を残したものたち、不在の存在たちのことである。その土地にいるならば、Dさんは不在の存在の記憶を土地から取り出し、そこに含まれた技法や知識を想い起こし、生きる術と自分のための環境を生み出せる。土地は彼を見つけてくれる。だが他の土地では、彼はうまく土地に刻まれた不在の存在たちの記憶を見出せない。土地は彼を見つけてくれない。

Dさんが土地に戻って以来続けている毎日の営みは、場所が持つ記憶を呼び起こし、それを再び、彼自身が土地に加える変化を通じて場所の記憶として刻み込んでいる。彼が先達から受け取ったものと自身の経験を用いて整えたサケの漁場は、彼の漁場の形になる。

それを横目で見ながら一緒に漁をしている先住民族の若者がいた。彼はDさんの後ろを歩き、試行錯誤をしながら、自分の家族の漁場を自分なりに整えていた。若者は、サケをうまく獲るために、Dさんの作ってきた漁場から何が受け取れるかを探しているようだった。そしてDさんの後をついて歩いていた。

そうやってついて歩いて、いったい何が受け取れるというのだろうか。

そこで、私はDさんについていく若者のさらに後ろをついて歩いた。無言でついていく若者の後ろ姿を見ながら、数時間ばかりが経って、なぜ若者がDさんの「後ろに」ついているのかが分かった。若者が見ているのは、土地に刻まれた記憶の在りかであり、それをDさんがどう取り出していくかだった。今はもうDさんが使っていない漁場のあと、そこの植生や川の深さの他との相違、使わないけれどDさんが必ず見に行く漁場候補の淵。Dさんは自分の経験を足して、場所に手を加えて痕跡を残す。その再記憶化の様子を、若者はじっとついて歩いて見ていた。なるほどそうして若者は、その漁場に刻まれたものを受け取ろうとしている。私はそれを見ながら、Dさんがよく使う言葉を思い出していた。

贈与、という言葉である。獲れたサケもエルクも贈与だと、Dさんはよく言う。よく先住民族たちが使う言葉である。獲たものは贈与である。サケもエルクも売りものではない。それは贈与として得られたものなのだから、人間同士も互いに贈与しあう。

ならば、Dさんが受け取り、息を吹き込み、再び自らの身体を通じて土地に刻み込んで再記憶化したものを、隣で受け取ろうとする若者と、Dさんのあいだにあるこの関係性は何と呼べばいいか。

贈与だ。過去からの連続性、知識、思考と認識の枠組み、そのようなものが記憶という形で贈与されていく。土地から人へ、人から土地へ、人から人へ。すでに不在となった存在たちから今生きる人へ、さらに次の世代へ。

贈与としての記憶が、人と土地に刻まれ、社会に「生きる」ことを人がその身に引き受けていく。その瞬間を私は見ていたのである。

記憶の贈与と場所

忘れていることを忘れていませんか、と問いかける記憶の政治は、現代社会において重要な論点であり続けている。社会に起きた事柄に関する個人や集団の記憶のうち、なぜある特定の記憶が、集合性をもった記憶として、その形で想い起こされるのか。忘却されていく記憶はなぜ忘却されているのか。社会学もこれらの問いに答えながら、人と社会とのあいだをつなげるメディア、記憶について議論を蓄積してきた。

ここでは、これまで述べてきた二つのエピソードをもとに、これらの問いかけとは少し違う方向から、社会のなかで「生きる」こと、社会と個人のつながりについて、記憶と過去、それらが所在する物理的空間のあいだの関わりに着目して議論を広げてみたい。特に考えてみたいのは、記憶の贈与についてである。

考える際に鍵となるのは、場所である。場所は、人々によって意味づけられ、関わりづけられた領域である。よく対置される空間について、ここでは、ある物理的な領域を示す、計ることのできる空っぽの入れ物であるとしておこう。

人は生きる上で、多種多様な諸関係の網がはりめぐらされ、いくつもの結節点が重なった場所に身をおく。場所に身をおくことで、人は、すでにそこにある堆積した諸関係からの働きかけによって影響を受けるが、同時に、自身もまたいくつもの関係性の結節点を作りながら場所を生み出し、同時代の、そして未来の他者に影響を与えながらそこに生きる。

ゆえに場所には、これまでにその場所で生きてきた人たち、人間以外の生命、時間と人や生命の手によって引き起こされた、物理的変化の痕跡と履歴がたくさん残っている。哲学者の桑子敏雄は、入れ物としての空間に視点を据えて、そのことを「空間の履歴」と呼ぶ（桑子 一九九九）。桑子の概念に付け加えれば、人々や社会に働きかけて物理的変化を生み出していくような象徴化された概念や思想もまた、場所を彩る関係性を作り、働きかけ、履歴を刻むものである。そのような場所の履歴と痕跡には、過去からの連続性、それまでの人々が共有してきた物語、知識、思考・感覚の枠組みなどが含まれている。それらの総体として、人々に働きかける力をもつのが場所なのである。

だが現代社会において、このような場所は、市場と資本制の論理、国家などの力で充たされた抽象的な空っぽの空間によって呑み込まれ、人々から見えなくなりつつある。居住はしていても、その場所との関わりを意識することなく、空っぽの空間に自分と家族だけが浮いているように、具体的な再生産活動や近隣のネットワークから離れて、市場や貨幣を介してサービスも財も手に入れて暮らすことができる。おまけに、現在のグローバルな資本制のもとでは、特定の地理的領域を必要とされず、自在にグローバルに資本も労働力も移動する。それに伴い、明治期の産業の近代化以降、炭鉱の町、製鉄都市などの、産業化に伴い生まれた近代の象徴的な場所性も、地域社会からは失われてしまう。場所性は、そうして人々からさらに剝ぎ取られていく。

場所の記憶の贈与は、場所が空間に併呑されるなかで、さらに難しくなっていく。

場所に在りながら場所から遠ざかっている平生の生活では、私たちは場所に残る履歴と痕跡に気づかない。記憶の贈与を目にしていても、受け取ることなく無に帰してしまいながら生活を営んでいる。通学のために川に架けられた橋を渡っていても、その橋がある以前にあった渡船の渡し場の痕跡が橋の上から見えることには気づかない。川の水運を中心とした街の形状や、人々の生業や屋号、地名との連続性、歴史性、それらをすべてひっくるめた場所としての特徴を想い起こすことはない。場所がわたしたちに与えうる、社会と私の縁《ます》が、記憶の贈与を受け取ることはできないのだ。

そもそも、履歴も痕跡も、個々のそれらは、そのままでは贈与される「かもしれない」何かでしかなく、記憶というメディアにならなければ、過去からの履歴と痕跡は、贈与として人々の前に姿を現さない。しかも、履歴と痕跡は残そうと思わなければ、物理的環境が変容していくなかで、消え去ってしまう。

このことは、冒頭の岩手県の「スカ」の記憶の空間について振り返ってみるとよく分かる。人々の語りのあいだに出現した記憶の空間は、複数の人をつないだメディアとしてその場に存在していた。だがそれは、平生であれば想い起こされることのない、眠った履歴であった。実際の浜はすでになくなって二〇年以上がたつ。

探せば、「スカ」だった場所の物理的な痕跡はある。ホテルの裏に追いやられた一番岩、二番岩という岩場の跡、砂浜に沿って作られたがゆえに、かつての砂浜の形状のまま南北に走っている道路の形などである。だがそれでは、「スカ」での遊びや生業の記憶をとどめるのは難しく、結果として、場所の記憶は、誰かに問われた語りのなかで想い起こされるほかはない。あれほどまでに鮮やかに「スカ」として想い起こされた記憶も、聞き取りが終われば、とどまらずに人々の日常のなかで次の世代への贈与とはならずに消えていく。

集合的記憶論の礎を築いたモーリス・アルヴァックスは、消えていくという記憶の性質と、物的環境が時間経過と共に変容するという現実を踏まえた上で、記憶を想い起こさせるきっかけと形を与え、記憶を保持する装置としてはたらく物理的環境の重要性を次のように指摘している。

空間とは持続する現実である。われわれの印象は、現れてくるものを次から次へと追いかけていくので、われわれの心の中には何も留まらない。それで、もし過去が実際にわれわれを取り囲む物的環境によって保持されていなければ、過去を取り戻せるということは理解されないだろう。われわれが注意を向けなければならないのは、空間へ、われわれの空間へなのである。

（アルヴァックス　一九八九：一八二）

場所性が失われていく。そのような現代であるからこそ、このアルヴァックスの指摘は重い。そして同時に、社会学の社会に対する役割の所在も教えてくれている。

記憶のフィールドワークへ

人々の記憶から、場所に残る履歴と痕跡をたどり、その場所に生きる人々が受け取れる贈与としての記憶を記述してみることは、アーカイブを構築する以上の意味がある。イギリスの社会学者レス・バックが述べるように、社会学は、沈黙させられているもの、なじんで自明的なもの、世界を損なわせていく思い込みを批判的に捉え、懐疑的思考をもたらし、「生きる」人に今とは異なる可能性のある未来を考える機会を与える。しばしば沈黙させられたもの、自明視されたものの影には、不正義や政治的権力の偏在、偏見があり、そこに光をあて、改めて尊厳を回復しえる。それは、世界に耳を傾け、目の前の人々について自分と同じように真剣に考え、「聞く」ことで可能になる（バック　二〇一四）。

社会に生きる人々のもつ記憶に耳を傾け、場所の履歴と痕跡を物的環境に残す／消す力の作用を記憶と共に記述してみること、それを記憶のフィールドワークと呼ぼう。バックの指摘にはないが、記憶のフィールドワークは、社会学が社会に果たすもう一つの重要な役割を果たしうる。想起の力を社会にもたらすのである。

記憶のフィールドワークは、人と人のあいだの記憶を探り出すだけでなく、場所の履歴と痕跡を追究するがゆえに、人間社会と自然（概念化された領域も、物的自然も含めた）との間の、物質代謝の具体的な諸関係を、時間軸と同時代の空間軸の両者から明らかにする。ここで明らかになるのは、沈黙され、なじんで自明になっているがゆえに見えなくなった、過去の場所の履歴と痕跡の記録であり、そこに残る人々の生きた記憶である。

日常の生活の中で、すでに済んでしまったことだと自明視してきた環境の変化は数多い。浜の埋め立て、川の暗渠化、かつての資源開発や産業利用の跡地、整備された港湾、公害と災害の爪痕、それらは、私たちの社会が必要としたからこその変化である。もう戻らないものとして、普段は現在の風景のなかで見出されることなく、沈んでいる過去でもある。そして、その変化の上に人々の新しい活動が積み重ねられ、日常のなかの場所となっている過去である。

バックも指摘するように、見えない場所とありえた記憶の贈与を描写することは、不正義や政治的権力の偏在、差別的構造ゆえの沈黙に、あらためて光をあてることである。開発や環境変容に抗ったり苦しんだりしながら、現在とは違う場所の未来を考えていた人々の生に光をあてることでもある。想起することは、そうして人々に「もうひとつの世界」を想像させうる。それは社会にとって社会を新しく生み出す力である。

リスク社会の到来とともに、持続可能性や社会のレジリエンスという概念のもとで、新たな社会の形態と、自然への態度の社会的規範が模索されている。そのようななかで、記憶のフィールドワークは、記憶の贈与の所在を場所から捉えることによって、社会のあたりまえのなかに沈んだ、社会と人の関わりを問題化し、浮かび上がらせる。そして、社会の人々に、自然との関わりのなかで社会が維持されるとは、そのなかで人が生きるとはどのようなことかを、深く考える契機を与える可能性をもつのである。

参考文献

桑子敏雄、一九九九、『環境の哲学――日本思想を現代に活かす』講談社学術文庫。
モリス・アルヴァックス、一九八九、小関藤一郎訳『集合的記憶』行路社。
レス・バック、二〇一四、有元健訳、『耳を傾ける技術』せりか書房。

コラム7　都市的生活様式と生活構造

少年期の経験　生後すぐから中学一年の冬休みまで、東京下町のアパートで暮らしていた。大通りから一本奥に入った細い裏路地に面したアパートであったが、都電の停留所へ徒歩三〇秒、商店街には二分という至便な場所にあった。周囲は昭和二〇年代後半から三〇年代後半の、東京のインナーシティのありふれた風景に包まれていた。木造二階家がびっしりと軒を連ね、商店と職人、勤め人の住居が混在する町並みが続いていた。夏休みに入ると、家族は約一カ月間、両親のそれぞれの生家で過ごした。アパートの小部屋があまりに暑かったからである。

父の生家の便所は家の外にあった。もちろん水洗ではない。家に隣接して牛小屋が設けられ、井戸水を用い、竈に薪をくべ火をおこしていた。薪は近くの共有林から伐採したものである。屎尿は肥料として田畑にまかれ、生ゴミは牛のエサと堆肥になり、紙は竈の火種に用いられた。飲料水を得ることも、屎尿やゴミを処理することも、家の敷地の中で済まされてしまう様子は、子供も眼にすることができた。

生家のアトトリとなったオジが夕食後に村の寄合に出かけたり、村仕事だと言って川の土手や村道の修理に出かけることも、時々ではあるが目にしていた。生活を営む過程で生ずる様々な問題は、自家処理されるか、村人たちの相互扶助によって処理されていた。

東京のアパートでは、共同便所に溜った屎尿は、東京都のマークの付いた桶に移され運び出されていた。ゴミは表の大通りに設置された大きなゴミ箱に放り込まれた。飲料水は都水道局によって、熱・エネルギーは東京電力と東京ガスによって供給されていた。日用品は近所の商店街で購入した。東京の住宅密集地では、生活を営む過程で生ずる問題の大半が自家処理できないために、行政や企業や商店などが提供するサービスに委ねて処理されていた。昭和二〇年代後半には、このようなサービスに依存することなしに都市生活を営むことは、すでに困難になっていたのである。

ワース仮説への疑問　東京の暮らしと父の生家での暮らし、この二つの異なる居住地での経験が、L・ワースの「生活様式としてのアーバニズム」を読了後に抱いた何とも言えぬ違和感の素地となった。ワースの言うアーバニズムには、多彩な内容が盛り込まれているが、主要な項目とみなしうるのは、居住分化、第一次的接触の衰退と第二次的接触の優位、都市的パーソナリティの三つであろう。なかでも人間関係の変容に関する仮説的命題が最も重要とされ、ワース以降のアメリカの都市社会学において議論の焦点の一つとなった。しかし、アメリカでの議論と筆者の違和感とは、重なる点もあり重ならない点もある。

重ならない点は、ワースが生活様式を、人間関係や居住分化やパーソナリティに求めた点である。アメリカでは議論の対象とならなくても、これらを生活とみなすこと自体、筆者には納得のいかないことであった。どう考えても、少年期の経験が教える生活とはまったく異なるものであった。重なる点は、第一次的接触の衰退仮説に対する疑問であり、また都市の生態学的条件が直接に第一次的接触の衰退に効果をもつのかという疑問である。

ただ、この二つの疑問も、アメリカ都市社会学における議論とぴったり重なっているわけではない。親密なつながりは、ワースの言うほどに簡単に衰退するものではなかろうと予測した点は重なる。一方、人間相互のつくりあう紐帯は、個人を中心として拡がるネットワークとして捉えた方がよく、生活様式の議論とは区別するべきだと考えた点は大きく異なっていた。さらに一歩踏み込んで、生活様式は居住地における共同生活の特質を説明するための概念ではないのかと考え始めたのである。そうであるならば、生活構造は個人の生活の特質を説明する概念として、個人が他者との紐帯を主体的に整序する側面を対象とする概念として別個に定立してもよいのではないか。アメリカでの議論は、この二つの概念を混同したまま進められてきたのではないか。頭の中でこのようなことを思い描いていた。

都市的生活様式と生活構造への関心は、自身の少年期の生活経験に根ざしたものであったが、それだけではない。関心を研究へ結び付けていくためには、先行研究の批判的検討が必要であった。それは単なる学習ではない。研究の糧となるものを探し求め、貪欲に摂取し消化し、自身の栄養とする営みである。海外の重要文献はもちろんのこと、鈴木栄太郎の「結節機関説」、倉沢進の「都市的生活様式論序説」、鈴木広の「媒介過程の析出」等々が貴重な栄養源となった。これに加えて、調査の知見の集積も研究の進展には不可欠である。自分が有意義だと思い、面白いと思った知見は、誰に何と言われようとも大事にして育てていくことを心から勧める。

（森岡清志）

参考文献

倉沢進、一九七七、「都市的生活様式論序説」磯村英一編『現代都市の社会学』鹿島出版会。

鈴木栄太郎、一九五七、『都市社会学原理』有斐閣。

鈴木広、一九五九、「都市研究における中範囲理論の試み」『社会学評論』第九巻三号。

森岡清志、一九八四、「都市的生活構造」『現代社会学』第一八号。

Wirth, L., 1938, "Urbanism as a Way of Life," *American Journal of Sociology*, 44.（＝L・ワース著、二〇一一、松本康訳「生活様式としてのアーバニズム」『近代アーバニズム』日本評論社）

あとがき

四〇年にわたる私の教育研究史のなかで愛読してきた作家や学者にはなぜかフランス人が多く、社会学者ではないが、モンテーニュ、デカルト、パスカル、ベルナール、ポアンカレ、デュボスなどが挙げられる。とりわけ標準的な社会学説の摂取に明け暮れた若い頃に、人類史で読み継がれてきた名著を耽読したことは大きな救いになった。なかでもベルナールとポアンカレの作品には励まされた。たとえば、ベルナールの「学説とは多少豊富な事実によって実証された仮定にほかならない。……最も多数の事実によって実証された学説が最もすぐれた学説である」（三浦岱栄訳『実験医学序説』岩波書店、一九七〇年）の一節をはじめ、全篇を文字通り味読してきた。なぜなら、優れて、現代性をもつ実証科学哲学ともいうべき内容が豊富だからである。

それら以外にもちろん各種の社会学方法論を学び、現場としての地域社会に出かけ、質的調査としてのインタビューを多世代に行う一方で、サンプリングに基づいた五〇〇人規模の対象者に、調査票を使って収集したデータを計量的に処理するという実証研究を試みてきた。この二面作戦を数十年かけて実行して得られた私なりの実証科学哲学とは、観察と調査によって得られた諸事実を比較し、そこから総合考察によってまとまりのある知識を獲得して、政策的提言を試みるというものになった。時折繙いた数式満載の社会調査法は理解困難であったし、得られた事実は必ずしも数量化できるわけでもないので、遠くから眺めるだけに終わった。

一五〇年以上の歴史をもつ社会学は、二一世紀になり細分化と多様化がますます進んだ結果として、学問としても多文化現象が鮮明になった。これには喜ばしい側面もあるが、細分化と多様化だけでは成果の共有と次世代への伝達が全体として困難になる。

成果を共有して、学問の幅を広げるには、それぞれが専門とする現場と理論を往復するしかないが、それにはどのような方法があるのか。本書ではその疑問に答えられるように、個性的な調査をしてきた研究者が体験に基づき、理論形成の秘訣を開示している。換言すれば、現場にこだわり、観察された事実を重視することで独自の理論化を試みた研究者に、主要な成果を分かりやすくまとめていただいたのである。

理論と実証、マクロとミクロ、全体社会と部分社会、量的方法と質的方法など二項対立的な考え方は残っているし、このような分類もそれなりの意味をもつ。これらに学びつつ、現場に赴き、繰り返し社会的事実を探索して、比較し、分析し、総合化する。それでも追究された真理は相対性を免れず、学説は移り変わる運命にあるが、その転換点にも観察された事実が果たす大きな役割がある。

本書によって、観察された事実と組み立てられた理論を往復して、「社会学する」面白さが伝わることを願っている。

二〇一六年六月二六日

金子　勇

ま　行

や　行

ら　行

わ　行

た　行

な　行

は　行

さ　行

事項索引

あ 行

か 行

ま　行

や　行

ら　行

わ　行

人名索引

あ 行

か 行

さ 行

た 行

な 行

は 行

山北輝裕（やまきた・てるひろ）**コラム5**

1979年　京都府生まれ。

2007年　関西学院大学大学院社会学研究科単位取得満期退学。

現　在　日本大学文理学部准教授。社会学博士（関西学院大学）。

著　作　『はじめての参与観察――現場と私をつなぐ社会学』ナカニシヤ出版，2011年。

『路の上の仲間たち――野宿者支援・運動の社会誌』ハーベスト社，2014年。

桜井　厚（さくらい・あつし）**コラム6**

1947年　石川県生まれ。

1982年　東京都立大学大学院社会科学研究科博士課程単位取得退学。

現　在　（社）日本ライフストーリー研究所代表理事。

著　作　『インタビューの社会学――ライフストーリーの聞き方』せりか書房，2002年。

『境界文化のライフストーリー』せりか書房，2005年。

『ライフストーリー論』弘文堂，2012年。

森岡清志（もりおか・きよし）**コラム7**

1950年　東京都生まれ。

1979年　東京都立大学大学院社会科学研究科博士課程単位取得退学。

現　在　放送大学教授，東京都立大学名誉教授。

著　作　『地域の社会学』有斐閣，2008年。

『都市空間と都市コミュニティ』日本評論社，2012年。

『改訂版　社会学入門』放送大学教育振興会，2016年。

阿部真大（あべ・まさひろ）　**第17章**

1976年　岐阜県生まれ。
2007年　東京大学大学院人文社会系研究科博士課程単位取得退学。修士（社会学）。
現　在　甲南大学文学部准教授。
著　作　『搾取される若者たち――バイク便ライダーは見た！』集英社（集英社新書），2006年。
『居場所の社会学――生きづらさを超えて』日本経済新聞社，2011年。
『地方にこもる若者たち――都会と田舎の間に出現した新しい社会』朝日新聞出版社（朝日新書），2013年。

福永真弓（ふくなが・まゆみ）　**第18章**

1976年　愛知県生まれ。
2008年　東京大学大学院新領域創成科学研究科環境学専攻博士課程修了。博士（環境学）。
現　在　東京大学大学院新領域創成科学研究科准教授。
著　作　『多声性の環境倫理――サケが生まれ帰る流域の正統性のゆくえ』ハーベスト社，2010年。
『環境倫理学』共編著，東京大学出版会，2009年。

笹谷春美（ささたに・はるみ）　**コラム2**

1946年　北海道生まれ。
1977年　北海道大学大学院文学研究科博士課程単位修得退学。
現　在　北海道教育大学名誉教授。
著　作　『ニーズ中心の福祉社会へ――当事者主権の次世代福祉戦略』共著，医学書院，2008年。
『介護予防――日本と北欧の戦略』共編著，光生館，2009年。
『フィンランドの高齢者ケア――介護者支援・人材養成の理念とスキル』明石書店，2013年。

徳野貞雄（とくの・さだお）　**コラム3**

1949年　大阪府生まれ。
1987年　九州大学大学院文学研究科博士後期課程修了。博士（学術）。
現　在　（一社）トクノスクール・農村研究所理事長，熊本大学名誉教授。
著　作　『農村《ムラ》の幸せ，都会の幸せ』日本放送出版協会（生活人新書），2007年。
『生活農業論――現代日本の人と「食と農」』学文社，2011年。
『家族・集落・女性の底力』共著，農山漁村文化協会，2014年。

石岡丈昇（いしおか・とものり）　**コラム4**

1977年　岡山県生まれ。
2008年　筑波大学大学院人間総合科学研究科一貫制博士課程単位取得退学。博士（学術）。
現　在　北海道大学大学院教育学研究院准教授。
著　作　『ローカルボクサーと貧困世界――マニラのボクシングジムにみる身体文化』世界思想社，2012年。
『社会学ベーシックス4　都市的世界』共著，世界思想社，2008年。
「ブルデューの強制移住論――根こぎの形成をめぐる方法的予備考察」『理論と動態』6号，2013年。

荻野昌弘（おぎの・まさひろ） **第12章**

1957年　千葉県生まれ。

1988年　フランスパリ第七大学大学院社会科学研究科博士課程修了。博士（社会学）。

現　在　関西学院大学社会学部教授。

著　作　『資本主義と他者』関西学院大学出版会，1998年。

『零度の社会――詐欺と贈与の社会学』世界思想社，2005年。

『開発空間の暴力』新曜社，2012年。

土井隆義（どい・たかよし） **第13章**

1960年　山口県生まれ。

1989年　大阪大学大学院人間科学研究科博士後期課程中退。博士（人間科学）。

現　在　筑波大学人文社会系教授。

著　作　『若者の気分――少年犯罪〈減少〉のパラドクス』岩波書店，2012年。

『人間失格？――「罪」を犯した少年と社会をつなぐ』日本図書センター，2010年。

『友だち地獄――「空気を読む」世代のサバイバル』筑摩書房（ちくま新書），2008年。

奥村　隆（おくむら・たかし） **第14章**

1961年　徳島県生まれ。

1990年　東京大学大学院社会学研究科博士課程単位取得退学。博士（社会学）。

現　在　立教大学社会学部教授。

著　作　『他者といる技法――コミュニケーションの社会学』日本評論社，1998年。

『反コミュニケーション』弘文堂，2013年。

『社会学の歴史Ⅰ――社会という謎の系譜』有斐閣，2014年。

石川良子（いしかわ・りょうこ） **第15章**

1977年　神奈川県生まれ。

2007年　東京都立大学大学院社会科学研究科博士課程修了。博士（社会学）。

現　在　松山大学人文学部准教授。

著　作　『ひきこもりの〈ゴール〉――「就労」でもなく「対人関係」でもなく』青弓社，2007年。

『ライフストーリー研究に何ができるか』共編著，新曜社，2015年。

『排除と差別の社会学［新版］』共著，有斐閣，2016年。

杉浦郁子（すぎうら・いくこ） **第16章**

1969年　静岡県生まれ。

2000年　中央大学大学院文学研究科博士課程単位取得退学。

現　在　和光大学現代人間学部准教授。

著　作　『排除と差別の社会学［新版］』共著，有斐閣，2016年。

『パートナーシップ・生活と制度――結婚，事実婚，同性婚［増補改訂版］』共編著，緑風出版，2016年。

牧野厚史（まきの・あつし）**第7章**

1961年　兵庫県生まれ。

1990年　関西学院大学大学院社会学研究科社会学専攻博士後期課程単位取得退学。

現　在　熊本大学文学部教授。

著　作　『村落社会研究第46集　鳥獣被害――〈むらの文化〉からのアプローチ』編著，農山漁村文化協会，2010年。

『暮らしの視点からの地方再生』共著，九州大学出版会，2015年。

川端浩平（かわばた・こうへい）**第8章**

1974年　岡山県生まれ。

2006年　オーストラリア国立大学大学院アジア学部アジア社会・歴史センター博士課程修了。Ph. D.（East Asian Studies）。

現　在　福島大学行政政策学類准教授。

著　作　『ジモトを歩く――身近な世界のエスノグラフィ』御茶の水書房，2013年。

『排除と差別の社会学』共著，有斐閣，2016年。

Multiculturalism in East Asia : A Transnational Exploration of Japan, South Korea, and Taiwan, Rowman and Littlefield, 2016（共著）.

金菱　清（かねびし・きよし）**第9章**

1975年　大阪府生まれ。

2004年　関西学院大学大学院社会学研究科博士後期課程修了。博士（社会学）。

現　在　東北学院大学教養学部教授。

著　作　『生きられた法の社会学――伊丹空港「不法占拠」はなぜ補償されたのか』新曜社，2008年。

『震災メメントモリ――第二の津波に抗して』新曜社，2015年。

『震災学入門――死生観からの社会構想』筑摩書房（ちくま新書），2016年。

武田尚子（たけだ・なおこ）**第10章**

2000年　東京都立大学大学院社会科学研究科博士課程修了。博士（社会学）。

現　在　早稲田大学人間社会科学学術院教授。

著　作　『マニラに渡った瀬戸内漁民――移民送出母村の変容』御茶の水書房，2002年。

『瀬戸内海離島社会の変容――「産業の時間」と「むらの時間」のコンフリクト』御茶の水書房，2010年。

『20世紀イギリスの都市労働者と生活――ロウントリーの貧困研究と調査の軌跡』ミネルヴァ書房，2014年。

足立重和（あだち・しげかず）**第11章**

1969年　兵庫県生まれ。

1996年　関西学院大学大学院社会学研究科博士後期課程単位取得満期退学。博士（社会学）。

現　在　追手門学院大学社会学部教授。

著　作　『郡上八幡 伝統を生きる――地域社会の語りとリアリティ』新曜社，2010年。

『現代文化のフィールドワーク 入門――日常と出会う，生活を見つめる』共編著，ミネルヴァ書房，2012年。

『語りが拓く地平――ライフストーリーの新展開』共著，せりか書房，2013年。

執筆者紹介（＊は編者）

＊鳥越皓之（とりごえ・ひろゆき） **はしがき，第1章**
編著者紹介欄参照。

＊金子　勇（かねこ・いさむ） **第2章，コラム1，あとがき**
編著者紹介欄参照。

谷　富夫（たに・とみお） **第3章**
1951年　北海道生まれ。
1980年　九州大学大学院文学研究科博士後期課程中退。博士（文学）。
現　在　甲南大学文学部教授。
著　作　『過剰都市化社会の移動世代——沖縄生活史研究』渓水社，1989年。
『持続と変容の沖縄社会——沖縄的なるものの現在』共編著，ミネルヴァ書房，2014年。
『民族関係の都市社会学——大阪猪飼野のフィールドワーク』ミネルヴァ書房，2015年。

櫻井義秀（さくらい・よしひで） **第4章**
1961年　山形県生まれ。
1987年　北海道大学大学院文学研究科博士後期課程退学。博士（文学）。
現　在　北海道大学大学院文学研究科教授。
著　作　『日本に生きる移民たちの宗教生活——ニューカマーのもたらす宗教多元化』共編著，ミネルヴァ書房，2012年。
『アジアの社会参加仏教——政教関係の視座から』共編，北海道大学出版会，2015年。
『人口減少社会と寺院——ソーシャル・キャピタルの視座から』共編，法藏館，2016年。

関　礼子（せき・れいこ） **第5章**
1966年　北海道生まれ
1997年　東京都立大学社会科学研究科社会学専攻博士課程単位取得退学。博士（社会学）。
現　在　立教大学社会学部教授。
著　作　『新潟水俣病をめぐる制度・表象・地域』東信堂，2003年。
『鳥栖のつむぎ——もうひとつの震災ユートピア』共編著，新泉社，2014年。
『“生きる”時間のパラダイム——被災現地から描く原発事故後の世界』編著，日本評論社，2015年。

宮本みち子（みやもと・みちこ） **第6章**
1947年　長野県生まれ。
1975年　お茶の水女子大学家政学研究科修了。博士（社会学）。
現　在　放送大学副学長・教授。
著　作　『若者が無縁化する——仕事・福祉・コミュニティでつなぐ』筑摩書房（ちくま新書），2012年。
『下層化する女性——仕事と家庭からの排除』共編著，勁草書房，2015年。
『すべての若者が生きられる未来を——家族・教育・仕事からの排除に抗して』編著，岩波書店，2015年。

《編著者紹介》

鳥越皓之（とりごえ・ひろゆき）

1944年　沖縄県生まれ。

1975年　東京教育大学大学院文学研究科博士課程単位取得退学。文学博士。

現　在　大手前大学学長，早稲田大学名誉教授。

著　作　『地域自治会の研究』ミネルヴァ書房，1994年。

『水と日本人』岩波書店，2012年。

『琉球国の滅亡とハワイ移民』吉川弘文館，2015年。

金子　勇（かねこ・いさむ）

1949年　福岡県生まれ。

1977年　九州大学大学院文学研究科博士課程単位取得満期退学。

現　在　神戸学院大学現代社会学部教授，北海道大学名誉教授。文学博士（九州大学）。

著　作　『都市高齢社会と地域福祉』ミネルヴァ書房，1993年。

『日本のアクティブエイジング』北海道大学出版会，2014年。

『日本の子育て共同参画社会』ミネルヴァ書房，2016年。

現場から創る社会学理論
――思考と方法――

2017年 1 月20日　初版第 1 刷発行　〈検印省略〉

定価はカバーに
表示しています

編著者　鳥越皓之
　　　　金子　勇

発行者　杉田啓三

印刷者　大道成則

発行所　株式会社　ミネルヴァ書房

607-8494　京都市山科区日ノ岡堤谷町 1

電話代表　(075)581-5191

振替口座　01020-0-8076

太洋社・藤沢製本

ISBN978-4-623-07819-6

Printed in Japan